ИНСТИТУТ СЛАВЯНОВЕДЕНИЯ РОССИЙСКОЙ АКАДЕМИИ НАУК

ЦЕНТР НАУЧНЫХ РАБОТНИКОВ И ПРЕПОДАВАТЕЛЕЙ
ИУДАИКИ В ВУЗАХ «СЭФЕР»

ЕВРЕЙСКИЙ МУЗЕЙ И ЦЕНТР ТОЛЕРАНТНОСТИ

Профессионалы и маргиналы в славянской и еврейской культурной традиции

Академическая серия
«Культура славян и культура евреев:
диалог, сходства, различия»

Professionals and Marginals in Slavic and Jewish Cultural Traditions

Academic series
"Slavic & Jewish Cultures:
Dialogue, Similarities, Differences"

Academic Studies Press

Bibliorossika

Moscow / Boston / St. Petersburg

2022

Профессионалы и маргиналы в славянской и еврейской культурной традиции

Академическая серия
«Культура славян и культура евреев: диалог, сходства, различия»

Academic Studies Press

Библиороссика

Москва / Бостон / Санкт-Петербург

2022

УДК 80 + 395
ББК 63.5 + 82.3
П78

Издание осуществлено при поддержке Еврейского музея и центра толерантности.
В подготовке издания участвовали также Российский еврейский конгресс
и Евро-Азиатский Еврейский Конгресс.

П78   Профессионалы и маргиналы в славянской и еврейской культурной традиции / отв. ред. О. В. Белова. — Москва / Бостон / СПб.: Academic Studies Press / Библиороссика, 2022. — 333 с.
Professionals and Marginals in Slavic and Jewish Cultural Traditions. Academic series: Slavic & Jewish Cultures: Dialogue, Similarities, Differences / Ed. by O. Belova. Boston, Moscow, St. Petersburg: Academic Studies Press, 2022.

ISBN 979-8-887190-81-5 (Academic Studies Press)
ISBN 978-5-907532-52-6 (Библиороссика)
ISBN 978-5-7576-0471-8 (Институт славяноведения РАН)
ISSN 2658-3356
DOI ежегодника 10.31168/2658-3356
DOI выпуска 10.31168/2658-3356.2022

Выпуск «Профессионалы и маргиналы в славянской и еврейской культурной традиции» ежегодника «Культура славян и культура евреев: диалог, сходства, различия» включает материалы одноименной международной конференции, состоявшейся в Москве 1–3 декабря 2021 г. В книгу вошли 12 статей ученых из России и Израиля, посвятивших свои исследования социальной и культурной роли профессионалов и маргиналов в разных этноконфессиональных традициях. Проблема восприятия профессионала в культуре — это один из аспектов универсальной семантической оппозиции «свой — чужой», когда определяющим маркером становится принадлежность к «своему» или «чужому» сообществу или сословию. Традиционно «социальным чужакам», к которым принадлежат представители разных профессий, отводилась особая роль в календарных, магических и окказиональных обрядах. Таким образом, профессионалы и социальные маргиналы не считались изгоями, социум отводил им особое место и особую роль, делегируя им специальные культурные функции. Как и предыдущие выпуски серии, книгу отличает большой объем полевых и архивных материалов, впервые вводимых в научный оборот.
Professionals and Marginals in Slavic and Jewish Cultural Traditions is the annual publication of the Slavic&Jewish Cultures: Dialogue, Similarities, Differences's project for 2022. It includes papers from the international conference of the same name held in Moscow on December 1–3, 2021. The book includes twelve articles by Russian and Israeli scholars who work on the social and cultural role of professionals and marginals in various ethno-confessional traditions. The question of the perception of professionals in culture falls under the opposition "one's own/another's," where belonging to "one's own" or a "foreign community or class" becomes a defining marker. Traditionally, "social strangers," to which representatives of various professions belong, were assigned a special role in calendar, magical, and occasional rites. Thus, professionals and social marginals were not considered outcasts: society assigned them a particular place and role, delegating special cultural functions to them. Like previous publications in this series, *Professionals and Marginals in Slavic and Jewish Cultural Traditions* is notable for the large amount of field and archival material that it makes publically available for the first time.

УДК 80 + 395
ББК 63.5 + 82.3

ISBN 979-8-887190-81-5
ISBN 978-5-907532-52-6
ISBN 978-5-7576-0471-8

Содержание

Contents

Предисловие

DOI: 10.31168/2658–3356.2022.1

Очередной выпуск ежегодника «Культура славян и культура евреев: диалог сходства, различия» — «Профессионалы и маргиналы в славянской и еврейской культурной традиции» — включает материалы одноименной международной конференции, состоявшейся в Москве 1–3 декабря 2021 года. Книга является продолжением серии изданий материалов конференций, с 1995 года ежегодно проводимых Центром славяно-иудаики Института славяноведения РАН и отражающих работу над фундаментальным проектом.

Конференция «Профессионалы и маргиналы в славянской и еврейской культурной традиции» стала уже двадцать пятой в ряду регулярных встреч ученых, чьи научные интересы сосредоточены в области иудеохристианских культурных контактов, этноконфессионального диалога, а также взаимовлияния еврейской и славянских традиций. Наша очередная конференция проводилась в рамках международного проекта «Культура славян и культура евреев: диалог, сходства, различия», осуществляемого Центром славяно-иудаики Института славяноведения РАН совместно с Центром научных работников и преподавателей иудаики в вузах «Сэфер» при поддержке Фонда «Генезис» (Genesis Philanthropy Group), Российского Еврейского Конгресса, Евро-Азиатского Еврейского Конгресса и «Американского еврейского объединенного распределительного комитета» (Joint Distribution Committee). В конференции приняли участие 39 исследователей из Венгрии, Германии, Израиля, России и США.

Докладчики обсудили широкий круг вопросов, связанных с понятием профессионализма в традиционном обществе. Известно, что профессионалы (печники, кузнецы, мельники, гончары, охотники, рыбаки, пастухи, лесники, отходники, музыканты, пасечники, лекари, знахари, колдуны) часто находились как бы на периферии культурного пространства. Так же воспринимались люди городских профессий. Были и социальные маргиналы — солдаты, заключенные, проститутки, нищие, юродивые и сумасшедшие, городские «чудаки и оригиналы». В еврейской традиции маргиналами становились представители профессий, находящихся на стыке культур (шинкари, балаголы, старьевщики, кантонисты). Отдельными маргинальными группами были выкресты и старообрядцы.

В докладах освещались механизмы включения маргиналов в социум и их отторжение, принципы сосуществования на пограничье культурных, конфессиональных и этнических сфер, а также фольклор профессиональных и субкультурных сообществ.

Книга, подготовленная по материалам конференции 2021 года, стала 24-м выпуском серии, уже получившей признание научной общественности в России и за рубежом и имеющей свою читательскую аудиторию. С 1998 года в этой серии вышли в свет уже 23 книги; разные выпуски были посвящены анализу (историческому, философскому, лингвистическому, фольклорно-этнографическому, культурологическому) механизмов взаимодействия славянской и еврейской культурных традиций. С 2017 года серия «Культура славян и культура евреев: диалог, сходства, различия» вышла на новый уровень, стала рецензируемым продолжающимся изданием (ежегодником) с перспективой вхождения не только в отечественные, но и в международные системы научного индексирования и цитирования.

В книгу «Профессионалы и маргиналы в славянской и еврейской культурной традиции» вошли 12 статей ученых из России и Израиля, посвятивших свои исследования социальной и культурной роли профессионалов и маргиналов в разных этноконфессиональных традициях. Проблема восприятия профессионала в культуре — это один из аспектов универсальной семантической оппозиции «свой — чужой», когда определяющим маркером становится принадлежность к «своему» или «чужому сообществу или сословию. Традиционно «социальным чужакам», к которым принадлежат представители разных профессий, отводилась особая роль в календарных, магических и окказиональных обрядах. Таким образом, профессионалы и социальные маргиналы не считались изгоями, социум отводил им особое место и особую роль, делегируя им специальные культурные функции.

Именно поэтому основные темы этого выпуска — традиционное наделение профессионала («знающего») особым социальным статусом, формирование и функционирование профессиональных сообществ, существование профессионалов на периферии социальных структур и в то же время их консолидирующая роль в рамках традиционного крестьянского, местечкового и городского социумов.

Книгу открывают статьи, связанные со страницами биографии и становлением карьеры интересных колоритных личностей — золотошвейного мастера Хаима Гошиовича и караимского писателя и поэта Авраама Луцкого. Продолжает тему исследование, посвященное образам профессионалов и маргиналов в творчестве австрийского писателя Йозефа Рота.

Две статьи, основанные на архивных материалах, посвящены еврейскому участию в таких сферах общественно-экономической жизни Российской империи, как питейный промысел и проституция.

Далее следуют работы, посвященные описанию коллективных историко-этнографических «портретов» — иудействующих Кубанской области и еврейской общины Харбина в первой половине XX века, а также статьи, связанные с проблемой еврейской эмиграции и адаптации евреев в новых социально-культурных условиях, с одной стороны, и освоением израильтянами постсоветского пространства, с другой.

Завершает выпуск блок статей, авторы которых обратились к тематике, связанной с традиционной культурой и ее бытованием в новых условиях. Предметом внимания стали практики имянаречения в послереволюционный период и формирование нового «советского» еврейского именника, трансформация статуса и социальной роли повитух в среде старообрядцев, а также оригиналы и маргиналы как персонажи современного городского текста и семейных меморатов.

Как и предыдущие выпуски серии, книгу отличает большой объем полевых и архивных материалов, впервые вводимых в научный оборот.

Редколлегия надеется, что очередной выпуск серии, уже ставшей популярной среди специалистов и нашедшей своего читателя, вызовет интерес у всех гуманитариев, работающих в области славистики и иудаики.

Редколлегия

УДК 94(47)+929.52

Шмуклер Его Светлости: страницы биографии мастера Хаима Гошиовича

Дмитрий Захарович Фельдман
Российский государственный архив древних актов, Москва, Россия

ORCID ID: 0000–0002–7035–8185
Кандидат исторических наук, главный специалист
Российский государственный архив древних актов
119435, Россия, г. Москва, ул. Большая Пироговская, д. 17
Тел.: +7(495) 580–87–23
E-mail: rgada@mail.ru

DOI 10.31168/2658–3356.2022.2

Аннотация. Статья, основанная на архивных источниках, посвящена судьбе еврейского мастера-шмуклера Хаима Гошиовича, жизнь которого проходила на протяжении трех правлений — от Екатерины II до Александра I. Он являлся поставщиком русской армии и контактировал с некоторыми высшими сановниками Российской империи конца XVIII века — светлейшим князем Г. А. Потемкиным, толерантно относившимся к евреям, графом А. А. Безбородко и другими. Хотя смерть генерал-фельдмаршала Потемкина привела к его разорению, мастер продолжил заниматься своим ремеслом и преподнес Екатерине II вышитые золотом юбку и платок, а Александру I — ковер. В начале XIX века Хаим Гошиович, возможно, участвовал в организации санкт-петербургской еврейской общины, а наименование его профессии стало его фамилией — Шмуклер. Рассмотренный сюжет представляет еще один ракурс исследования проблемы интеграции в российский имперский социум бывшего польского еврейства, занимавшегося мелкой торговлей и ремеслами, поскольку, с одной стороны, укладывается в рамки общего процесса этой интеграции, но с другой стороны, свидетельствует о существовании возможностей для отдельных лиц благодаря их профессионализму устанавливать тесные деловые взаимоотношения с представителями российской аристократии.

Ключевые слова: еврейское предпринимательство, Русско-турецкие войны, Г. А. Потемкин, Екатерина II, Павел I, Александр I, санкт-петербургская еврейская община

В российских городах и местечках с многочисленным еврейским населением имелось значительное количество евреев — мастеров самых разных профессий, обслуживавших в основном своих земляков-единоверцев. Однако в целом ряде случаев профессионализм некоторых еврейских ремесленников был достойно оценен представителями высшей элиты Российской империи, начавшими привлекать этих лиц для работы в масштабах всего государства уже в эпоху разделов Польши конца XVIII века, который до сих пор является одним из наименее исследованных периодов российско-еврейской истории. В частности, существует необходимость изучения жизни и деятельности более широкого круга евреев, имевших тесные деловые связи с представителями русской аристократии того времени. Тем самым можно будет проследить один из путей и вариантов интеграции бывших польских евреев в российский имперский социум. Кроме того, в современной российской историографии все большую актуальность приобретают работы, содержащие результаты исследований в антропологической парадигме, раскрывающие биографии как видных государственных и общественных деятелей, так и малоизвестных людей, которые тем не менее оставили заметный след в отечественной истории (так называемая «история в лицах»). Заполнению этой лакуны в историографии российского еврейства послужит введение в научный оборот ранее неизвестных архивных источников, на базе которых подготовлена наша работа.

Профессиональная деятельность Хаима Гошиовича в годы Русско-турецких войн

Одним из таких профессионалов, чья биография заслуживает отдельного исследования, был кременчугский фабрикант и комиссионер Хаим Гошиович, о котором уже не раз упоминалось в научной литературе [Фельдман 2002: 119–123; Фельдман 2013: 103–105; Фельдман, Петерс 2006: 102–106; Фельдман, Петерс 2016: 63]. В документальных источниках он именуется по-разному: Гошкович, Гошинович, Гошович, Гашиович, Гашкович — канцелярские писари довольно слабо разбирались в еврейских именах и часто путались в их написании. Важно отметить, что его судьба прослеживается на протяжении трех правлений — от Екатерины II до Александра I. К сожалению, нам неизвестны годы его жизни, но из документов следует, что первоначально, до 1777 года, он проживал с семьей в небольшом городе Новомиргороде — посаде сначала Новороссийской губернии, а затем Екатеринославского наместничества; позднее Новомиргород стал уездным центром Вознесенского наместничества, а затем заштатным городом Елизаветградского уезда Херсонской губернии.

Попутно заметим, что благодаря местным условиям Новороссийского края евреи не испытывали здесь в такой степени гнета правовых ограничений, как в других местах проживания. Этому же способствовала и продуманная политика здешней администрации, которая всегда высоко оценивала коммерческую активность евреев. В условиях отсутствия среднего класса, с которым могло бы успешно конкурировать еврейское предпринимательство (как в губерниях Западного края или Великороссии), местные власти относились к евреям с предупредительностью, симпатией и терпимостью. Из-за отсутствия в Новороссии скученности евреев, столь характерной для западных губерний, а также из-за лучшего экономического состояния региона торгово-ремесленная деятельность местных евреев содействовала дальнейшему хозяйственному развитию края. Экономический уровень еврейского населения Южной России был значительно выше, чем в Польше и Литве. То же отсутствие скученности значительно снизило во внутреннем быте новороссийских евреев специфический религиозно-национальный характер, чему способствовали тесные связи с зарубежными торговыми домами.

Дальнейшая судьба Хаима Гошиовича прослеживается по делопроизводственным материалам Московского дворцового архива, ныне составляющего весьма объемный фонд «Дворцовый отдел» в Российском государственном архиве древних актов. Его профессия была довольно редкой и специфичной — в документации он именуется мастером «золотошвейной и позументной работы», то есть бахромщиком и позументщиком, а в еврейской традиции — шмуклером, которые занимались производством шнуров, тесьмы, бахромы, пуговиц, фурнитуры и т. п. Впервые Гошиович отличился в период военных конфликтов России с Турцией. Начиная с 1777 года он имел контракты на поставку своей продукции в войска, действовавшие против турок на Балканах во время Русско-турецкой войны 1768–1774 годов. Данный факт подтверждает копия аттестата, выданного ему уже гораздо позднее немецким бароном на русской службе, генерал-поручиком графом И. Е. Ферзеном:

> Объявитель сего, золотошвейной и позументной мастер, кременчугской фабрикант евреин Хаим Гошиович, как в искустве ево, его мастерства доказанном исправною всегда против контрактов поставкою в войски, в ведомстве моем состоявшие, всего до них по ево ремеслу принадлежащего, так и в поведении своем, заслуживает себе отличную похвалу; чем я более тем засвидетельствовать могу, что он мне знаком с 1777-го года и во все оное время оказывал себя весьма честным человеком, почему и можно на него как

в искустве ево, так и в честности полагаться — в засвиде-
тельствование чего сие за подписанием и приложением
герба моего печати дан в Санкт-Петербурге апреля 2-го дня
1795-го года[1].

Еще одним военачальником, в подчинении которого находился «евреин», был покоритель Запорожской Сечи, главноко-
мандующий русской армией, охранявшей от турок границы на восточном берегу Черного моря, генерал-аншеф П. А. Текелли
(Теккели), у которого, как писал шмуклер позднее, «под особли-
вым покровительством в Новомиргороде находился 9 лет, и во
все то время состоявшие в его ведении полки всеми нужными
вещами довольствовались с моей фабрики».

Выявленные архивные источники (выписки из поданных на
высочайшее имя прошений, полученных на почте 18 марта
1795 года и 2 декабря 1796 года) показывают, что «фабрикант
Хаим Гошиович по искуству его в вышивании золотом» с 1786 года «по день смерти» екатеринославского и таврического генерал-
губернатора, генерал-фельдмаршала светлейшего князя Г. А. Потемкина-Таврического исполнял для него службу «собственным
коштом»[2], о чем имеются соответствующие документы. В декабре
1786 года Потемкин находился в Кременчуге и, будучи наслышан
об искусной работе Гошиовича, потребовал от местных властей
представить ему мастера. Это сделал вышеупомянутый генерал-
аншеф Текелли. Князь Потемкин, ознакомившись с работой
фабриканта, приказал ему «остаться при нем навсегда безотлуч-
но», имея в подмастерьях десять человек. После этого в 1787 году
Гошиович перевел из Новомиргорода в Кременчуг свою фабрику
и семью. Как писал он сам, предприятие приносило в год «вер-
ного доходу более тысячи пятисот рублей» — сумма для того
времени довольно значительная. С этого момента и до конца
1791 года мастер-шмуклер постоянно находился при светлейшем
князе — «повсюду следовал за Его Светлостию» в его частых

---

[1] РГАДА. Ф. 1239. Оп. 3. Д. 37319. Л. 4.
[2] РГАДА. Ф. 1239. Оп. 3. Д. 38882. Л. 8; Д. 60783. Л. 7–7 об.

поездках по армии[3]. По указаниям военачальника Гошиович изготавливал для офицеров «как позументы разные, так вышивку по платьям золотом и серебром и прочее».

Взаимоотношения Г. А. Потемкина и евреев

Как известно, светлейший князь Г. А. Потемкин весьма толерантно и уважительно относился к евреям, служившим у него в довольно большом количестве [Клиер 2000: 165, 205]. Он был свободен от предрассудков, имевших место в русском обществе по отношению к ним. Потемкины являлись в прошлом польскими подданными, поскольку смоленские земли, откуда они были родом, входили в состав Речи Посполитой. Следовательно, еще с давних пор они имели тесные взаимоотношения с еврейскими предпринимателями, во множестве проживавшими рядом. И после присоединения Смоленска к России, и накануне разделов Польши Потемкины продолжали общаться с евреями. В частности, князя Потемкина связывала дружба с семьей Габлицев, немцев еврейского происхождения. Наиболее известный из них — Карл Иванович Габлиц (1752–1821), видный ученый-естествоиспытатель, почетный член Академии наук, вице-губернатор только что присоединенного Крыма, а затем и Таврической области, главный директор Лесного департамента Министерства финансов и сенатор, тайный советник. В числе друзей светлейшего князя была семья Штиглицев, также немецких евреев, переселившихся в Россию во второй половине XVIII века. Николай Иванович, или по-немецки Николас-Иоганн, Штиглиц (1772–1820) являлся херсонским купцом 2-й гильдии, имел свою торговую контору в Одессе и даже владел селом Грушевка в Новороссийском крае России; совместно с другим херсонским купцом-евреем, в будущем известным столичным откупщиком, подрядчиком и финансистом, коммерции советником Абрамом Израилевичем Перетцем (1771–1833) имел контракт на откуп

---

[3] РГАДА. Ф. 1239. Оп. 3. Д. 37319. Л. 1–2 об.

крымских соляных озер. Позднее Николай Штиглиц стал заниматься винными откупами, добившись на этой ниве значительных результатов, и уже в 1801 году получил чин коллежского асессора за участие в торгах на винные откупа. К этому времени он перебрался в Санкт-Петербург, где основал собственный торговый дом, достигнув чина надворного советника.

В окружении Потемкина мы обнаруживаем немало некрещеных евреев, по большей части они являлись поставщиками (факторами) армии и осведомителями. Среди них выделяется фигура Ноты Хаимовича Ноткина — крупного предпринимателя, польского королевского надворного советника и могилевского купца 1-й гильдии, одного из первых русско-еврейских интеллигентов и «выдающегося общественного деятеля» конца XVIII — начала XIX века, по оценке «Еврейской энциклопедии» Ф. А. Брокгауза и И. А. Ефрона. Среди лиц, находившихся в окружении светлейшего князя, мы встречаем другую известную фигуру в еврейском обществе России того времени. Йешуа (Гадшей Герполиов) Цейтлин (1742–1821), также польский королевский надворный советник, ученый и меценат, в 1787 году был пожалован поместьем Устье Чериковского уезда Могилевской губернии, а в Херсонском уезде Новороссийской губернии деревней (сельцом) Софийкой. Во время Русско-турецкой войны 1787–1791 годов Ноткин и Цейтлин являлись подрядчиками русской армии и тесно контактировали с генерал-фельдмаршалом Потемкиным, став его факторами. Кстати, именно Цейтлин познакомил в следующей ситуации Потемкина и упомянутого выше Абрама Перетца. Увидев в Перетце чрезвычайно способного коммерсанта, Цейтлин приблизил его к себе, а вскоре выдал за него замуж свою дочь. Будучи приближенным к Потемкину, Цейтлин представил князю своего зятя, которого затем назначил представителем своего дома в Санкт-Петербурге, где евреев тогда почти еще не было. Вполне закономерно прочность его положения, как и всех других перечисленных выше лиц, поначалу гарантировалась связями со всесильным Г. А. Потемкиным. Из архивных источников можно почерпнуть сведения о совместных делах знатной особы и евреев-предпринимателей, проживавших на его земле. Это вполне естественно, ибо занятия евреев были жизненно важны для местного населения и помещиков в том числе. Так, в хозяйственных счетах и бумагах по финансовым и имущественным вопросам Потемкина за 1780-е годы, в частности в ведомостях о расходах денежных сумм князя, встречаются многочисленные упоминания о евреях, выполнявших различные задания для него или поставлявших ему товары — правда, почти во всех случаях их фамилии не указаны.

Хаим Гошиович и российский бюрократический аппарат

Однако вернемся к герою нашего исследования. В результате бескорыстной пятилетней службы у князя Потемкина Хаим Гошиович израсходовал более тридцати тысяч рублей из собственного капитала на содержание свое и работников, на прогоны во время переездов во время Русско-турецкой войны 1787–1791 годов и на расходные материалы. Последние его маршруты пролегали между столицей Молдавского княжества городом Яссы, где тогда проходили переговоры с турецкими дипломатами по заключению мирного договора, и Санкт-Петербургом, о чем, например, свидетельствует копия подорожной, выданной Гошиовичу Потемкиным 10 февраля 1791 года для беспрепятственного проезда в столицу:

> По указу Ее Величества государыни императрицы Екатерины Алексеевны, самодержицы Всероссийской и прочая, и прочая, и прочая. От Ясс до Санкт-Петербурга чрез Москву комиссионеру Хайму Гошиовичу с будущими при нем и обратно давать из поставленных на сем пути курьерских и почтовых по две лошади с проводниками за указные прогоны без наймалейшего задержания[4].

Еще во время их совместной поездки в 1791 году еврейский мастер подал князю записку о компенсации накопившихся рас-

---

4   РГАДА. Ф. 1239. Оп. 3. Д. 37319. Л. 5.

ходов, которые подтверждались счетами за проделанную работу и большим числом расписок от лиц, принимавших от него товар. Однако многочисленные заботы военачальника не позволили ему сразу решить этот вопрос. К сожалению, внезапная смерть светлейшего князя привела к тому, что за ним остался крупный долг Гошиовичу, который мастер из-за бюрократических препон так и не смог получить, несмотря на неоднократные обращения к Екатерине II и Павлу I в течение 1793–1798 годов[5]. Стоит добавить, что из-за смерти Потемкина вышеупомянутый купец Нота Ноткин дважды был банкротом, поскольку не смог добиться от казны причитавшихся ему сумм. Вообще известно, что после кончины князя, жившего на широкую ногу, остались его многочисленные долги различным лицам, в том числе служившим у него евреям.

К императрице Хаим Гошиович обращался дважды: в первый раз, приехав с женой и детьми в столицу в 1793 году, когда после решения Екатерины II, объявленного ее кабинет-секретарем тайным советником А. В. Храповицким, прошение Гошиовича и предъявленные им счета передали генерал-прокурору Сената и государственному казначею графу А. Н. Самойлову для их оплаты наследниками покойного князя; в 1795 году повторное его ходатайство было отправлено Самойлову другим императорским кабинет-секретарем, действительным статским советником Д. П. Трощинским, — но и год спустя эти прошения не были удовлетворены, счета остались неоплаченными, из-за чего предпринимателю грозило разорение. К слову, с пониманием отнесся к проблеме Гошиовича кабинет-секретарь и вице-канцлер, действительный тайный советник граф А. А. Безбородко, к которому мастер, находившийся в Яссах почти без средств к существованию, с большой семьей и подорванным здоровьем, обратился с просьбой выдать паспорт для проезда с женой и детьми в столицу. 9 февраля 1792 года Безбородко выдал ему соответствующий документ для свободного проезда из Ясс в Санкт-Петербург и обратно и для оказания ему помощи:

---

[5] РГАДА. Ф. 1239. Оп. 3. Д. 37319. Л. 1–5; Д. 52550. Л. 1–3 об.

Ее Императорского Величества самодержицы Всероссийской и прочая, и прочая, и прочая, действительный тайный советник, главный уполномочный на мирную негоциацию и разных орденов кавалер, я, ниже сего подписавшийся, даю знать всем и каждому, кому о том ведать надлежит, чтоб предъявителю сего российско-императорскому подданому, шмухлерского дела мастеру еврею Хаиму Гошиовичу, находящемуся у меня в услужении, чинить в подлежащих местах свободный и безпрепятственный пропуск и в случае нужды вспоможение[6].

После смерти екатерининского фаворита-военачальника Гошиович находился на службе у графа Безбородко, выполнял его поручения и зарекомендовал себя трудолюбивым и исполнительным работником[7].

В декабре 1796 года, когда после смерти Екатерины II на престол вступил ее сын, еврейский предприниматель попытался решить свою проблему уже с его помощью[8]. На сохранившемся подлиннике прошения Хаим Гошиович подписался по-русски, что в те времена встречалось достаточно редко, так как евреи плохо знали русскую грамоту. И вновь очередное ходатайство мастера отсылается к одному из наследников и племяннику Потемкина, графу А. Н. Самойлову, как можно догадаться, без очевидных последствий, то есть с отказом по его претензии, объявленным в январе 1797 года. В конце концов за несколько лет безрезультатных попыток кременчугская фабрика Гошиовича без постоянного руководства «совершенно опустела» и перестала приносить прибыль, отчего семья мастера, по его словам, пришла в «раззорение, крайность и убожество». 19 декабря 1796 года граф Самойлов написал Ю. А. Нелединскому-Мелецкому, статс-секретарю Павла I и сенатору-поэту, в ответ на его запрос о причинах невыплаты долга фабриканту за взятые с его предприятия вещи[9].

---

6   РГАДА. Ф. 1239. Оп. 3. Д. 37319. Л. 3.

7   РГАДА. Ф. 1239. Оп. 3. Д. 38882. Л. 8; Д. 60783. Л. 7–7 об.

8   РГАДА. Ф. 1239. Оп. 3. Д. 37319. Л. 1–2 об.

9   РГАДА. Ф. 1239. Оп. 3. Д. 58815. Л. 1–1 об.

Выяснилось, что оплата долгов князя была возложена не на его наследников, а на специально созданную указом Екатерины II комиссию для раздела имения Г. А. Потемкина, которая и заплатила по счетам кредиторов более двух миллионов рублей, вырученных с продажи его имущества. Граф был удивлен тем, что комиссия обошла Гошиовича своим вниманием, сообщил, что на днях получил счет от мастера, и обещал в случае признания сонаследниками его претензий справедливыми заплатить исковые деньги. Однако менее чем через месяц граф Самойлов вновь обратился к Нелединскому-Мелецкому с письмом, к которому была приложена записка с объяснением причин, по которым комиссия отказала в удовлетворении просьбы Гошиовича[10]. Среди них: отсутствие у претендента расписок за поставленные товары; ранее произведенная ему комиссией оплата некоторой суммы по утвержденному общему счету, представленному одним из правителей Потемкина в декабре 1791 года; то, что повторное обращение фабриканта в комиссию последовало не сразу после закрытия первого счета, а уже после окончательного удовлетворения всех претензий; наличие у комиссии квитанции еврея Ноты Хаймовича (имелся в виду купец Нота Ноткин) о том, что он получил по реестрам своим и Гошиовича все деньги сполна. Кроме того, его претензия никем из потемкинских правителей не была засвидетельствована. На этом основании просьба Гошиовича в числе ряда других была признана «неправильно требованной», о чем было сообщено Екатерине II. А после представления в Кабинет Ее Императорского Величества ведомости об утвержденных долгах в сентябре 1792 года и последовавшей их выплаты было признано, что на покойном князе или его наследниках не остается больше никаких долгов.

В дальнейшем события разворачивались следующим образом. В феврале 1797 года Хаим Гошиович вновь обращается к Павлу I с просьбой о понуждении наследника Потемкина, графа А. Н. Самойлова, отказавшегося от платежа долга князя по предыдущему прошению от декабря 1796 года, выплатить причитающиеся ему

---

10 РГАДА. Ф. 1239. Оп. 3. Д. 58815. Л. 2–4.

деньги в сумме 30 933 рубля (сохранилась запись текста в докладах статс-секретарей императору по прошениям разных лиц)[11]. В январе 1798 года Гошиович снова поднимает наболевший вопрос о денежных претензиях к наследникам князя Потемкина. Поскольку дело было возобновлено, генерал-прокурор Сената князь А. Б. Куракин предложил управляющему Кабинетом Его Императорского Величества генерал-майору М. И. Донаурову сообщить о сути этих претензий, так как «претендатель» сообщил, что по его прошению якобы последовало устное высочайшее повеление о передаче денежного счета для оплаты «главному начальнику» комиссии о рассмотрении и уплате долгов, оставшихся после светлейшего князя Г. А. Потемкина-Таврического, и разделе его имения, сенатору графу П. В. Завадовскому[12]. В то же время А. В. Храповицкий лично сообщил А. Б. Куракину, что записи указа императрицы подобного содержания в журнале указов, объявленных через него (подписанном собственноручно Екатериной II), он не обнаружил; однако в свое время он передал письмом действительному тайному советнику С. Ф. Стрекалову, управлявшему Кабинетом Е. И. В., волю царицы об оплате еврею по счету трехсот рублей. Короткое расследование показало, что после смерти Потемкина мастер обращался с просьбой о содействии в выплате долга к тайному советнику В. С. Попову, который был секретарем Екатерины II «у принятия прошений» (а в 1782– 1791 годах начальником канцелярии Потемкина), и тот, зная об обещании светлейшего князя, посоветовал обратиться со счетом к его наследникам, которыми являлись его племянники. Что же касается упомянутых в письме трехсот рублей, то Хаим Гошиович получил их 30 марта 1793 года из Кабинета за поднесенные императрице «кисейную вышитую золотом юпку 225 руб. и за такой же платок 75 руб.»[13]. Об этом и было сообщено М. И. Донауровым в ответном письме генерал-прокурору. Его резюме: никаких других прошений фабриканта, в том числе с претензиями на

---

[11] РГАДА. Ф. 1239. Оп. 30. Д. 27. Л. 215–215 об.

[12] РГАДА. Ф. 1239. Оп. 3. Д. 52550. Л. 1–1 об.

[13] РГАДА. Ф. 1239. Оп. 3. Д. 52550. Л. 2.

наследников князя Потемкина, кроме устного указа о выплате трехсот рублей, в Кабинете Е. И. В. не оказалось[14].

Почти одновременно с письмом к Донаурову, 3 января 1798 года, князь Куракин обратился к статс-секретарю Трощинскому с просьбой сообщить о дате и содержании повеления Екатерины II, объявленного им в свое время, о передаче прошений и счета Гошиовича с долговой претензией к потемкинским наследникам кабинет-секретарю П. В. Завадовскому, возглавлявшему специальную комиссию для решения этого вопроса[15]. Как видно из «Журнала докладов и представлений от разных мест и чинов, требующих высочайшей резолюции, с отметками об исполнении, 1798 г.», 9 января генерал-прокурору был отправлен ответ[16]. Однако эта активная переписка положительного результата не принесла: дело Хаима Гошиовича прочно застряло в частоколе бюрократических препон, неоднократные обращения с просьбой о возмещении крупного долга остались без положительного решения, поскольку чиновники ссылались друг на друга, не позволяя определить, на каком же этапе дело остановилось. Однако не это для нас главное. Гораздо важнее та информация, которую удалось выяснить об истории взаимоотношений еврея Хаима Гошиовича и светлейшего князя Г. А. Потемкина, о самой личности мастера и его конкретной работе для выдающегося государственного деятеля и военачальника.

К сказанному можно добавить, что в биографии еврейского предпринимателя и мастера «золотошвейной и позументной работы» Хаима Гошиовича факт получения денег от монаршей особы оказался не единственным. Сохранилась также запись о том, что в июне 1801 года ему было высочайше пожаловано из Кабинета Е. И. В. сто рублей. Этой чести искусный шмуклер удостоился в знак благодарности за поднесенный Александру I ковер своей работы «с еврейскими надписями»[17]. Скорее всего,

---

[14] РГАДА. Ф. 1239. Оп. 3. Д. 52550. Л. 3–3 об.

[15] РГАДА. Ф. 1239. Оп. 30. Д. 71. Л. 3.

[16] РГАДА. Ф. 1239. Оп. 3. Д. 65092. Л. 2.

[17] РГАДА. Ф. 1239. Оп. 3. Д. 56493. Л. 1–2.

этот подарок был преподнесен по случаю вступления Александра Павловича на российский престол 12 марта того же года и, возможно, в смутной надежде Гошиовича на решение своих финансовых проблем и улучшение положения его семьи. Сегодня, к сожалению, почти невозможно найти в музейных собраниях упомянутое золотное шитье еврейского мастера.

И еще одно важное замечание: со временем, когда, согласно «Положению для евреев» 1804 года, им стали присваивать фамилии[18], видимо, наименование профессии Гошиовича, как это нередко случалось, стало его фамильным прозвищем — Шмуклер. Сам же он, возможно, принял участие в организации пока еще немногочисленной санкт-петербургской еврейской общины, хотя ее члены, которых насчитывалось несколько десятков, не имея права постоянного жительства в столице, официально здесь не проживали, а «находились временно» (как говорилось в документах) с разрешения правительства довольно продолжительное время. Кроме того, он состоял членом Санкт-Петербургского погребального братства (хевры кадиши) [Минкина 2011: 134]. Таким образом, бывший новороссийский еврей де-факто стал столичным жителем.

Биография Хаима Гошиовича-Шмуклера, с одной стороны, укладывается в рамки общего процесса вхождения в российское общество бывших польских евреев, находивших себя либо в торговле, преимущественно мелкой, либо в различных промыслах. С другой же стороны, она является весьма специфической, поскольку «шмухлерского дела мастер еврей», достигнув в своем ремесле довольно высокого уровня, приобрел деловые отношения с такими представителями российской имперской элиты, как Г. А. Потемкин-Таврический и А. А. Безбородко, чего удостоились в конце XVIII столетия очень немногие из его единоверцев. Правда, при этом успехи в его профессиональной деятельности, граничащей с искусством, — вспомним хотя бы екатерининскую юбку и александровский ковер — не смогли предотвратить значительных убытков, понесенных им от безвременной кончины

---

18 ПСЗ–1, т. XXVIII. № 21547, ч. III, п. 32. С. 734.

светлейшего князя, чему не воспрепятствовали даже продолжительные взаимоотношения с российским бюрократическим аппаратом.

Литература и источники

Клиер 2000 — *Клиер Дж. Д.* Россия собирает своих евреев: Происхождение еврейского вопроса в России. 1772–1825. М.: Мосты культуры; Иерусалим: Гешарим, 2000. 352 с.

Минкина 2011 — *Минкина О. Ю.* «Сыны Рахили»: Еврейские депутаты в Российской империи. 1772–1825. М.: Новое литературное обозрение, 2011. 344 с.

ПСЗ–1 — Полное собрание законов Российской империи, с 1649 года. Собр. 1-е. СПб., 1830. Т. XXVIII.

РГАДА — Российский государственный архив древних актов (Москва). Ф. 1239. Оп. 3. Д. 37319 («Прошение фабриканта Хаима Гошиовича имп. Павлу I о выплате ему денег наследниками кн. Г. А. Потемкина в качестве компенсации за истраченные собственные деньги во время работы для князя, с приложением копий его паспорта, выданного гр. А. А. Безбородко в 1792 г., аттестата от генерал-поручика гр. И. Е. Ферзена 1795 г. и подорожной до Санкт-Петербурга, выданной Потемкиным в 1791 г.»). 1796 г. Л. 1–5; Ф. 1239. Оп. 3. Д. 38882 («Запись прошения фабриканта Хаима Гошиовича с денежной претензией на наследников кн. Г. А. Потемкина»). 1796 г. Л. 8; Ф. 1239. Оп. 3. Д. 52550 («Дело о денежной претензии фабриканта Хаима Гошиовича на наследников кн. Г. А. Потемкина»). 1798 г. Л. 1–3 об.; Ф. 1239. Оп. 3. Д. 56493 («Записка о поднесении имп. Александру I ковра ручной работы фабрикантом Хаимом Гошиовичем и о пожаловании ему за это из Кабинета Е. И. В. 100 рублей»). 1801 г. Л. 1–2; Ф. 1239. Оп. 3. Д. 58815 («Дело об отказе фабриканту Хаиму Гошиовичу в его претензии на оплату счета за поставленные товары кн. Г. А. Потемкину»). 1796–1797 гг. Л. 1–4; Ф. 1239. Оп. 3. Д. 60783 («Запись прошения фабриканта Хаима Гошиовича имп. Екатерине II об оплате долга кн. Г. А. Потемкина его наследниками за «шмухлерскую» работу, произведенную по заказам светлейшего князя в Русско-турецкую войну 1787–1791 гг.»). 1795 г. Л. 7–7 об.; Ф. 1239. Оп. 3. Д. 65092 («Запись письма генерал-прокурора Сената кн. А. Б. Куракина с требованием доставки ему высочайшего повеления к сенатору гр.

П. В. Завадовскому по прошению фабриканта Хаима Гошиовича»).
1798 г. Л. 2; Ф. 1239. Оп. 30. Д. 27 («Запись прошения фабриканта Хаима
Гошиовича о понуждении наследника кн. Г. А. Потемкина, гр. А. Н. Самойлова, отказавшегося от платежа долга князя по предыдущему
прошению Гошиовича имп. Павлу I от декабря 1796 г., выплатить при-
читающуюся ему сумму 30933 рубля»). 1797 г. Л. 215–215 об.; Ф. 1239.
Оп. 30. Д. 71 («Письмо генерал-прокурора Сената кн. А. Б. Куракина
статс-секретарю Д. П. Трощинскому (по прошениям фабриканта Хаима
Гошиовича имп. Павлу I и в Сенат) с просьбой сообщить о дате и содержании повеления имп. Екатерины II, объявленного Трощинским,
о передаче прошений и счета Гошиовича с долговой претензией к наследникам кн. Г. А. Потемкина начальнику Комиссии о рассмотрении
и уплате долгов, оставшихся после светлейшего князя, и разделе его
имения гр. П. В. Завадовскому для удовлетворения просителя»).
1798 г. Л. 3.

Фельдман 2002 — *Фельдман Д. З.* Роль Г. А. Потемкина-Таврического
в истории евреев в России // Россия в XVIII столетии. М.: Языки славянской культуры, 2002. Вып. I. С. 109–129.

Фельдман 2013 — *Фельдман Д. З.* Российские евреи в эпоху наполео-
новских войн. М.: Древлехранилище, 2013. 378 с.

Фельдман, Петерс 2006 — *Фельдман Д. З., Петерс Д. И.* История на-
граждения российских евреев за военные и гражданские заслуги в начале XIX века (по архивным документам). М.: Древлехранилище, 2006.
174 с.

Фельдман, Петерс 2016 — *Фельдман Д. З., Петерс Д. И.* «На пользу
Отечества»: О заслугах евреев Российской империи и их награждении.
М.: Древлехранилище, 2016. 268 с.

His Lordship's Shmukler: Pages of the Biography of Master Chaim Goshiovich

Dmitry Feldman
The Russian State Archives of Ancient Acts, Moscow, Russia

ORCID ID: 0000–0002–7035–8185
Ph.D. in History, Chief specialist
The Russian State Archives of Ancient Acts
Bolshaya Pirogovskaya str., 17, Moscow, 119435, Russia
Tel.: +7(495) 580–87–23
E-mail: rgada@mail.ru
DOI 10.31168/2658–3356.2022.2

Abstract. This article, based on archival sources, examines the life of the Jewish master-"shmukler" Chaim Goshiovich, a life which spanned three reigns — from Catherine II to Alexander I. Goshiovich was a supplier to the Russian army and was in contact with the Russian Empire's highest dignitaries at the end of the eighteenth century, among them Prince G. A. Potemkin (who was tolerant of the Jews) and Count A. A. Bezborodko. Although Goshiovich lost prestige with the death of his sponsor General Field Marshal Potemkin, he continued to practice his craft, presenting Catherine II with a gold-embroidered skirt and shawl and Alexander I with a carpet. At the beginning of the nineteenth century, Chaim Goshiovich may have participated in the organization of the St. Petersburg Jewish community, and the name of his profession — shmukler — became his surname. This article presents a fresh perspective on the question of the integration into Russian imperial society of former Polish Jews who were engaged in petty trade and crafts. While on the one hand Goshiovich's story fits into the framework of the general process such of integration, on the other hand it indicates the existence of opportunities for professional individuals to establish close business relationships with representatives of the Russian aristocracy.

Keywords: Jewish entrepreneurship, Russian-Turkish wars, G. A. Potemkin, Catherine II, Paul I, Alexander I, St. Petersburg Jewish Community

References

Klier, Dzh. D., 2000, *Rossiia sobiraet svoikh evreev: Proiskhozhdenie evreiskogo voprosa v Rossii. 1772–1825* [Russia Gathers Her Jews: The Origins of the "Jewish Question" in Russia. 1772–1825]. Moscow, Mosty kul'tury, Izdatel'stvo; Ierusalim, Gesharim, 352.

Minkina, O. Iu., 2011, *«Syny Rakhili»: Evreiskie deputaty v Rossiiskoi imperii. 1772–1825* [«Sons of Rachel»: The Jewish Deputies in Russian Empire. 1772–1825]. Moscow, NLO, Izdatel'stvo, 344.

Feldman, D. Z., 2002, Rol' G. A. Potiomkina-Tavricheskogo v istorii evreev v Rossii [The Role of G. A. Potemkin-Tavrichesky in the History of the Jews in Russia]. *Rossiia v 18 stoletii* [Russia in 18th century]. Moscow, Iazyki slavianskoy kul'tury, Izdatel'stvo, 109–129.

Feldman, D. Z., 2013, *Rossiiskie evrei v epokhu napoleonovskikh voin* [Russian Jews in Napoleon's Wars Era]. Moscow, Drevlekhranilishche, Izdatel'stvo, 378.

Feldman, D. Z., Peters D. I., 2006, *Istoriia nagrazhdeniia rossiiskikh evreev za voennye i grazhdanskie zaslugi v nachale 19 veka (po arkhivnym dokumentam)* [The History of Awarding of Russian Jews for Military and Civil Merits at the beginning of the 19th century (on archival documents)]. Moscow, Drevlekhranilishche, Izdatel'stvo, 174.

Feldman, D. Z., Peters D. I., 2016, *«Na pol'zu Otechestva»: O zaslugakh evreev Rossiiskoi imperii i ikh nagrazhdenii* [«For the Benefit of the Country»: About the Merits of the Jews of Russian Empire and their Awarding]. Moscow, Drevlekhranilishche, Izdatel'stvo, 268.

УДК 94(47).073+908

К вопросу о становлении общинной карьеры Авраама Луцкого в 30-х годах XIX века

Максим Игоревич Гаммал
Московский государственный университет
имени М. В. Ломоносова, Москва, Россия

ORCID: 0000–0002–0441–8303
Старший преподаватель
Институт стран Азии и Африки
Московского государственного университета
им. М. В. Ломоносова, кафедра иудаики
125009, г. Москва, ул. Моховая, стр. 1
Тел.: +7(495) 629–42–84
E-mail: max_hammal@yahoo.com

DOI: 10.31168/2658–3356.2022.3

Аннотация. Настоящая статья представляет собой попытку уточнить обстоятельства становления общинной карьеры Авраама Луцкого (1792–1855), ведущего галахического авторитета караимов Крыма второй трети XIX века. Его положение в караимской общине для стороннего наблюдателя было парадоксальным: не занимая никаких официальных постов в общине Евпатории, центральной на тот момент караимской общине региона, он обладал значительной властью и авторитетом, уступая в степени влияния на общинную жизнь лишь первому главе Караимского духовного правления Симхе Соломоновичу Бабовичу (1790–1855). Данный в статье исторический анализ литературы биографического характера и архивных документов, имеющих отношение к Аврааму Луцкому, позволяет выделить узловые моменты его карьеры, понять «формулу успеха».

Ключевые слова: Крым, караимы, караимская община, традиционное образование, Авраам Луцкий

Судьба луцких караимских интеллектуалов в Крыму в первой половине XIX века — яркий пример того, как изначально маргинальная переселенческая группа сумела добиться успеха в рамках традиционного общества. Конечно, луцкие караимы не были полностью чужими для крымской общины, но в своих возможностях они были куда более ограничены по сравнению с местной элитой, по крайней мере в первые годы своей жизни на полуострове. Их миграция была вызвана новой исторической эпохой, наступившей в истории восточноевропейских караимов; она же помогла им подняться по социальной лестнице в новом для них окружении. Жизнь и судьба луцких мигрантов для последующих поколений стала синонимом образцовой карьеры в общине.

Побудительным мотивом для этой миграции послужили те стесненные экономические обстоятельства, в которых находилась караимская община Луцка, и то, что впервые в своей истории общины Луцка и Крыма оказались в составе одного государства, что значительно упрощало контакты между ними [Гаммал 2013: 270–271]. Первым на такой переезд решился Иосиф-Соломон Луцкий (акроним Яшар) в 1803 году, несмотря на то что он занимал пост хаззана в общине и был членом магистрата в Луцке. Уже 1810-е годы он — один из общепризнанных духовных авторитетов среди караимов Крыма. Его административный и духовный статус в общине укрепляется после того, как в конце 1820-х годов его ученик Симха Бабович становится светским лидером всех общин Крыма, а караимская община Евпатории — центральной общиной региона. В это же время другие «поляки», как зачастую называли луцких мигрантов в Крыму, переселяются в караимские общины полуострова. Среди них стоит выделить Авраама Фирковича, Мордехая Султанского и Давида Кокизова, которые оказали решающее влияние на традиционную культуру среди крымских караимов в первой половине XIX века. Для них была характерна установка на ученую карьеру и преподавание в общине, с одной стороны, и на экономическое преуспевание, с другой. Уже на рубеже 30–40-х годов XIX века луцкие интеллектуалы в полной мере реализовывают себя в общинах Крыма, став интегральной частью общинного истеблишмента.

Но даже на фоне карьерного роста первого поколения луцких интеллектуалов в Крыму биография Авраама Луцкого (1792–1855), сына Иосифа-Соломона Луцкого, выглядит беспрецедентной. В караимской историографии и мемуарной литературе Авраам Луцкий предстает духовным лидером караимов Крыма второй трети XIX века, во многом не уступающим по своему влиянию всесильному первому гахаму Симхе Бабовичу (1790–1855). Заметим, однако, что до настоящего времени сведения биографического характера об Аврааме Луцком были основаны лишь на двух независимых источниках конца XIX века.

Впервые биография Авраама Луцкого была опубликована во второй части сочинения Исаака Синани «История возникновения и развития караимизма» (1889), которая была посвящена «краткой истории литературной деятельности караимских писателей». Исаак Синани (1833–1890), младший современник Луцкого, который и сам принадлежал к интеллектуальной элите общины Крыма, дает биографию Абен Яшара как вступление к подробному разбору единственной напечатанной работы последнего — галахического сочинения «Иггерет зуг ве-нифрад» («Послание о браке и разводе», 1836). Биография автора должна была подтвердить значимость Луцкого как духовного лидера и, соответственно, правомерность включения его произведения в антологию караимской литературы.

> Авраам бен Шеломо Луцкий. Он родился в Луцке и получил духовное образование у отца (Иосифа-Соломона Луцкого. — *М. Г.*), молодым человеком поселился в Константино-

поле для дальнейшего образования у ученых талмудистов и особенно изучения талмуда. Способный и прилежный к научным занятиям, он настолько обогатился познаниями, что считался величайшим из ученых между единоверцами в первой половине настоящего столетия, а то время не было скудно учеными. Владея большим богатством и зная цену жизни, он любил держать себя самостоятельно, не подчиняться капризам невежественных напредняков[1] общества. Поэтому, когда переехал в Евпаторию, хотя и был избран в духовный сан, но долго не мог прослужить, а потому, отказавшись от духовных обязанностей, учредил учебное заведение для своих единоверцев. <...> Он подготовил нам ученых богословов, достойных духовников и законоучителей, продолжающих и ныне распространять между нами слово Божие. Нужно сознаться, что люди, подобные Ибн Яшар Луцкому, нередко далеко оставляют за собой своих современников и поэтому чувствуют себя одинокими на своем веку. <...> Кроме сего он написал еще несколько научных сочинений и прекрасных стихотворений, которые сохраняются в рукописях. Луцкий умер в Екатеринославле в 1855 году [Синани 1889: 261–262].

Выделим центральные, с точки зрения И. Синани, моменты в биографии Луцкого. Он получил блестящее традиционное образование у своего отца, Иосифа-Соломона Луцкого — духовного лидера караимов Крыма во второй четверти XIX века, и в раввинистических ешивах Стамбула. В караимской общине Евпатории Луцкий держит себя независимо, отказавшись от поста хазана, что в «табели о рангах» того времени соответствовало главе духовного руководства караимов Крыма. Тем не менее он безусловный «властитель дум» караимской общины. Его точка зрения по

---

[1] Автор при переводе на русский язык традиционных терминов на иврите использует современную ему политическую терминологию, так как «напредняки» — это либеральная политическая партия в Сербии, организованная в конце 1870-х годов, известная своим влиянием при дворе сербского короля. В данном контексте это, видимо, вольный перевод термина *гевир* (мн. ч. — *гвирим*), что обозначает зажиточных членов еврейской общины, принимавших активное участие в жизни общины, зачастую не занимая в ней никаких официальных постов.

некоторым спорным галахическим вопросам принимается большинством. Главное дело его жизни — это преподавание.

Свой очерк о литературном творчестве Авраама Луцкого И. Синани заканчивает текстом эпитафии, которую сочинил Луцкий, будучи смертельно больным, в Екатеринославе:

Перед смертью он сам составил для своего памятника надпись, следующего содержания: «Я, Авраам ибн Яшар Луцкий, живый и одаренный даром слова, ныне, я мертв. Родился я одиннадцатого числа месяца "тевет" (декабря) в третий день недели лета 5553-го от сотворения мира (1793)[2]. С тех пор я спал и ум мой также не бодрствовал. И снилось мне, что вот я начал расти постепенно, потом начал как бы понимать, что кругом меня совершается. Я стал учиться и понимать, чему меня учат, и по прошествии многих дней я сильно развился умственно и настолько увеличил свою мудрость, что превзошел всех моих школьных товарищей. В этом виде признана была всеми моя зрелость в науках и признано было за мной преимущество над всеми моими современниками. Ко мне стали собираться ученые доучиваться и слушать мое преподавание. Даже из дальних местностей обращались ко мне письменно за разрешением разных научных вопросов. За труды мои Бог наделил меня богатством материальным, и я жил под сенью мудрости и богатства. Детьми также не обидел меня Господь. Я не жалел ничего от детей моих; я и себе ни в чем не отказывал. Я лелеял и душу свою и ум свой и плоть свою; но в границах приличия и нравственности. Ныне настал всему конец! Пришел срок заснуть сном вечным. Десятый месяц тамуз (июль) лета 5615 от сотворения мира (1855) будучи 68 летнего возраста пробил мой последний час. Кто же отгадает мое сновидение! И се вот! сновидение за сновидением. И в самом деле, жизнь и смерть не одно ли только сновидение» [Синани 1889: 267–268].

Здесь все необычно, все нарушает традицию и свидетельствует об исключительности жизненной позиции автора. Уже само

---

[2] Очевидная ошибка автора в переводе даты в христианское летосчисление. Авраам Луцкий родился в декабре 1792 года.

сочинение автоэпитафии было явным отступлением от традиционно принятой нормы. В свою очередь, такая форма предполагает подведение жизненных итогов, что роднит ее с этическим наставлением, хорошо известным традиционным жанром. Центральный мотив — подведение жизненных итогов, дан в духе философского дискурса, когда жизнь представляется в виде череды сновидений, а сама смерть воспринимается как вечный сон. Автор видит свою жизнь как бы со стороны, глазами объективного наблюдателя. Он сознает свое интеллектуальное превосходство над окружающими и ставит себе это в заслугу. Жизненный урок, который должны усвоить следующие поколения — «Я лелеял и душу свою и ум свой и плоть свою; но в границах приличия и нравственности».

Второй независимый источник об Аврааме Луцком — это воспоминания его внука Якова Вениаминовича Дувана (1842–1902), открывающие его автобиографию «Мои детские и юношеские годы», неполный русский перевод которых был напечатан в журнале «Караимская жизнь» [Дуван 1911]. И в этом описании выделяются те же черты личности Авраама Луцкого, которые мы уже отметили у И. Синани: независимая позиция в общине, признание его интеллектуального превосходства окружающими и то, что главным делом свой жизни он рассматривал преподавание. Ценность воспоминаний в том, что они дополняют исторический образ Авраама Луцкого деталями личного характера.

> Деда моего, славившегося начитанностью, высоким просвещением и умом, знали далеко за пределами Евпатории. Называли его обыкновенно «хахам», и не было надобности произносить даже его имя и фамилию, ибо всякий знал уже по этому одному титулу, что речь идет о просвещенном Аврааме Луцком. <...> Дед мой Абен-Яшар был похож на патриарха. Высокого роста, мужественный с длинной седой бородой, он внушал всем уважение. Его внушительный и серьезный вид заставлял многих даже бояться его. <...> У деда моего была тогда (в конце 40-х годов XIX века. — М. Г.) высшая школа богословия и древне-библейской ли-

тературы. Его учениками состояли дети богатых караимов. Но Абен-Яшар охотно принимал также и бедных учеников, если подмечал в них охоту к учению и дарование. Он обучал таких учеников безвозмездно, так как располагал к этому возможностью, будучи человеком материально независимым. У него были в Евпатории и Кюстендже дома и амбары, которые он унаследовал от своего тестя, богатого человека и крупного филантропа ребби Шаббетая. <...> Абен-Яшар был единственным тогда опытным и образованным педагогом, обучавшим юношество основательному знанию библейского языка, богословия, литературы и философии. Тогдашние руководители евпаторийского караимского общества, предвидя его близкую кончину, упросили его подготовить из бедных юношей нескольких опытных преподавателей, которые могли бы его впоследствии хотя бы отчасти заменить в области преподавания богословия и древне-библейской литературы. <...> Его ученики, покидая школу, хорошо знали язык библии, логику, богословие, философию, литературу [Дуван 1911: 65].

Итак, подводя итог тому образу Авраама Луцкого, что сложился в караимской историографии и мемуарной литературе, отметим, что везде он показан как представитель духовной элиты караимского общества par excellence, чьи достижения как в области религиозного законодательства, так и в области образования, безоговорочно признавались окружающими. Здесь же заметим, что Луцкий явно выбивается из ряда караимских интеллектуалов своего времени — его образ не равен фигуре типичного представителя духовного сословия. Он финансово независим и держится особняком в караимской элите, он не скрывает своего превосходства над другими и не считает зазорным нарушать принятую норму показного смирения.

Понять, насколько эта «формула успеха» в биографии Авраама Луцкого соответствует исторической реальности, а не является ретроспективным восприятием его образа у последующих поколений, склонных к преувеличению заслуг предшественников, помогает ряд документов, принадлежащих перу самого Авраама Луцкого или имеющих к нему непосредственное отношение, которые сохранились в отделе редких книг и рукописей Российской государственной библиотеки. Эти документы, как, собственно, и все архивные материалы караимского происхождения в РГБ, попали туда еще в конце 20-х годов XX века, когда в Крыму была расформирована караимская национальная библиотека «Карай битиклиги» («Караимская библиотека»), созданная в 1915 году в Евпатории на основе архива Караимского духовного правления. К ним относятся поздравительное письмо феодосийской общины по случаю возвращения Абен Яшара в Евпаторию, написанное феодосийским хаззаном Йегошуа Когеном в 1833 году, «Объявление об устройстве обучения» со списком учеников частной школы-мидраша, написанное Луцким в середине 30-х годов XIX века, докладная записка «Организация мидрашей» 1840 года и его письмо сыну в Стамбул 1837 года. Несмотря на то что в нашем распоряжении в настоящее время есть столь незначительное число архивных документов, имеющих непосредственное отношение к Аврааму Луцкому, они, как мы попытаемся показать ниже, вполне подробно освещают центральные аспекты деятельности Луцкого во второй половине 30-х годов XIX века, то есть тогда, когда, собственно, и складывается «формула успеха» его общинной карьеры.

Панегирик в честь возвращения Авраама Луцкого в Крым, написанный феодосийским хаззаном Йешуа Когеном, дает точную датировку его возвращения в Крым — 1833 год. В соответствии с жанром письмо представляет собой стихотворение, в котором большая часть текста состоит из славословия в честь общины, а само поздравление главного персонажа дается в самом конце. Автор строит свое поздравление в виде концентрических кругов, сходящихся к центру — Аврааму Луцкому. Вначале он упоминает караимскую общину Евпатории как собрание мужей, которые

> возводят крепкую ограду для охраны сада, где заседают для окончательного суда, где каждый из вас прилагает усилия и старается установить истинный Закон, что есть Закон, полученный из огненного куста (то есть Письменная То-

ра. — *М. Г.*). Вы ищете, изучаете и занимаетесь [при свете] двух свечей: свеча Закона по правую руку от вас, по левую руку свеча просвещающей мудрости[3].

Далее он упоминает светского главу общины Симху Бабовича, что «поставлен над нами "великий князь" для спасения и как твердыня в худые времена»[4]. Как знаковое событие в жизни евпаторийской общины Коген восхваляет возвращение Иосифа-Соломона Луцкого из Иерусалима: «вернулся Б-г в дом народа своего, когда вернулся учитель праведности <...> пусть он станет учителем истинным (намек на акроним Иосифа Луцкого — Яшар, то есть прямой, истинный. — *М. Г.*), чтобы установить венец Закона, когда он вернулся из Иерусалима»[5]. Такое построение текста поздравления превращает возвращение Авраама Луцкого в Евпаторию в закономерный шаг в передаче «цепи традиции».

> Велика слава мудреца Абен Яшара, просветляющего, так как прибыл [в Крым] его отец и он вместе с ним и воссиял свет при его рождении, определилась его [жизненная] позиция <...> вернулся мудрец Авраам Еру[шалми] <...> чтобы просвещать Израиль, чтобы они познали милость и истину, когда он будет учить в своей общине, чтобы они прилепились к миру и праведности, когда он будет учить сынов Йехуды Закону, то увеличится его радость, так как Авраам [способен] обучить Закону и мудрости[6].

Здесь Авраам Луцкий предстает как продолжатель семейной традиции, как известный галахический авторитет и преподаватель. То обстоятельство, что он упоминается в одном ассоциативном ряду вместе с Симхой Бабовичем и Иосифом-Соломоном Луцким, даже с поправкой на жанровое своеобразие документа, определенно свидетельствует, что уже в начале своей карьеры

---

[3]   РГБ ОР. Ф. 182. Д. 452. Л. 1.

[4]   РГБ ОР. Ф. 182. Д. 452. Л. 1.

[5]   РГБ ОР. Ф. 182. Д. 452. Л. 1.

[6]   РГБ ОР. Ф. 182. Д. 452. Л. 1.

в Крыму он воспринимался как законный представитель общинной элиты.

Весьма интересно с точки зрения понимания роли Абен Яшара в системе караимского традиционного образования во второй трети XIX века его «Объявление об обустройстве обучения» (1835)[7], представляющее собой детальный проект по устройству талмуд-торы (общинного бесплатного училища) в Евпатории. «Объявление» было подано на имя главы общины Симхи Бабовича, и учитывая слабое знание иврита последним, текст был написан на караимском языке. К проекту был приложен список учеников частной школы-мидраша Авраама Луцкого с отчетом об их успеваемости[8].

Всего в мидраше Луцкого обучалось двадцать три ученика, и судя по всему, это и была знаменитая «высшая школа богословия и древне-библейской литературы», где «его учениками состояли дети богатых караимов», о которой упоминают Я. Дуван и И. Синани. Судя по списку учеников, в этом мидраше действительно учились отпрыски элиты караимской общины Евпатории: во главе списка стоят сыновья Симхи Бабовича — Эмануэль и Шмуэль, с припиской «сыновья князя», и его брат и будущий глава караимов Крыма Бабакай (Нахаму) Бабович, которому на тот момент исполнилось 35 лет (!), правда, находившийся на весьма продвинутой ступени изучения Галахи. Кроме того, в списке мы находим сыновей торговых партнеров Авраама Луцкого: Ицхака Когена-Айваза и Йехуды Мичри[9]. Такой исключительный набор учеников свидетельствует о действительно высоком (а не только панегирическом!) статусе Авраама Луцкого как педагога. Представляется, что именно столь исключительное положение в общине позволило ему обратиться к С. Бабовичу с весьма амбициозным и рискованным проектом устройства талмуд-торы.

Заметим здесь, что талмуд-тора, то есть бесплатное общинное училище, никогда не являлась элементом традиционного кара-

---

7   РГБ ОР. Ф. 182. Д. 454. Л. 5.

8   РГБ ОР. Ф. 182. Д. 454. Л. 6.

9   РГБ ОР. Ф. 182. Д. 454. Л. 6.

имского образования, для которого была характерна система частных школ-мидрашей. Талмуд-тора была частью традиционного раввинистического образования, как в Восточной Европе, так и в Османской империи. Так, знаменитая талмуд-тора в сефардской общине Салоник в Новое время была центром духовной жизни общины и играла важную роль в восприятии Салоник как «Иерусалима на Балканах». Поэтому неудивительно, что уже в первых строчках своего обращения к Симхи Бабовичу Луцкий весьма осторожно указывает на новизну возможного предприятия.

> Вы устно дали разрешение, чтобы я изложил свое понимание порядка [преподавания], так как это будет весьма полезным. Однако будучи сам неопытным [в этом вопросе], я также и сам нахожусь в сомнениях [по поводу предлагаемых реформ]. Возможно, позднее вам [этот порядок] покажется неприемлемым, чтобы, по воле Бога, не вызвать недовольства [общества]. Так как, в действительности, эти порядки [преподавания] не были [характерны] для нашей нации и обычаев. Я вижу своей обязанностью, чтобы письменно ознакомить вашу светлость с моими соображениями по этому вопросу. После того как вы обратите внимание/разберетесь [с этим вопросом]: [что] ценное? [чего] не хватает? и какой порядок [преподавания] не подходит? Или же если я что-то не продумал, что-то необходимое еще не сформулировано, то я готов к вашим замечаниям[10].

К основным новшествам в устройстве талмуд-торы в сравнении с традиционной школой-мидрашом нужно отнести следующие характеристики. Ее размер — она должна была принять после вступительного экзамена, который должны были провести Авраам Луцкий с отцом, около 60 учеников. В этом случае талмуд-тора во главе с Авраамом Луцким могла «подмять» под себя всю образовательную систему нс только свпаторийской общины, но и всех общин Крыма в целом. Появление столь большого по меркам караимских общин того времени учебного заведения,

---

[10] РГБ ОР. Ф. 182. Д. 454. Л. 5.

отсутствие платы за обучение и репутация самого Абен Яшара как виднейшего педагога — все это привело бы к массовому исходу талантливых учеников из общинных мидрашей и постепенной деградации этих учебных заведений. Видимо, именно из-за возможной негативной реакции многочисленных *меламдим*, обладавших известным влиянием в общинах, Луцкий делает оговорку: «...чтобы, по воле Бога, не вызвать недовольства [общества]».

Вторым новшеством являлась разбивка всех учеников на классы, что было нехарактерно для традиционного мидраша, где обучение, скорее, делилось на основе изучаемой части религиозного канона (алфавит — чтение Торы с традиционным переводом (тафсир) — чтение Пророков и Писания с переводом — галахические сочинения и библейские комментарии). Такое устройство учебной программы мидраша предполагало, что каждый ученик переходит к следующему «предмету» после усвоения предыдущего. Временные рамки обучения в мидраше ограничивались только жизненными требованиями: если отец ученика считал, что тот вполне вырос, чтобы присоединиться к семейному предприятию, то обучение заканчивалось. В талмуд-торе всего должно было быть пять классов с вполне традиционной градацией изучаемых предметов: первый класс — алфавит, второй — «Тора и ее перевод», третий — «Книги Пророков и Писания с их переводом. К этому весьма необходимо знакомить с основами грамматики, но кратко (и не только с глаголами)», четвертый — «правила грамматики, "Руах хен" ("Дух милости", анонимный комментарий на "Путеводитель колеблющихся" Маймонида. — *М. Г.*), философия», пятый — «"Мивхар" ("Книга избранного [комментария]" Аарона б. Иосифа. — *М. Г.*), "Морэ" ("Путеводитель колеблющихся" Моисея Маймонида. — *М. Г.*) и причислить к этим похожие хорошие книги». Как видно, в трактовке Авраама Луцкого караимское образование испытало сильное влияние сефардской традиции — в последних классах наряду с классикой караимской религиозной мысли предлагалось изучать философско-моралистические произведения раввинистического иудаизма. Здесь же отметим, что обучение в первом классе не было ограничено по времени: «...со второго класса и старше, так как пока не усвоят хорошо *Микра* (Тору. — *М. Г.*) во второй класс не будут переходить»[11].

Кроме разбивки на классы, Луцкий предлагает сделать более формализованным и распорядок дня.

> В начале каждого месяца на стене нужно вешать расписание, чтобы каждый класс приходил в свое время: сколько часов [идут занятия], с какого часа будут читать, будет записано в какое время чтение, когда чистописание, когда уходят на обед. Согласно ежедневным правилам, время учебного процесса (досл. «служба». — *М. Г.*) [в] каждом классе у разных учеников не будет совпадать. Но когда один из них читает, другие его чтение будут отмечать, другой же будет писать, а другой пойдет на обед[12].

Наиболее радикальным в нарушении канонов традиционного образования было предложение Авраама Луцкого о преподавании арифметики. Смысл этого нововведения вполне ясен: преподавание такого практически значимого предмета, как арифметика, повышало шансы талмуд-торы в конкуренции с традиционным мидрашом.

> Будет еще один класс. Для арифметики. Реальность [в том,] что в больших классах каждый день [в течение] одного часа [ученики] будут учить [арифметику]. Однако я полагаю, что было бы подходящим, если каждый ребенок за год до окончания мидраша получил бы знания [по арифметике], а в последний год занимался [арифметикой] самостоятельно, чтобы окончательно и хорошо разобраться [в ней][13].

Новизна предложения подчеркивается и тем, что именно по этому пункту своего проекта Авраам Луцкий просит административной поддержки со стороны Симхи Бабовича:

---

11 РГБ ОР. Ф. 182. Д. 454. Л. 5.
12 РГБ ОР. Ф. 182. Д. 454. Л. 5.
13 РГБ ОР. Ф. 182. Д. 454. Л. 5.

> Кроме того, я боюсь, что у всех детей не будет времени подробно её (арифметику. — *М. Г.*) изучать каждый день. Ну, я не знаю, вот если бы вы сказали, чтобы каждую неделю определили один день для самостоятельного [изучения] её, но [для этого] нужен ваш приказ[14].

О том, что проект Авраама Луцкого был воспринят благосклонно адресатом, свидетельствует тот факт, что уже в 1836 году было напечатано двуязычное (караимский и иврит) анонимное «Обращение [к караимским общинам]» [Mesirat 1836], в котором развивались идеи реорганизации караимского традиционного образования. Любая публикация «Общества караимского книгопечатания» должна была получить одобрение от Симхи Бабовича, который финансировал работу типографии. Поэтому сам факт публикации «Обращения» свидетельствовал о крайне благожелательном отношении к реформе образования со стороны первого лица караимской общины. «Обращение» открывается резкой, в духе восточноевропейской Гаскалы, критикой существующего положения вещей в системе традиционного образования. Для исправления ситуации предлагается создать в Евпатории общую для всех общин Крыма школу-мидраш на 400 (!) учеников, где будут обучать не только традиционным предметам, но также арифметике и русскому языку. Кроме этого, при школе должна быть построена типография. Нельзя утверждать наверняка, что автором «Обращения» был Авраам Луцкий, но то, что оно исходило из круга луцких мигрантов и его «Объявление» послужило исходной точкой, не вызывает никакого сомнения.

Идея реформы караимского образования обсуждалась в караимской общине вплоть до 1840 года. Именно этим годом датируется писарская копия анонимной докладной записки на караимском языке, озаглавленной «Организация мидрашей»[15]. В данном случае мы с высокой долей вероятности можем пред-

---

14 РГБ ОР. Ф. 182. Д. 454. Л. 5.

15 РГБ ОР. Ф. 182. Д. 454. Л. 12.

положить, что автором этого документа был именно Авраам Луцкий. Основанием служат стилистические особенности текста. Характерной чертой письменного стиля Луцкого в личной переписке является языковая игра, неожиданное использование терминов на разных языках часто с юмористическим оттенком (подробнее об этом ниже). В тексте записки мы встречаем пример именно такой языковой игры. Так, в записке финансовые расчеты устройства мидраша даны в «серебре», т. е. в серебряных рублях, но когда автор переходит к вопросу о зарплате учителей, он неожиданно дает их в «карбованцах». То обстоятельство, что адресатом записки был Симха Бабович и такое отступление от принятой нормы мог позволить себе лишь человек, близко знакомый с всесильным Хаджи Ага и знавший, что такая «путаница» с денежными знаками может вызвать улыбку у весьма практичного Бабовича, указывает на Авраама Луцкого. Заметим, что основные положения «Организации мидрашей» совпадают с «Объявлением об обустройстве обучения» Авраама Луцкого, что опять же указывает на его возможное авторство. Отличия между документами лишь в большей детализации процесса обучения (сорок два пункта!) и весьма смелом для того времени предложении о возможном преподавании русского языка в «Организации мидрашей».

> Тогда для преподавания русского языка будет [нужен] специальный учитель или же [будет] ученик, который попросит, чтобы [такой учитель] пришел в «училище» (рус.). Но [ученик должен быть] не младше четвертого класса (рус.), так как пусть он вначале выучиться «святому языку» (ивриту. — *М. Г.*). Потом, когда он станет сведущим [в «святом языке»], то он овладеет и знанием других [языков][16].

Однако, как мы знаем постфактум, проекты создания как талмуд-торы, так и общего мидраша не были реализованы. Наиболее правдоподобное объяснение отсутствия каких-либо упоминаний о реформе образования после 1840 года состоит

---

[16] РГБ ОР. Ф. 182. Д. 454. Л. 12.

в том, что радикальность предлагаемых реформ погубила все начинание, элита караимских общин не была готова расстаться со своей независимостью в сфере образования. Возможно, именно на этот эпизод карьеры Луцкого намекает И. Синани, когда пишет о том, что «он любил держать себя самостоятельно, не подчиняться капризам невежественных напредняков общества». Однако мы должны отметить, какое большое значение придавал Абен Яшар образованию и как далеко был готов зайти в реформе образования, заимствуя образовательные практики и литературу из раввинистической традиции, уже в первые годы своего возвращения в Крым. Обращаясь ретроспективно к истории караимского образования в XIX веке, можно утверждать, что, несмотря на неудачу во второй половине 1830-х годов, методика Авраама Луцкого стала общепризнанной уже в середине XIX века, когда выпускники его частного мидраша сами стали занимать видные позиции в системе образования караимских общин, преподавая, как Луцкий, в своих мидрашах [Пигит 1894: 11].

Письмо Авраама Луцкого сыну Моисею в Стамбул (1837)[17] проливает свет на его предпринимательскую деятельность и уточняет обстоятельства семейной жизни, которые до настоящего времени были нам известны исключительно из воспоминаний его внука. Адресованное сыну письмо носит глубоко личный характер и не случайно написано на караимском языке, так как официальная переписка повсеместно шла на иврите.

В письме Луцкий выступает как глава караимского торгового предприятия, в состав которого входят родственники и партнеры-друзья. Такой «закрытый» характер торгового предприятия, куда входили лишь родственники и близкие знакомые, был характерной чертой еврейских коммерческих предприятий в Восточном Средиземноморье с раннего Нового времени [Shmuelevitz 1984: 141–152]. Основное направление торговли предприятия — это пересылка сельскохозяйственных товаров из черноморских портов Российской империи в Стамбул, где его интересы представляет сын. Луцкий, который, судя по контексту

---

[17] РГБ ОР. Ф. 182. Д. 454. Л. 7.

письма, сам находится в Евпатории, активно использует торговые контакты караимов Одессы, которая к этому времени переживала коммерческий бум в качестве главного торгового порта юга Российской империи.

> От меня сообщение [о том,] как в письме от десятого числа Ваадара был задан вопрос о счете покойного Бабакая и в письме Черкеза, которое у Йехуды Мичри, был задан [тот же вопрос]. [Письмо], [написанное] Авраамом Пенбеком, было получено из Одессы пароходом по почте. Я знаю, что он написал, но не вижу большой необходимости в ответе. Согласно счетам, в общих чертах, Бабакай не остался без денег, да и деньги Султанчи не пропали. Кокею [что-то] было отдано, Хаджи Ага (Симха Бабович. — *М. Г.*) заставил Симху подписать [договор?], что хорошо. Ты пишешь, что завтра придет корабль и прекратится [ненужная] болтовня, все прояснится в отношении того корабля, [все] прекратится. Каждый счет будет оплачен. Деньги драгоценной матушки и Султанчи они получат, или же деньги останутся у Кокея[18].

Судя по контексту, прибытие корабля из Евпатории в Стамбул откладывалось на неопределенный срок, что вызвало сомнения в коммерческой успешности предприятия у стамбульской части торгового товарищества, которые и пытается развеять в письме Авраам Луцкий. Отметим здесь еще два важных обстоятельства. Во-первых, Авраам Луцкий активно использует «административный ресурс» караимской общины в своей коммерческой деятельности, заставляя через Симху Бабовича некого Симху подписать контракт. Чуть ниже в тексте письма он еще раз пытается обратиться к помощи всесильного главы караимских общин Крыма, но, что интересно, не напрямую, а используя семейные неформальные связи.

> Из-за нехватки денег в «сундуке» покойного Бабакая у меня нет никакой возможности попросить Хаджи Ага. Так как жена [лучше] понимает жену, то одного ее ответа (жены

---

18 РГБ ОР. Ф. 182. Д. 454. Л. 7.

С. Бабовича. — *М. Г.*) будет достаточно больше, чем тысяча
моих писем. Если же Хаджи Ага (С. Бабович. — *М. Г.*) захо-
чет большего, то очевидно, что он отнесется с уважением
к [своей] жене. По этой причине я не пишу [ему]. А матушка и Султанчи пусть попросят, так как пока от него нет
никакого ответа[19].

Во-вторых, очевидно, что в своей коммерческой деятельности
Авраам Луцкий активно использует капитал близких родственников. Это приданое жены («драгоценной матушки») и, видимо,
приданое или деньги, отложенные под будущее приданое, дочерей
Султанчи и Сарачи, написание имен которых с уменьшительно-
ласкательным суффиксом свидетельствует о родственных отношениях с автором письма. Приданое жены зачастую выступало
подъемным капиталом семейного предприятия в традиционной
еврейской общине. Заметим здесь, что имена большинства упомянутых в тексте письма компаньонов также написаны с умень-
шительно-ласкательным суффиксом, что свидетельствует о близких, неформальных отношениях между ними и автором письма.

В тексте письма Луцкий выступает как глава товарищества,
который готов и может улаживать конфликты между компаньо-
нами. Когда один из них «забывает» выплатить деньги за поставленный товар (фундук) остальным, именно Луцкий пытается
разрешить финансовый спор мирным путем, организовав целую
«операцию» информационного давления на нерадивого партнера.

Денег за фундук от Авраама Пенбека еще нет. Иосиф хотел
его (Пенбека. — *М. Г.*) схватить. И мне в письме к своей
жене написал, чтобы я к Пенбеку послал его «банду». Я же,
однако, написал Пенбеку [только] о крайней необходимости
[выплат]. Сейчас же матушка, Султанчи и Сарачи по этому
поводу должны продиктовать письмо для Пенбека, а Симха
Акав и его сын Йехудачи должны его подписать. Кроме
этого Барух Коген, Берахачи и Кокей должны подписать его
как свидетели и послать письмо в Одессу с кем-нибудь
подходящим для передачи Пенбеку и для получения счетов

---

[19] РГБ ОР. Ф. 182. Д. 454. Л. 7.

и денег за фундук. Если нам зададут вопрос, то мы расскажем новости, чтобы он отдал [счета и деньги]. Только я не знаю [что у] Иосифа [на уме], надеюсь, что я и его уговорю. Но [ситуации] «хватающий прихватившего [деньги]» не будет. Когда сделка пройдет, каждый получит свой «сладкий» счет[20].

Луцкий настолько уверен в успешности коммерческого предприятия, что готов идти на убытки в краткосрочной перспективе, чтобы удовлетворить ожидания партнеров по выплатам дивидендов.

Правда, я полагаю, что у меня образуется небольшой долг, но не настолько [большой], как они думают, потому-то долг покойного Хаджи Баба я выплатил Бейму. Согласно решению (рус.), выйдет 1300 рублей ассигнациями на общий счет.[21]

Подытоживая «деловую» часть письма, отметим, что Авраам Луцкий выступает как весьма успешный коммерсант, ведущий международную оптовую торговлю и использующий «внутренние» караимские связи как в Крыму, так и в Стамбуле. Его коммерческий успех есть следствие очевидной предпринимательской жилки, с одной стороны, и подъемного капитала, обеспеченного приданым жены, с другой. Утверждения Синани и Дувана о материальном благополучии Авраама Луцкого получают здесь зримое подтверждение.

В концовке письма Абен Яшар обращается к внутрисемейным делам, где мы встречаемся с «другим» Луцким — любящим мужем и заботливым отцом, который тоскует из-за того, что вынужден жить вдали от семьи, и обсуждает планы приезда родных в Крым.

Нет разрешения путешественнику пройти без подробного досмотра вещей в сундуке. Сообщаю, что как матушка, так и ты такой досмотр, возможно, [никогда еще] не проходили. Поэтому снова поплывете пароходом до Одессы. Я совсем

---

[20] РГБ ОР. Ф. 182. Д. 454. Л. 7.
[21] РГБ ОР. Ф. 182. Д. 454. Л. 7.

не верю, что матушка и Султанчи приедут. Сколько ни пиши, все впустую! Хотя они и понимают мои аргументы, но сами не видят смысла в своем пребывании [здесь]. Однако ты обязательно должен приехать и привезти невесту, а то, что она смущается, никакой пользы не приносит. Я почтой отправил тебе расчет брачного контракта.

Стилистическое своеобразие рассмотренных выше документов свидетельствует об исключительной образованности Авраама Луцкого. Оба документа написаны на крымско-турецком караимском, если следовать классификации тюркских языков, на которых говорили караимы, предложенной профессором Генриком Янковским [Jankowski 2016: 454]. На нем, как правило, велась официальная и деловая переписка среди образованной элиты общины. «Извещение о порядке образования и просьба о разрешении от вашей милости» могут служить образцом высокого канцелярского стиля, в то время как письмо сыну — образцом частной переписки. В текстах обоих документов встречаются заимствования из русского языка. Как правило, это термины, которые отражают реальность повседневной жизни: «класс», «стул», «таможня» и т. д. Однако для Авраама Луцкого характерно использование заимствований из русского языка в игровой манере. Эта черта проявляется в полной мере в письме к сыну, где такая литературная игра вполне уместна. Так, он использует русское слово «решение», когда пишет о том, какой выйдет общий доход. Очевидно, что термин из русского языка, который у местного крымского населения ассоциировался в первую очередь с официальными властными структурами, в тексте письма должен был создавать в определенном смысле шуточный контекст для решения, которое было принято людьми, являющимися родственниками или близкими знакомыми, и поэтому являлось крайне неформальным по форме. В конце письма, передавая через сына приветы знакомым и их семьям в Стамбуле, Луцкий использует то термин на иврите — *мишпаха*, то на русском — «семья». Контекст такой игры был очевиден получателю письма. При прочтении текстов представленных документов создается впечатление, что их писал человек хорошо образованный, свободно владеющий несколькими языками и склонный к литературной игре даже в текстах вполне прозаического содержания.

Подводя итог первым годам становления карьеры Авраама Луцкого в общине Крыма, можно отметить, что в его биографии уже в начале сложились несколько важных для образцовой карьеры в рамках традиционного еврейского общества составляющих: «правильное» происхождение, высокая образованность и материальная независимость. Абен Яшар воспринимался не как человек со стороны, которому надо преодолевать социальные барьеры, а как часть интеллектуальной элиты традиционного караимского общества, как законный наследник славы своего отца — Йосефа Соломона Луцкого. Достойное происхождение в восточных еврейских общинах, к которым мы можем отнести и караимскую общину Крыма рубежа веков, традиционно определяло изначально высокий социальный статус носителя хорошей родословной. Исследованные выше документы дают представление о том, что уже в 30-е годы XIX века Авраам Луцкий воспринимался как выдающийся преподаватель и галахический авторитет, учившийся не только в мидраше своего отца, но и в раввинистических йешивах Стамбула. Несмотря на неудачу его предложения по реформе традиционного образования, сама попытка такой реформы с его стороны свидетельствует о его высоком статусе в этой области и независимой позиции в общине. А независимость позиции обеспечивалась в первую очередь его материальным благополучием и умением вести дела с сильными мира сего. Благодаря этим факторам его карьера в общине была во многом исполнением религиозного долга, а не поиском достойного пропитания для традиционного интеллектуала, к каковой можно отнести «стандартную» карьеру *меламеда* в еврейской общине.

Литература и источники

РГБ ОР — Российская государственная библиотека. Отдел рукописей (Москва). Ф. 182. Оп. 1. Д. 452. Л. 1 («Письмо из Феодосии»). 1833; Ф. 182. Оп. 1. Д. 454. Л. 5 («Письмо из общины Евпатории»). 1835; Ф. 182. Оп. 1. Д. 454. Л. 6 («Письмо по поводу школы»). 1835; Ф. 182. Оп. 1. Д. 454.

Л. 7 («Письмо»). 1837; Ф. 182. Оп. 1. Д. 454. Л. 12 («Документ, касающийся школы (программа преподавания и т. д.»). 1840.

Гаммал 2013 — *Гаммал М. И.* Интеллектуалы против прагматиков: польские караимы в Крыму // Евреи: другая история / Сост., отв. ред. Г. Зеленина. М.: РОССПЭН, 2013. С. 265–286.

Дуван 1911 — *Дуван Я. В.* Мои детские и юношеские годы // Караимская жизнь. 1911. Кн. 7, декабрь. С. 64–71.

Пигит 1894 — *Пигит С.* Иггерет нидхе Шемуэл, т. е. собрание рассеянных проповедей, песен и элегий Самуила [ивр., кар.]. СПб.: Типолитография Берман и Рабинович, 1894. 227 с.

Синани 1889 — *Синани И. О.* История возникновения и развития караимизма. Часть II. СПб.: Типография дома призрения малолетних бедных, 1889. 295 с.

Jankowski 2016 — *Jankowski H.* "Karaim and Krymchak" // Handbook of Jewish Languages / Eds. L. Khan, A.D. Rubin. Leiden, Boston: Brill, 2016. P. 452–488. DOI: 1163/9789004297357_015

Mesirat 1836 — Mesirat Moda'a (Обращение [к караимским общинам] [ивр., кар.]). Евпатория, 1836. 2 л.

Shmuelevitz 1984 — *Shmuelevitz A.* The Jews of the Ottoman Empire in the Late Fifteenth and the Sixteenth Centuries: Administrative, Economic, Legal and Social Relations as Reflected in the Responsa. Leiden, Boston: Brill, 1984. 202 p.

Abraham Lutzki and his Career in the Karaite Community in the Crimea: The Formative Years

Maxim Gammal
Lomonosov Moscow State University
Moscow, Russia

ORCID: 0000–0002–0441–8303
Senior Lecturer
Institute for Asian and African Studies of Lomonosov Moscow State University, Department for Jewish Studies
11–1 Mokhovaya str., Moscow, 125009, Russia
Tel.: +7(495) 629–43–49
E-mail: max_hammal@yahoo.com

DOI: 10.31168/2658–3356.2022.3

Abstract. Abraham Lurzki (1792–1885) is portrayed in the traditional Karaite historiography as the leading scholar, educator and towering authority in the first half of the 19th century. He was a second-generation Lutzk émigré, hailed from a distinguished family of the Karaite scholars who had arrived in the Crimea in the early nineteenth century. His major contribution to the Karaite community at whole was his activity in the realm of the traditional education: his beit-midrash was the leading educational institution of the time. Hitherto this widely accepted view is based on only two independent sources: a very sketchy biography of Abraham Lutzki by Isaac Sinani and the memoirs wrote by his grandson Jacob Duvan. Needless to say that both sources are hagiography by their nature and therefore not very reliable ones. This paper seeks to establish the key features of the social standing and career of Abraham Lutzki in the Karaite community of the Crimea in its formative years. An attempt is made by utilizing new archival (mostly personal and administrative character) from the Manuscript Department of the Russian State Library.

Keywords: Crimea, Karaites, Karaite community, traditional education, Abraham Lutzki

References

Gammal, M., 2013, Intellektualy protiv pragmatikov: polskie karaimy v Krymu. *Evrei: drugaya istoriya* [The Jews: another History], ed. G. Zelenina, 265–286. Moscow, ROSSPEN, 431.

Jankowski, H. 2016, Karaim and Krymchak. *Handbook of Jewish Languages*, eds. L. Khan and A.D. Rubin, 452–488. Leiden, Boston, Brill, 760. DOI: 10.1163/9789004297357_015

Shmuelevitz, A. 1984, *The Jews of the Ottoman Empire in the Late Fifteenth and the Sixteenth Centuries: Administrative, Economic, Legal and Social Relations as Reflected in the Responsa.* Leiden, Boston: Brill, 202.

УДК 821.112.2

Профессионалы и маргиналы Йозефа Рота

Виктория Валентиновна Мочалова
Институт славяноведения РАН, Москва, Россия

ORCID ID: 0000–0002–3429–222X
Кандидат филологических наук
Заведующая Центром славяно-иудаики Института славяноведения РАН
119334, г. Москва, Ленинский пр., 32-А
Тел.: +7(495) 938–17–80, Fax: +7(495) 938–00–96
E-mail: vicmoc@gmail.com

DOI: 10.31168/2658–3356.2022.4

Аннотация. В статье анализируются тексты австрийского писателя Йозефа Рота, отразившие или каталогизирующие традиционные профессиональные занятия евреев местечек, маргинальные социальные слои, занятия евреев в странах эмиграции, в СССР, случаи совмещения профессионализма и маргинальности.

Ключевые слова: Йозеф Рот, традиционные еврейские профессии в местечке, занятия евреев в эмиграции, еврейские маргиналы, евреи в СССР

Мозес Йозеф Рот (1894–1939), австрийский писатель, автор 13 романов, среди которых «Бегство без конца» («Der Flucht ohne Ende», 1927), «Иов» («Hiob», 1930), «Марш Радецкого» («Radetzkymarsch», 1932), «Склеп капуцинов» («Kapuzinergruft», 1938), 8 томов рассказов, эссе и статей в европейской прессе [Roth

1989–1991], бесспорно, сам являлся профессиональным литератором. Уроженец галицийского города Броды, где 85 % составляли евреи[1], Рот был человеком пограничья, одновременно гибельного, но и влекущего. Его друг Юзеф Витлин писал о Роте, о его глубокой связи с местом рождения:

> Прекрасные места, откуда мы оба с ним родом, влекли Рота из-за близости прежней российской границы. Его притягивала эта граница между разными культурами, притягивали таинственные образы людей пограничья — контрабандистов, стражников, весь этот мир контрабанды и дезертирства, как если бы это была граница между жизнью и смертью [Wittlin 2000].

Люди пограничья становятся персонажами его текстов — в романе «Марш Радецкого» представлен их коллективный портрет: они

> ...всегда в движении, всегда в пути, с бойким языком и светлыми мозгами, они могли бы завладеть половиной мира, если б знали, что такое мир. Но они этого не знали. Ибо жили вдали от него, между востоком и западом, зажатые между днем и ночью, сами уподобившись неким живым призракам, которые ночь рождает и пускает бродить днем [Рот 2000].

Это промежуточное положение между Востоком и Западом людей пограничья приводило и к некоей пестрой амальгаме различных свойств, обычно не встречающихся в пределах одной личности.

Стефан Цвейг отмечал у Йозефа Рота и русскую натуру, даже карамазовскую:

---

1 Как Рот вспоминал в автобиографическом очерке «Земляника» (1929), в его «родном городе жило около десяти тысяч человек. Три тысячи из них были сумасшедшие, не представляющие угрозы для общества. Тихое безумие окутывало их, как золотое облако. Они занимались делами и добывали деньги <...>, заботились о земном. Они изъяснялись на всех языках, какие были в ходу у смешанного населения нашего края» [Roth 2016: 4].

> Это был человек больших страстей, который всегда и везде стремился к крайностям; ему были свойственны русская глубина чувств, русское истовое благочестие, но, к несчастью, и русская жажда самоуничтожения. Жила в нем и вторая натура — еврейская, ей он обязан ясным, беспощадно трезвым, критическим умом и справедливой, а потому кроткой мудростью, и эта натура с испугом и одновременно с тайной любовью следила за необузданными, демоническими порывами первой. Еще и третью натуру вложило в Рота его происхождение — австрийскую, он был рыцарственно благороден в каждом поступке, обаятелен и приветлив в повседневной жизни, артистичен и музыкален в своем искусстве. Только этим исключительным и неповторимым сочетанием я объясняю неповторимость его личности и его творчества[2].

Смешение этих столь разных «натур» имело и оборотную сторону — неполную принадлежность к какой-либо из них. Подобное промежуточное, пограничное положение, как бы заданную маргинальность видел Гюнтер Андерс и у его соотечественника Кафки:

> Как еврей, он не был полностью своим в христианском мире. Как индифферентный еврей — а таким он поначалу был, — он не был полностью своим среди евреев. Как немецкоязычный, не был полностью своим среди чехов. Как немецкоязычный еврей, не был полностью своим среди богемских немцев. Как богемец, не был полностью австрийцем [Anders 1960:18].

Эта неполная принадлежность к какому-либо из «миров», мерцающая идентичность в сочетании с неукорененностью, со скитальческим образом жизни[3], принципиальной бездомностью

---

2 Цит. по: [Клех 2018].

3 В 1926 году Рот написал книгу с характерным названием «Juden auf Wanderschaft» [Roth 1927] («Дороги еврейских скитаний», рус. пер.: [Рот 2011]). В статье цитируются очерки этого сборника с указанием в скобках их названий.

(Рот признавался, что его родина там, где ему плохо, а хорошо ему только на чужбине, что многие восточноевропейские евреи навсегда остаются скитальцами, что у них нет родины, но родные могилы — на каждом кладбище [Рот 2011: 30]), с неприкаянностью (Рот относил себя к своего рода самозванцам, какими в Европе называют людей, которые притворяются кем-то другим, чем они есть на самом деле [Roth 2016: 7]), особенно после прихода Гитлера к власти в 1933 году и эмиграции — он живет в отелях Вены, Берлина, Парижа, Вильно, Варшавы, Зальцбурга, Брюсселя, Амстердама, пишет в кафе, ища вдохновения в алкоголе[4], — побуждает отнести его к категории маргиналов[5]. Дополнительное подтверждение этого и скорбный конец его жизни в мае 1939 года в Париже, в больнице для бедных, и смерть от delirium tremens, белой горячки, часто завершающей жизнь алкоголиков. И его похороны скорее рисуют его как маргинала — не на престижном кладбище, а в парижском предместье Тье, и провожающие колебались, по какому обряду хоронить.

> Договорились хоронить без отпевания в церкви, но со священником. Когда святой отец приступил к церемонии, в толпе галицийских евреев поднялся недовольный ропот. Народу на кладбище собралось очень много — евреи и христиане, монархисты и коммунисты, знаменитости и безвестные эмигранты, мужчины и много женщин. На плите была выбита надпись: «JOSEPH ROTH. Poète autrichien. Mort à Paris en exil. 2.9.1894–27.5.1939». На могиле нет ни креста, ни звезды Давида [Шибарова 2011: 20].

В текстах Рота представлен обширный каталог социальных ролей его персонажей — как профессионалов, так и маргиналов, своеобразный компендиум, или энциклопедия, и эта масштабная галерея выразительно отражает восточноевропейскую еврейскую историю и культуру:

---

[4] Хорошо знавший Рота Стефан Цвейг считал, что он пил с горя, чтобы забыться, и что к этому его побуждала его русская натура.

[5] Ср.: [Bronsen 1974; Morgenstern 1994; Sternburg 2009].

В городке восемнадцать тысяч душ населения, пятнадцать тысяч из них — евреи. На три тысячи христиан приходится около сотни купцов и торговцев, сотня чиновников, один нотариус, уездный врач и восемь полицейских служителей. Всего полицейских десять. Но двое, как ни странно, тоже евреи. Чем заняты прочие христиане, я затрудняюсь сказать. Из пятнадцати тысяч евреев восемь тысяч живут торговлей. Это **лавочники** — мелкие, средние и покрупнее. Остальные семь тысяч — это мелкие **мастеровые, рабочие, водоносы, книжники, служители культа, синагогальные служки, учителя, писцы, переписчики Торы, ткачи талесов, врачи, адвокаты, чиновники, попрошайки** и робкие бедняки, живущие на щедроты филантропов; **могильщики, моэли и каменотесы**, высекающие надписи на надгробиях («Еврейский городок» [Рот 2011: 45]).

В этом замкнутом, густонаселенном мире «за пределы родного местечка выбираются разве что **нищие** да **коробейники**» («Восточные евреи на Западе» [Рот 2011: 25]).

Стремясь познакомить западного читателя с миром восточноевропейских евреев и опровергнуть распространенные представления о них, Рот рисует широкую панораму их профессиональных занятий, одновременно характеризуя как их повседневную жизнь, так и ментальность:

Отрицают на Западе и существование еврея-ремесленника. А ведь на Востоке среди евреев сколько угодно **жестянщиков, столяров, сапожников, портных, скорняков, бондарей, стекольщиков, кровельщиков**. Образ Восточной Европы, где все евреи — чудотворцы-цадики, или же промышляют торговлей <...>, смешны и нелепы <...>. **Поэтов и мыслителей** в восточных землях неизмеримо больше, чем **цадиков** и **торгашей**. А бывает и так, что цадики и даже торгаши являются по основному роду своих занятий мыслителями и поэтами[6]; применительно к каким-нибудь западным генералам такое вряд можно помыслить («Восточные евреи на Западе» [Рот 2011: 32–33]).

---

[6] Ср.: «Близко соседствуют у евреев Восточной Европы небо и промысел» («Берлин» [Рот 2011: 94]).

Здесь особенно важной кажется мысль о случаях несоответствия профессиональной принадлежности человека и его внутренней сущности, духовного призвания и обусловленного этим места в социуме, о проницаемости границ между «внешним» и «внутренним», видимым и сокрытым.

Рот обращается здесь, как представляется, к существующему в еврейской традиции, фольклоре понятию о 36 скрытых цадиках, праведниках, *ламед-вавниках* (ל"ו צדיקים), благодаря которым существует мир («праведник — основание мира» (Притч. 10:25)), но их положение на социальной лестнице весьма скромно, а профессии далеко не почетны. В еврейском фольклоре скрытыми праведниками могут быть «портной — бедный, малообразованный еврей», «бедный чулочник», «все они были бедны и тяжелым трудом добывали себе пропитание: один был сапожником, другой — кузнецом, третий — портным» [Райзе 1999: 12–18], и, например, в рассказе И.-Л. Переца «Холмский меламед» «скрытые праведники были обыкновенными бедными евреями — водоносами, сапожниками, дровосеками, каменотесами» [Перец 1962: 19–20][7]. Здесь представляется существенным сочетание явленной миру скромной профессиональной принадлежности, социальной маргинальности — и высокой миссии, обусловленной сокрытостью, неизвестностью *ламед-вавников*.

Много внимания Рот уделяет и многочисленным профессиональным **цадикам** Восточной Европы, каждый из которых почитается в кругу своих приверженцев-хасидов, своего «двора» самым великим, а его звание переходит от отца к сыну. Его благословения, как и его проклятия, сбываются. Цадик живет скромней последнего нищего, ест ровно столько, чтобы не умереть от голода, он лишен плотских потребностей — он живет служением Богу.

«Спать с женой для него святой долг, и наслаждение дает ему не обладание женщиной, а выполнение долга. Он должен родить детей, чтобы народ Израиля умножался, как звезды на небесах и как песок морской». День и ночь ребе читает священные книги, изо дня в день к нему приходят из дальних мест люди, которым

---

[7]   Ср. [Scholem 1971].

он помогает наводить мосты между человеком и Богом и между человеком и человеком. Мудрость цадика «равна его опыту, а практический ум равен вере в себя и в свое избранничество. Он помогает кому советом, кому молитвой. Он научился истолковывать изречения святых книг и Божьи заповеди так, что они не противоречат законам жизни, и не остается ни единой лазейки, в которую мог бы протиснуться отрицатель» («Еврейский городок» [Рот 2011: 52–53]).

К условной категории «духовного пролетариата», к своего рода пролетариям в делах веры Рот относит переписчиков Торы, еврейских учителей, изготовителей молитвенных облачений и восковых свечей, резников и мелких служителей культа («Еврейский городок» [Рот 2011: 71–72]).

Значительное место в каталоге еврейских профессий у Рота занимают творческие занятия. Слава восточноевропейских еврейских музыкантов и певцов распространяется как в географическом ареале (более или менее широком), так и во временном диапазоне:

> На европейском Востоке много замечательных **музыкантов**. Ремесло музыканта переходит от отца к сыну. Отдельные музыканты приобретают себе имя и славу, выходящую на несколько миль за пределы родного местечка. На большее подлинные музыканты не претендуют. Они сочиняют мелодии и, не зная нотной грамоты, передают песни по наследству своим сыновьям, а заодно и большому количеству евреев Восточной Европы. Они настоящие народные сочинители. После их смерти люди еще лет пятьдесят рассказывают случаи из их жизни. Имена их вскоре стираются в памяти, а мелодии поются и путешествуют по белу свету («Еврейский городок» [Рот 2011: 64][8]).

> Капеллу из шести музыкантов называют братьями, сыновьями великого Менделя из Бердичева, которого старики из Восточной Европы еще застали живым и чью волшебную скрипку по сей день не могут забыть ни Литва, ни Волынь, ни Галиция («Берлин» [Рот 2011: 95]).

---

[8]   Ср. [Райзе 1999: 31].

Приверженность своей традиционной профессии демонстрирует и в эмиграции музыкант из Радзивилова, старинного местечка близ российско-австрийской границы, родившийся в семье музыкантов, в которой прадед, дед, отец, братья играли на еврейских свадьбах. Став единственным в своей семье, кто смог уехать из родных мест на Запад и получить музыкальное образование в Венской консерватории, этот радзивиловский музыкант тем не менее не предает «традиций отцов», отказывается играть как серьезную музыку, так и *Кол нидрей* — «Все равно я всегда буду клоуном» — и поступает на работу в цирк.

> Я играю на аккордеоне, на губной гармошке, на саксофоне, и мне хорошо оттого, что в зале никто знать не знает, что я мог бы, если нужно, сыграть и Бетховена. Я — радзивиловский жид («Париж» [Рот 2011: 106–107]).

> Артистической славы добиваются также **певцы** или **чтецы молитв**, которых на Западе называют **канторами**, а в Восточной Европе — **хазанами**. У этих певцов дела обстоят, как правило, лучше, чем у музыкантов: они служат религии, их искусство благостно и торжественно. Дело, которому они себя посвятили, ставит их в один ряд со священниками. Некоторых, чья известность достигает Америки, приглашают за океан в богатые еврейские кварталы. В Париж, где существует несколько богатых еврейских общин, представители синагог ежегодно выписывают на праздники какого-нибудь знаменитого певца и хазана из восточных земель. И тогда евреи идут на молитву, как на концерт, разом удовлетворяя и религиозное, и эстетическое чувство. Я подозреваю, что содержание исполняемых молитв, равно как и само пространство, в котором они произносятся, повышают художественную ценность певца. Лично мне так ни разу и не выпал случай проверить, правы ли были евреи, с жаром уверявшие меня в том, что такой-то и такой-то хазаны пели намного лучше Карузо («Еврейский городок» [Рот 2011: 65]).

В театральной области могли лидировать личности, деятельность которых совмещала в себе организаторские и творческие аспекты, религиозные и светские занятия: выступавшую в Берлине актерскую труппу именовали «Сурокинской» — по имени директора, режиссера и казначея театра Сурокина, господина из Ковно, уже успевшего побывать с гастролями в Америке, хазана и тенора, героя синагог и оперных залов, неженки, гордеца и зазнайки («Берлин» [Рот 2011: 96]).

Рот описывает и такое нетривиальное занятие (которое совмещает в себе профессиональность и маргинальность), как шутовство. Фрейдисты рассматривали агрессивность, обращенную против себя, как «основную характеристику подлинных еврейских шуток», то есть видели в этом симптомы паранойи или мазохизма. Они трактовали такую специфику как своего рода мазохистскую маску, служащую как для отражения агрессивности извне, так и для достижения победы посредством поражения. Некоторые исследователи считают еврейский юмор показателем социальной маргинальности, другие отмечают, что юмор служит евреям защитным механизмом [Бен-Амос 2004: 127].

Рот называет самым диковинным ремеслом то, которое избрал себе так называемый *бадхан* — шут и паяц, философ и сказочник, сочетающий в себе профессионала и принципиального маргинала, чурающегося обычных социальных ролей и занятий:

> Ни один городок, ни одно местечко не обходятся без хотя бы одного *бадхана*. Он веселит гостей на свадьбах и семейных праздниках, ночует в молельне, сочиняет сказки, слушает мужские диспуты и ломает голову над всяким вздором. Никто не принимает его всерьез. А ведь он серьезнейший человек! Он с таким же успехом мог бы торговать птичьим пухом и кораллами, как вон тот состоятельный господин, который приглашает его на свадьбу, с тем чтобы *бадхан* выставил себя на посмешище. Но *бадхан* не торгует. Ему не с руки заводить ремесло, жениться, родить детей и слыть уважаемым членом общества. Он ходит из деревни в деревню, из города в город. С голоду не умирает, но вечно ходит полуголодный. *Бадхан* не умирает — *бадхан* нуждается, причем нуждается добровольно. Его сказки, попади они в печать, произвели бы в Европе фурор. Во многих всплывают темы, известные из идишской и русской литературы. Знаменитый Шолом-Алейхем был своего рода

бадханом — правда, *бадханом* разумным, честолюбивым, осознающим свою культурную задачу («Еврейский городок» [Рот 2011: 65–66]).

На грани профессионала и дилетанта находится сказитель, у которого, в отличие от *бадхана*, есть и какое-то дополнительное занятие. Описывая этот тип, Рот отражает и умонастроения восточноевропейского еврейства, пренебрежительно относящегося к чему-либо, не связанному с религией:

На европейском Востоке вообще нередки одаренные **сказители**. В каждой семье всегда найдется какой-нибудь дядя, мастер рассказывать сказки. В глубине души он поэт, и сюжеты свои он либо заготавливает заранее, либо выдумывает и меняет по ходу дела. Зимние ночи холодны и долги, и сказочники, у которых обычно худо с дровами, готовы рассказывать за два-три стаканчика чая или за то, чтоб их пустили погреться у печки. К ним относятся по-другому — лучше, чем к профессиональным шутам. Они хотя бы для отвода глаз пытаются заниматься практическим ремеслом и достаточно умны, чтобы не афишировать перед прагматически настроенным рядовым евреем прекрасное безумие, воспеваемое шутом. Шуты — революционеры. Рассказчики-дилетанты заключили союз с обывательским миром и остались любителями. Обычный еврей считает искусство и философию, существующие вне связи с религией, не более чем «развлечением». Впрочем, он достаточно честен, чтобы не лицемерить, и от разговоров о музыке, об искусстве скромно воздерживается («Еврейский городок» [Рот 2011: 66–67]).

Описывая низшие социальные слои еврейского общества, Рот отмечает их ментальные и поведенческие особенности, отличия от христианского населения сходного профессионального круга.

Кого на Западе совершенно не знают, так это еврейского **селянина**. Он никогда сюда не выбирается. Он по-мужицки сросся с родимой «почвой». Да он и есть наполовину мужик. У себя в деревне он **арендатор, мельник** или **шинкарь**.

Никогда ничему не учился. Едва умеет читать и писать. С трудом справит разве что самый мелкий гешефт. Разве что самую малость умней мужика. Крепкий, рослый, здоровый как бык. Обладает физической смелостью, любит подраться, не страшится опасности. Нередко пользовался своим превосходством над мужиком, что в старой России давало повод к погромам, а в Галиции — к антисемитским кампаниям. Но при этом его отличают природная крестьянская кротость и большая душевная честность. Еще одной характерной его чертой является здравомыслие, которое встречается везде и всюду, а особенно благодатную почву находит там, где разумное племя напрямую подчинено законам природы» («Еврейский городок» [Рот 2011: 67–68]).

Еврейский **пролетариат** можно упрекнуть

...если не во враждебности, то в равнодушии к своему классу. Из множества несправедливых и нелепых претензий Запада в адрес евреев Восточной Европы самая несправедливая и нелепая — будто они разрушители устоявшегося порядка, что в переводе на язык филистеров означает «большевики». На самом же деле еврейский бедняк это самый консервативный из всех бедняков земли. Он, так сказать, залог сохранения старого общественного уклада <...> Он не пьянствует, не склонен к печальной, но здоровой беспечности пролетария-христианина. Всегда сумеет выделить дочери небольшое приданое — если не деньгами, то тряпками. Сумеет даже прокормить зятя. Будь он **ремесленник** или **мелкий торговец, бедный книжник** или **храмовый служка, нищий** или **водонос** — еврей *не желает* быть пролетарием, *хочет* отличаться от бедноты, *изображает* благополучие («Еврейский городок» [Рот 2011: 68–69]).

Нищий еврей предпочтет побираться по домам богатых людей, чем на улице. У прохожих он тоже просит, но все-таки основной доход приносит ему своего рода «постоянная клиентура», которую он регулярно навещает. К богатому мужику еврей ни за что не пойдет; иное дело — к менее состоятельному соплеменнику. У нищего еврея своя сословная гордость. Буржуазный талант еврейского народа к благотворительности, коренящийся в его консервативности, сдерживает революционизацию пролетарской массы. Религия и обычай запрещают всяческое насилие, запрещают мятеж, возмущение и любые открытые проявления ненависти. Бедный богомольный еврей смирился со своей участью, как любой богомольный бедняк, безразлично, какой конфессии. Бог одних создал богатыми, других бедными. Восставать против богача — все равно что восставать против Бога («Еврейский городок» [Рот 2011: 69–70]).

Рот описывает страждущих, попираемых, презираемых, не находящих утешения ни в вере, ни в классовом чувстве, ни в революционных идеях — это **грузчики, носильщики, водоносы**

> ...в маленьких местечках, которые с рассвета до заката наполняют водой бочки в домах состоятельных жителей — за скудную понедельную плату. Все живущие поденным *трудом* — трогательные простодушные люди, наделенные какой-то нееврейской физической силой, здоровое, храброе, добросердечное племя. Ни в ком физическая сила так близко не соседствует с добротой, ни в ком грубость занятий так не далека от душевной грубости, как в еврейском работяге-поденщике («Еврейский городок» [Рот 2011: 72]).

Этот контраст связанного с грубой силой профессионального занятия и внутренней, подлинной сущности человека отразился и в еврейской литературе, запечатлевшей образ водоноса, например у Хайкеля Лунского («Der Vasertreger»), где он предстает загадочным человеком, углубленным в книги, тайным благотворителем, слывущим каббалистом (водонос имел странное стремление покупать и изучать книги), или у Моше Кульбака («Vilne»), где водонос освещен мистическим светом («...на старой синагоге оцепеневший водонос Стоит и, задрав бороду, считает звезды»). "Водоносом" является и синагога: Тора, ее изучение нередко уподобляются живительной, чистой воде. Таким образом, водонос перестает быть лишь символом бедности и социальных низов» [Брио 2008: 164].

Моральные оценки соотечественников Рот (устами своего аристократического персонажа из «Марша Радецкого») связывает с их профессиональными занятиями, фактически представляя их как маргиналов в обществе, где они тем не менее занимают высокие посты и призваны к служению ему: правительство предстает как «банда бездельников», рейхсрат — как «собрание доверчивых и патетических идиотов», государственные учреждения названы «продажными, трусливыми и бездельными». Оценки отдельных этносов империи также связываются с определенными профессиями: немецкие австрийцы — вальсеры и хористы из оперетки, чехи — прирожденные чистильщики сапог, русины — переодетые русские шпионы, хорваты и словенцы — щеточники и продавцы каштанов, поляки — парикмахеры и модные фотографы [Рот 2000].

Понятно, что естественными, вынужденными маргиналами по определению являются эмигранты. И Рот тщательно описывает профессиональные занятия этих маргиналов: торговцы в рассрочку, валютные спекулянты, «портные милостью Божьей», «люди умственного труда — учителя, писцы», нищие, музыканты, продавцы газет, чистильщики обуви, «торговцы воздухом», пройдохи, шарлатаны, контрабандисты («Западные гетто. Вена» [Рот 2011: 80–87]). Среди еврейских маргиналов в эмиграции Рот выделяет всякого рода мошенников — **карманников, брачных аферистов, жуликов, фальшивомонетчиков**, **спекулянтов**, отмечая при этом, что грабители редки, а убийцы или разбойники — и подавно («Берлин» [Рот 2011: 89]).

Однако Рот фиксирует динамичность, подвижность этой социальной категории — эмигрантов: если днем в Вене по мостам, соединяющим добровольное гетто Леопольдштадт с другими районами, «шагают **торгаши, коробейники, биржевые маклеры, гешефт-махеры**» — все, кого называют «непроизводительными элементами еврейской эмиграции», то в утренние часы по тем же мостам спешат их потомки:

> ...сыновья и дочери торгашей, занятые на фабриках, в конторах и банках, в редакциях и мастерских. Сыновья и дочери восточных евреев — элементы производительные. Пусть

их отцы спекулируют и промышляют мелкой торговлей. Из этих мальчиков получились отличные **адвокаты, врачи, банковские работники, актеры и журналисты** («Западные гетто. Вена» [Рот 2011: 74–75]).

Бедный коробейник все же отдаст своих детишек в школу. «Сын когда-нибудь станет известным **адвокатом**, отец же, столько лет проходивший с корзиной, так и будет ходить с ней дальше» («Западные гетто. Вена» [Рот 2011: 80]).

Эмигранты способны и быстро приспособиться к новым условиям: «Они даже становятся **дипломатами, газетными писаками, бургомистрами**, важными лицами, **полицейскими, директорами банков** — словом, теми же общественными столпами, что и коренные члены общества» («Восточные евреи на Западе» [Рот 2011: 30]).

Собственные скитания позволяют Роту зафиксировать и специфические эмигрантские профессии, которые в еврейском случае имеют некоторые особенности, например,

...**толмачество** — очень еврейское ремесло. Ведь твоя задача не просто переводить на французский — с английского, русского или с немецкого. Твоя задача — переводить, даже когда иностранец молчит. Клиенту не нужно и рот открывать. Толмачи-христиане, возможно, и переводят. Евреи — угадывают. Толмачи зарабатывают <...>. А потом идут в порт, садятся на пароход и плывут в Южную Америку («Париж» [Рот 2011: 108]).

В эмиграции евреям приходится прибегать к посредническим услугам людей, способствующих оформлению нужных документов. Эту распространенную «профессию» трудно как-то определенно обозначить, описательно она выглядит так:

...**люди, которые умеют читать в душах чиновников** и на это живут. Причем знатоки эти — тоже евреи. Но так как встречаются они редко, в каждом городе наперечет, и к тому же обладают способностью пить с чиновниками, толкуя с ними на местном наречии, они уже и сами, считай, чиновники, и, прежде чем подступаться к кому-то со взяткой, сперва нужно подкупить этих евреев («Еврей едет в Америку» [Рот 2011: 122]).

Видимо, предельным случаем «маргинальности» являются **калеки** — инвалиды войны. Им Рот, участник Первой мировой войны и пацифист, посвятил выразительную по своей антивоенной направленности статью «Калеки. Похороны польского инвалида» (1924) во «Франкфуртер цайтунг», описывающую похороны во Львове покончившего с собой инвалида, в которых приняли участие все инвалиды города. «Польские евреи представляли всех военных инвалидов мира, интернациональный народ калек» [Roth 2018: 40].

С особым укладом еврейской жизни сталкивается Рот во время своей командировки от «Франкфуртер цайтунг» в 1926 году[9] в Советскую Россию, где он тоже внимательно каталогизирует социальные роли еврейства:

> На два миллиона семьсот пятьдесят тысяч российских евреев приходится 300 тысяч организованных рабочих и служащих; 130 тысяч крестьян; 700 тысяч ремесленников и представителей свободных профессий. Остальные — это: а) капиталисты и «деклассированные», проходящие по разряду «непроизводительных элементов»; б) мелкие торговцы, посредники, агенты, разносчики — все, кто ничего не производят, но считаются пролетарскими элементами. Полным ходом идет колонизация — отчасти на американские деньги, которые до революции шли в основном на колонизацию Палестины. Еврейские земледельческие колонии существуют на Украине, под Одессой, под Херсоном, в Крыму. После революции 6 тысяч еврейских семей было привлечено к сельскому хозяйству. В целом еврейским крестьянам выделено 102 тысячи десятин земли. Одновременно евреев приобщают к «индустриализации»: нанимают

---

[9] Созданные во время этой поездки 18 репортажей публиковались в 1926 году во «Франкфуртер цайтунг», а статья «Положение евреев в Советской России» («Frankfurter Zeitung», 9. November, 1926) включена в сборник «Дороги еврейский скитаний» [Рот 2011: 125–135].

«непроизводительный элемент» на заводы и фабрики и обучают молодежь в еврейских «профтехучилищах» (их около тридцати) рабочим ремеслам [Рот 2011: 128].

На Молдаванке, в еврейском квартале Одессы, производящем мрачное впечатление, Рот видит и нищих, и здоровенных неуклюжих мужиков — еврейских **портовых грузчиков**. «Среди своих худосочных, слабых и бледных истеричных собратьев они выглядят чужеродно: словно дикое варварское племя, по ошибке затесавшееся к древним семитам» [Рот 2011: 130].

Но одновременно с этими описаниями Рот ставит и глубокие вопросы, связанные с еврейской национальной идентичностью, с сомнениями в возможности того, что советской доктрине суждено преуспеть в превращении евреев в «рядовое» национальное меньшинство наподобие грузин, немцев и белорусов, которому предстоит жить в социалистическом государстве, для чего нужно весь его «мелкобуржуазный и непроизводительный элемент» окрестьянить и опролетарить. «Допустимо ли из людей с наследственной склонностью к умственной жизни делать крестьян? Из крайних индивидуалистов — индивидуумов с коллективистским сознанием?» [Рот 2011: 130–131].

Рот описывает отличие еврейских **крестьян** от крестьянской толпы: если русский крестьянин в первую очередь крестьянин и только потом — русский человек, то еврейский — в первую очередь еврей и только потом — крестьянин. Он

четыре тысячи лет подряд был евреем, и только евреем. У него древнее предназначение, в его жилах течет древняя, так сказать, ко всему привычная кровь. Он человек умственной жизни. Он принадлежит народу, не имевшему за последние две тысячи лет ни одного неграмотного <...> и в то время как все остальные крестьяне в его окружении только начинают осваивать грамоту, в мозгу еврея, идущего за плугом, ворочаются мысли о проблемах теории относительности. Для крестьян с таким сложным устройством мозга еще не придуманы земледельческие орудия [Рот 2011: 131–132].

Фабричных **рабочих** также невозможно «опролетарить»: большинство из них — «специально обученные мастера; они постоянно питают свой жадный мозг, вознаграждая его за рутинный механический труд интеллектуальными упражнениями, любительским творчеством, политической работой, запойным чтением, сотрудничеством в газетах», кроме того, именно в России наблюдается постоянный «отток еврейских рабочих с заводов и фабрик. Они становятся **ремесленниками** — обретают пусть не предпринимательскую, но все же свободу» [Рот 2011: 132–133].

Не может, по мнению Рота, окрестьяниться и еврейский профессиональный «**сват**», который хотя не производит материальных благ и занят в каком-то смысле безнравственным делом, однако его мозг должен был проделать замысловатую работу, чтобы найти кому-то «хорошую партию» и заставить богатого соплеменника раскошелиться. «И что этот мозг будет делать в убийственной тишине?» [Рот 2011: 133].

Прослеживая многовековую деятельность не всегда заметных еврейских профессионалов в разных областях, Рот высоко оценивает их творческий потенциал, привнесший в мир выдающиеся результаты:

> Еврейская «производительность», возможно, не особенно бьет в глаза. Но если двадцать поколений **бесплодных мечтателей** коптили небо только затем, чтобы дать миру одного-единственного Спинозу; если десять поколений **раввинов** и **торговцев** понадобилось, чтобы произвести на свет одного Мендельсона; если тридцать поколений **нищих свадебных музыкантов** пиликают на скрипочках только с той целью, чтобы явился один прославленный виртуоз, то лично я такую «непроизводительность» принимаю. Мир мог бы остаться без Маркса и без Лассаля, если бы их предков задумали окрестьянить [Рот 2011: 133].

В герое последнего, предсмертного произведения Рота — «Легенда о святом пропойце» (1939), бывшем шахтере родом из Ольшовиц в польской Силезии, а ныне «пропащем человеке», парижском клошаре Анджее/Андреасе Картаке — присутствуют и некоторые автобиографические черты, свойственные автору — бездомность, алкоголизм, совмещение профессионализма и маргинальности. В прощальной фразе, сопровождающей смерть героя, его отождествление с автором звучит весьма выразительно: «Пошли, Господь, всем нам, пропойцам, такую легкую и прекрасную смерть!» [Рот 1996].

Источники

Перец 1962 — *Перец И.-Л.* Избранное. М.: Государственное издательство художественной литературы, 1962. 462 с.

Притч. — Книга Притчей Соломоновых.

Райзе 1999 — Еврейские народные сказки, предания, былички, рассказы, анекдоты, собранные Е. С. Райзе / Сост., лит. обработка, коммент. В. Дымшица. СПб., 1999. 568 с.

Рот 1996 — *Рот Й.* Легенда о святом пропойце / Пер. С. Шлапоберской // Иностранная литература. 1996. № 1.

Рот 2000 — *Рот Й.* Марш Радецкого / Пер. Н. Ман. М.: Гудьял-Пресс, 2000. 352 с.

Рот 2011 — *Рот Й.* Дороги еврейских скитаний / Пер. А. Шибаровой. М.: Текст, Книжники, 2011. 109 с.

Roth 1927 — *Roth J.* Juden auf Wanderschaft. Berlin: Verlag die Schmiede, 1927.

Roth 1989–1991 — *Roth J.* Werke. 6 Bände. Köln: Kiepenheuer & Witsch, 1989–1991.

Roth 2016 — *Roth J.* Erdbeeren und andere Fragmente aus dem Nachlass. Berlin: Karl-Maria Guth, 2016. 68 S.

Roth 2018 — *Roth J.* Listy z Polski / Tłum. M. Lukasiewicz. Kraków: Austeria, 2018.

Литература

Бен-Амос 2004 — *Бен-Амос Д.* Еврейская народная литература / Пер. Е. Э. Носенко. М.: Дом еврейской книги, 2004. 189 с.

Брио 2008 — *Брио В.* Поэзия и поэтика города: Wilno — ווילנע — Vilnius. М.: Новое литературное обозрение, 2008. 259 с.

Клех 2018 — *Клех И. Ю.* Роман-кенотаф // *Рот Й.* Марш Радецкого. Вступительная статья. М.: Вече, 2018.

Шибарова 2011 — *Шибарова А.* О Йозефе Роте и его книге // *Рот Й.* Дороги еврейских скитаний. М.: Текст, Книжники, 2011. С. 20.

Anders 1960 — *Anders G.* Franz Kafka. Cambridge: Bowes & Bowes, 1960. 104 p.

Bronsen 1974 — *Bronsen D.* Joseph Roth. Eine Biographie. Köln: Kiepenheuer & Witsch, 1974. 713 S.

Morgenstern 1994 — *Morgenstern S.* Joseph Roths Flucht und Ende. Erinnerungen. Lüneburg: Zu Klampen Verlag, 1994. 328 S.

Scholem 1971 — *Scholem G.* The Tradition of the Thirty Six Hidden Just Men // The Messianic Idea in Judaism and other Essays on Jewish Spirituality. New York: Schocken Books, 1971. P. 251–256.

Sternburg 2009 — *Sternburg W. von.* Joseph Roth. Eine Biographie. Köln: Kiepenheuer & Witsch, 2009. 576 S.

Wittlin 2000 — *Wittlin J.* Wspomnienie o Józefie Rocie // Orfeusz w piekle XX wieku. Kraków: Wydawnictwo Literackie, 2000. S. 572–573.

Professionals and Marginals of Joseph Roth

Victoria Mochalova

Institute of Slavic Studies, Russian Academy of Sciences, Moscow, Russia

ORCID: 0000–0002–3429–222X
Ph.D., Head of Judaic-Slavic Center
119334, Moscow, Leninsky Av., 32-A
Tel.: +7(495)938–17–80, Fax: +7(495)938–00–96
E-mail: vicmoc@gmail.com

DOI: 10.31168/2658–3356.2022.4

Abstract. This article analyzes those texts by the Austrian writer Josef Roth which reflect or catalogue the traditional professional occupations of shtetl Jews and social marginals, the occupations of Jews in their countries of emigration and in the USSR, and instances of combining professionalism and marginality.

Keywords: Josef Roth, traditional Jewish professions in the shtetl, occupations of Jews in emigration, Jewish marginals, Jews in the USSR

References

Ben-Amos, D., 2004, *Evreyskaya narodnaya literatura* [Jewish Folk Literature]; Transl. by E. Nosenko. Moscow: Dom evreyskoy knigi, 189.

Brio, V., 2008, *Poezija i poetica goroda: Wilno* — ווילנע — *Vilnius* [Poetry and Poetics of the City: Wilno — ווילנע — Vilnius], Moscow: Novoe literaturnoe obozrenie, 259.

Klekh, I.Yu., 2018, *Roman-kenotaf* [Novel-cenotaph]; Roth J. *Marsh Radeckogo* [Radetzky March], Introductory Article, Moscow: Veche.

Shibarova A., 2011, *O Jozefie Rote i ego knige* [On Joseph Roth and His Book]; Roth J. 2011, *Dorogi evrejskich skitanij* [The Roads of the Jewish Wanderings], Moscow: Text, Knizhniki.

Anders, G., 1960, *Franz Kafka*, Cambridge: Bowes & Bowes, 104.

Bronsen, D., 1974, *Joseph Roth. Eine Biographie* [Joseph Roth. A Biography]. Köln: Kiepenheuer & Witsch, 713.

Morgenstern, S., 1994, *Joseph Roths Flucht und Ende. Erinnerungen* [Joseph Roth's Flight and End. Memories], Lüneburg: Zu Klampen Verlag, 328.

Scholem, G., 1971, The Messianic Idea in Judaism and other Essays on Jewish Spirituality. New York: Schocken Books, 251–256.

Sternburg, W. von, 2009, *Joseph Roth. Eine Biographie* [Joseph Roth. A Biography], Köln: Kiepenheuer & Witsch, 576.

Wittlin, J., 2000, Wspomnienie o Józefie Rocie; Orfeusz w piekle XX wieku [Memoirs of Joseph Roth; Orpheus in the Hell of the 20th Century]. Kraków: Wydawnictwo Literackie, 2000, 572–573.

УДК 94(47).07+343(470

Маргинальные профессионалы? Власть, община и «непотребство» в российских уголовных делах о евреях первой половины XIX века

Ольга Юрьевна Минкина

ORCID: 0000–0003–3669–4721
Кандидат исторических наук
Независимый исследователь
E-mail: ol.mink@yahoo.com

DOI 10.31168/2658–3356.2022.5

Аннотация. До 1843 года проституция в Российской империи была полностью криминализованной, нелегальной сферой. Евреи — содержатели борделей, проститутки, их еврейские и нееврейские клиенты чаще всего становились «видимыми» для властей в связи с другими правонарушениями: кражами, укрывательством преступников и т. д. Это во многом определяет структуру нарратива сохранившихся документов: выявление преступников, расследование, меры защиты обвиняемых. Но являлись ли эти евреи в глазах как еврейской общины, так и нееврейских соседей презираемыми маргиналами, находившимися за пределами благоустроенного социума, или же профессионалами, занимавшими специфическую теневую нишу? Евреи, вовлеченные в «промысел непотребством», могли добиться снисходительного отношения местных чиновников и полиции, тогда как власть на более высоких административных уровнях периодически демонстрировала готовность к контролю и преследованию ненормативной сексуальности, порой даже предписывая кагалам осуществлять надзор за нравственностью евреев. При этом в текстах, исходивших от представителей власти, отсутствовали ставшие общим местом во второй половине XIX века утверждения о ведущей роли евреев в организации проституции.

Евреи — содержатели борделей и проститутки были органичной частью мультинациональной и мультикультурной криминальной городской среды. Их отличала высокая степень аккультурации и адаптации к нееврейскому окружению. Отношения с ними евреев — «честных граждан», отраженные в обращенном вовне дискурсе, демонстрировали не только реакции отторжения и стигматизации, но и известную степень инкорпорации таких индивидуумов в жизнь еврейского общества. Вопрос о судьбе еврея, обвиненного в содержании борделя, мог стать предметом спора внутри общины: одни добивались его осуждения российскими властями, другие — оправдания. Дела о «непотребстве» выявляли внутренние конфликты, связанные с доносительством, рекрутчиной, экономической конкуренцией.

Ключевые слова: проституция, еврейская община, преступность, профессионализация

Государственный контроль над проституцией и миф о «белом рабстве»

Проституция в Российской империи была криминализованной, нелегальной сферой вплоть до 1840-х годов, когда государственные учреждения, а следом за ними и общество, обратили внимание на эту область «теневой экономики». В середине XIX века в России происходил трансфер европейского опыта легализации и регламентации проституции и контроля над ней [Bernstein 1995: 15–24]. Евреи, вовлеченные в организацию проституции в западных губерниях, еврейки-проститутки и разного рода маргиналы, в той или иной мере связанные с миром продажной любви, в первой половине XIX века нередко оказывались в сфере внимания уголовных судов различного уровня, а во время разработки правительственных мер по регламентации проституции в начале 1840-х годов — в сфере внимания чиновников, занимавшихся подготовкой реформы. Этот последний этап, в отличие от предыдущего «нелегального», хоть и слабо, но отражен в историографии темы.

Юрист и высокопоставленный государственный служащий М. М. Боровитинов в 1910 году утверждал, что, согласно отчетам, представленным в Министерство внутренних дел губернаторами, губернскими врачебными управами и врачами, командированными Медицинским департаментом Министерства внутренних дел в западные губернии, «в роли предпринимателей и комиссионеров» в «торговле женским телом» «выступали по преимуществу евреи» [Боровитинов 1910: 343]. Сохранилась только вторая часть комплекса материалов, которым, очевидно, пользовался Боровитинов. Содержащиеся во второй части донесения, полученные Медицинским департаментом из Витебской, Курляндской, Волынской и Черниговской губерний, никак не подтверждают общую оценку Боровитиновым данных из этого комплекса документов. С мест заявляли, что во многих городах и местечках черты оседлости нет борделей, а в некоторых даже нет проституток-одиночек. Витебский губернатор одобрительно отзывался о евреях, «обычай и закон которых строго запрещает распутство». Поэтому в Витебске мало проституток, а среди имеющихся нет ни одной еврейки, за исключением трех выкресток[1]. Материалы отдельного дела об учреждении в Вильно врачебно-полицейского комитета по инициативе Виленской врачебной управы, последовавшего в ответ на упомянутое выше предписание Медицинского департамента Министерства внутренних дел, также содер-

---

[1] РГИА. Ф. 1297. Оп. 6. Д. 19. Ч. 2. Л. 250 об.–251, 260–261 об., 318–319.

жат лишь единичные упоминания о евреях: к примеру, отмечалась дискретность проституции, не сосредоточенной в одних только борделях: бедные шляхтянки, мещанки и якобы многие еврейки, занимавшиеся мелочной торговлей либо нанимавшиеся в услужение, периодически «подрабатывали» сексуальными услугами. Хотя, по словам виленского военного губернатора, «разврат господствует здесь более, чем где-либо», благодаря количеству и «качеству своего населения», «качество» могло относиться к неевреям — военным, чиновникам, приезжим и т. п., обеспечивавшим повышенный спрос на услуги проституток[2]. Лори Бернштейн в своей монографии о проституции в Российской империи, следуя за неточным и тенденциозным изложением Боровитинова, утверждает, что представители местных властей в ответ на запрос из центра в 1840-е годы идентифицировали евреев как основных организаторов проституции в западных губерниях, что способствовало развитию позднейших негативных стереотипов о «белом рабстве» [Bernstein 1995: 162]. Сам термин «белое рабство» в значении «эксплуатации» евреями христианских девушек, якобы коварно вовлеченных ими в проституцию, прослеживается в западноевропейской публицистике с 1830-х годов [Ryan 1837: 14][3]. В Российской империи данный дискурс, возможно, согласовывавшийся с интенциями части правительственных кругов и подпитывавшийся европейскими образцами, не использовался как клише во внутриведомственной переписке, а лишь изредка транслировался российскому обществу в литературных и публицистических текстах. К примеру, он обнаруживается в воспоминаниях Ф. В. Булгарина (1849):

---

[2] РГИА. Ф. 1297. Оп. 6. Д. 23. Л. 13, 12.

[3] Современники насчитывали в Лондоне до 7400 евреев, связанных с этим промыслом. Еще 4000 евреев «из всех стран» (возможно, подразумевались и выходцы из Восточной Европы) будто бы торговали в Лондоне порнографическими литературой и картинками. Англичане, однако, отмечали и тот остракизм, которому все эти люди подвергались лондонской еврейской общиной [Ryan 1839: 193–198]. Компаративистское исследование мифов и реальности еврейской проституции в Западной и Восточной Европе первой половины XIX века могло бы быть очень интересно.

Гнусные люди, большею частью евреи и еврейки, торгующие падшими существами, как демоны, хватают <...> несчастную жертву в свои когти, развращают ее воображение, усыпляют совесть, заглушают стыд и затмевают слабый ум приманками мишурной роскоши и обманчивой будущности — и губят навеки! [Булгарин 2001: 277].

Дальнейшее развитие мифа было связано с осознанием обществом проституции как социальной и этической проблемы и поиском удобного объяснения, снимавшего вину с общества в целом [Bernstein 1995: 160–164; Jakubczak 2020: 86–92]. К историографии темы также можно добавить отдельные упоминания о евреях и проституции в работах, посвященных тем или иным аспектам истории евреев в Российской империи [Губарь 2013: 88–90; Petrovsky-Shtern 2014: 229].

Еврейский бордель в городском пространстве

Обращение к выборке судебных дел о евреях, судимых за «промысел непотребством», позволяет перевести сюжеты о евреях и проституции, относящиеся к малоизученному периоду первой половины XIX века, из контекста истории идеологии и истории антисемитизма в контекст истории повседневности мультикультурного и мультиэтнического пространства так называемого «Западного края» и расширить источниковую базу по теме. Обвиняя конкретных евреев в «непотребстве», доносчики и представители властей стремились нарисовать правдоподобную картину, содержавшую и бытовые детали, нейтральные по отношению к основной повестке. Питейные заведения, арендованные евреями, были локусом пересечения низовых субкультур, не одобрявшихся традиционной еврейской моралью, в рамках которой, впрочем, предлагался порой и парадоксальный путь спасения еврейской души через постоянное созерцание христианского разгула [Dynner 2013: 29]. Содержатели трактиров, гербергов, «рестораций», как евреи, так и неевреи, нередко обвинялись в том, что держат «непотребных» или «подозрительных» «девок»[4]. Сами эти женщины на следствии называли себя поварихами, трактирными служанками, швеями, прачками, квартирантками своих хозяев и т. п.[5], что, возможно, отражало и действительную множественную специализацию этих женщин или использование ими проституции в качестве временного побочного заработка. Осуществлялась проституция и в домах, принадлежавших содержателям[6], и в специально снятых помещениях. В Херсоне в 1826 году Мошка Некст «нанимал комнаты особенные в доме офицерши Чепеляхи» для дочерей палача семнадцатилетней Александры («Сашки») и тринадцатилетней Акулины («Кильки») Ткаченковых. В 1827 году к ним для «блудодеяния» по «приглашению» Александры присоединилась шестнадцатилетняя Ольга, дочь отпущенного на волю крестьянина Шевченко. Александра якобы состояла в сексуальной связи с Некстом, а постоянным клиентом Акулины был еврей Гаврила Пункин, известный как «Гаврюшка-земледелец». Впоследствии над владелицей дома было организовано особое следствие за то, что она «давала в доме своем для непотребства и блудодеяния бесписьминновидным распутным девкам и женщинам пристанище»[7]. Проституток вывозили на «гастроли» на регулярно проводившиеся ярмарки[8]. Проживавших самостоятельно проституток-одиночек курировали сутенеры[9].

Бордель Мошки Некста в Херсоне с весны 1827 года посещали грабители и бродяги Иван Лебедев и Василий Пушин и пили пунш и водку с Некстом, Мошкой Фурманом и евреем Гаврилой Пункиным. Собравшись грабить проживавшего у Рыбного рынка поручика Теплякова, Некст и Фурман переоделись в русские

---

4 РГИА. Ф. 1345. Оп. 239. Д. 296. Л. 55, 20, 36–36 об.

5 РГИА. Ф. 1345. Оп. 239. Д. 296. Л. 28; Оп. 326. Д. 270. Л. 18; Ф. 1582. Оп. 16. Д. 712. Л. 20, 25.

6 РГИА. Ф. 1345. Оп. 333. Д. 112а. Л. 249 об.

7 РГИА. Ф. 1582. Оп. 4. Д. 2704. Л. 29–31, 12, 41, 157, 34, 35 об.

8 Там же. Л. 35 об.; Ф. 1345. Оп. 236. Д. 143. Л. 5 об.; Оп. 239. Д. 296. Л. 27.

9 РГИА. Ф. 1345. Оп. 337. Д. 309. Л. 6, 39 об.–40, 12.

чекмени и картузы, а во время ограбления разговаривали с сообщниками «по-русски, малороссийски и по-татарски». Пункин признался в своем участии в ограблении Теплякова и показал, что большую часть своей доли добычи, 350 рублей, прогулял в борделе Ильи Скляревского, а 25 рублей дал тому же Скляревскому взаймы. Сам же петриковский мещанин Скляревский не отрицал, что занимается сводничеством, но «из приходивших к нему блудников, как помнит он, евреев не было», а Некст, Фурман, Пункин и «Лейзер по прозванию неизвестный» однажды ворвались к нему на квартиру и жестоко избили. Некст, видимо, расправлялся таким образом с конкурентом. При этом сводня-нееврейка Елена Кандачиха (Шевченкова), содержательница трактира с проститутками, фигурирует в деле об ограблении Теплякова в качестве соучастницы Некста: сестра Некста Сура Вульфова якобы поручила Кандачихе уговаривать Александру Ткаченкову и угрожать ей, чтобы та переменила показания, данные ею против Некста. Наконец, в связи с тем же делом был обвинен в «непотребстве» еврей Янкель Фортус, державший трактир на военном форштадте, куда грабитель Иван Лебедев приходил «пить чай и играть в бильярд», а затем вместе с Пушиным оговорил Фортуса как «наводчика» на дом Теплякова. Лебедев показал, что однажды летним вечером на толкучем привозном рынке (на Привозе) собрались Пушин, купеческий сын Петр Медведев, поселянин с Голой пристани Степан, «по прозванию неизвестный», инвалидный солдат Журавлев и евреи Фурман, Пункин и Фортус. Медведев и Фортус предлагали ограбить поручика Теплякова, «сказывая при том, что у него много денег и вещей, и всем им можно обогатиться». Пункин также показал, что Лебедев, Пушин и Фурман в тот вечер на Привозе говорили ему, будто узнали о богатствах Теплякова от Фортуса и Медведева. Фортус при этом стоял от них «вдалеке». На повальном обыске семь человек показали, что Фортус «занимается содержанием порочных женщин». Ранее Фортус был судим за кражу у херсонского мещанина Гершки Геринга, но был оправдан[10].

---

[10] РГИА. Ф. 1582. Оп. 4. Д. 2704. Л. 29, 30, 48, 50, 98 об.–99, 56–56 об., 47 об., 141.

В еврейской среде посещение борделей было частью досуга не только преступников[11], но и некоторых «честных граждан». Так, херсонского лавочника Хаима Вульфа однажды в марте 1820 года «во втором часу ночи взяли обходом из бордели пьяного». Документы о ссоре Вульфа и его жены с торговавшим с ним по соседству на рынке Греческого форштадта Ицкой Ванштейном, по-видимому, свидетельствуют и об усвоении херсонскими евреями русского слова «б...», поскольку именно его, передавая речь евреев, привели свидетели-русские: солдатский сын и коллежский регистратор[12].

В записке выкреста Зандберга о евреях в Петербурге представлен другой тип аккультурации евреев — содержателей борделей, не усваивавших низовую культуру, как их собратья в черте оседлости, а стремившихся мимикрировать под «высокие» образцы и таким образом приблизиться к более состоятельным и привилегированным клиентам. Соответствующим образом менялась и культура предоставления сексуальных услуг: упоминаются не только бордельные «девки», но и содержанки. По словам Зандберга, евреи, приезжавшие из Митавы и Любавы, скрывались «под немецким платьем» и под показной «немецкой честностью и скромностью». Еврей Гейман содержал «главнейшую бордель <...> в третьей [городской] части в доме Петрова напротив съезжего двора» и нанимал женщин, которые уговаривали бедных девушек стать проститутками. При этом Гейман занимался благотворительностью (не указано, помогал ли он евреям или же христианам). Другой бордель держал Якобсон из Митавы, живший «во второй части в доме Бороздина, что в Большой Мещанской». Он также «доставляет девок в домы на содержание». Жена Якобсона — якобы христианка, принявшая еврейскую веру, и «разделяет с ним его ремесло». Наконец, Зандберг намекал, что Якобсон «должен быть подозреваем в других важнейших делах. Его поездка в прошлом году в Вязьму, а в нынешнем в Москву может принадлежать к сим подозрительным делам».

---

[11] РГИА. Ф. 1345. Оп. 333. Д. 112а. Л. 385 об.–386, 399 об., 291 об.

[12] РГИА. Ф. 1582. Оп. 2. Д. 1661. Л. 6, 8–8 об.

Донос Зандберга был подан в 1826 году, во время выселения из Петербурга всех евреев, не имевших законных оснований для пребывания в столице, и был нацелен на все «болевые точки» властного дискурса о евреях (контрабанда, прием на государственную службу некрещеных евреев и др.). В сюжете о борделях это намеки то ли на политическую неблагонадежность Якобсона, то ли на какое-то крупное мошенничество, и тема прозелитизма. Однако Сарра Рахель Якобсон, «митавского жителя жена», чей отъезд из Петербурга в Митаву летом 1827 года был отмечен в списках евреев, оставленных на время в Петербурге, из материалов Еврейского комитета, очевидно, не подверглась судебному преследованию из-за своего якобы перехода в иудаизм[13].

Бордель под судом: власть и община

Обычно содержателям притонов удавалось наладить хорошие отношения с местной полицией[14]. Волынский губернатор в своем рапорте в Сенат 15 декабря 1825 года не без оснований указывал на «слабое со стороны бердичевской полиции действие в соблюдении правил, Уставом Благочиния и прочими узаконениями предписанных, допущением публичного содержания непотребных женщин»[15]. Реже полиция могла сама инициировать дело по обвинению евреев в «непотребстве»[16].

Следствие могло закончиться для обвиняемых штрафом либо заключением в смирительном доме, в зависимости от того, какой из соответствующих пунктов 263-й статьи екатерининского «Устава благочиния»[17] будет применен судом в данном

---

[13] РГИА. Ф. 1286. Оп. 5. 1831 г. Д. 791. Л. 35 об., 48.

[14] РГИА. Оп. 239. Д. 296. Л. 70 об.; Оп. 326. Д. 270. Л. 16, 35; Ф. 1582. Оп. 2. Д. 513. Л. 5–7.

[15] РГИА. Ф. 1345. Оп. 355. Д. 25. Л. 1222.

[16] РГИА. Ф. 1345 Оп. 236 Д. 143 Л. 5–12 об.

[17] ПСЗ 1. Т. XXI. 15379. 8 апреля 1782 г. «Устав Благочиния, или Полицейский». Ст. 263. п. 1, п. 3.

случае. Но особенную опасность для подсудимых представляли законодательные нормы, позволявшие ссылать в Сибирь как людей, «нетерпимых в обществе», так и «бродяг, не помнящих родства», и лиц, которых никто не соглашается взять на поруки. Маркеры идентичности, достаточные для функционирования в еврейской общине и городском пространстве, оказывались совершенно неудовлетворительными в глазах властей. В такой ситуации обвиняемые евреи могли полагаться лишь на поддержку общины и тех ее членов, кто соответствовал строгим законодательным критериям поручительства. Уважаемые евреи не только брали на поруки еврейских проституток, которым грозила ссылка как «не помнящим родства и прозвания»[18], но могли даже отстаивать в суде правомерность обвинения своих соплеменников в «непотребстве» и доказывать фальсификацию приставом своих показаний на следствии[19]. Вступая таким образом в явную и опасную для себя конфронтацию с нижними эшелонами имперской власти, они демонстрировали важность для них таких ценностей, как внутриеврейская солидарность и «доброе имя» в еврейской среде, означавшее и хорошие перспективы деловых и родственных отношений. Эти ценности, как и страх прослыть доносчиком или быть осужденным единоверцами за обращение к нееврейскому суду, могли оставаться неизменными, даже когда речь шла не о «честных гражданах», но и о лицах, связанных с проституцией.

Были случаи, когда мнение и интенции разных групп в общине могли расходиться. Так, о супружеской паре Мордко и Бейле Розенберг из Полтавы в январе 1838 года составили «приговор» евреи, претендовавшие на выражение воли всей общины. Он был подписан тринадцатью евреями, но не представлен в имперские судебные инстанции. Составители «приговора» перечислили преступления Розенбергов: в 1826 году они продали в Киеве еврею Лейбе Друкерману вместо пяти штук ткани обернутые тканью доски, держали проституток, по большей части христианок,

---

18   РГИА. Ф. 1345. Оп. 236. Д. 143. Л. 5–12 об.
19   РГИА. Ф. 1345. Оп. 236. Д. 143. Л. 5–12 об.

возили их на ярмарку в Ромны, а в 1829 году подстроили изнасилование рекрутом малолетней Голды Сахновской и затем склонили ее к «блудодеянию». В трактире Розенберга на реке Ворскле в 1835 году была изнасилована отставным поручиком Каратаевым восемнадцатилетняя дочь немецкого колониста Мария Вольф, которую туда заманил Розенберг. Евреи вспомнили и о том, что сама Бейла в 1835 году подала жалобу на мужа в полтавскую городскую полицию за побои и прелюбодеяние с одной из проживавших у них евреек-проституток, а он, в свою очередь, также подал полтавскому полицмейстеру жалобу «на непостоянную и развратную жизнь жены своей и за воровство у него разных вещей просил предать ее законному суждению и от совместного с нею жительства отказывался, боясь, чтобы она не лишила его жизни». После этого Розенберг развелся с Бейлой, а затем предлагал взятку полтавскому раввину Ицко Оршанскому за разрешение вновь вступить в брак с бывшей женой, но раввин считал Бейлу «воспрещенной» мужу «на вечные времена». Галахические основания для этого не совсем ясны, так как в имеющихся у нас документах не поясняется, удалось ли кому-то из Розенбергов при разводе доказать факт прелюбодеяния супруга (супруги) перед еврейским духовным судом, а также не ясны другие обстоятельства их развода. После того как Розенбергу не удалось подкупить полтавского раввина, он с Бейлой отправился в город Кобеляк (Кобыляки) и там, «пользуясь неведением тамошнего еврейского духовенства о причинах, воспрещающих ему брачное с нею соединение», вновь женился на Бейле и потом открыто жил с ней в Полтаве. Раввин Оршанский пожаловался на Розенбергов кагалу. При этом раввин не обличал их как содержателей борделя, говоря только об их «запретном» союзе. В «приговоре общества» упоминался и недавний инцидент с белгородским купцом Богатыревым. Проезжая Полтаву, Богатырев 2 января 1838 года зашел в «рестарацию» Мордко Розенберга, который, «угощая его разными естественными и хмельными напитками, и пользуясь напилостию и бесчувствием, привел его к бывшей жене, упомянутой Бейле», содержавшей легальный шинок от питейного откупа и тайный бордель в доме еврея Арона на Подоле, «где, окружив и разгорячив его еще более хмельными парами и непотребными прелестницами», вынудил его потратить 300 рублей, а еще 500 рублей у него вытащили проститутки. Евреи, подписавшие документ, «предоставили кагальным просить начальство» о наказании Розенберга, «дабы за столь гнусные поступки Розенберга поступлено было с ним, как с человеком вредным, нетерпимым и лишенным в обществе доверия, по законам». Впоследствии подписавшие «приговор» объяснили, что узнали, что по закону мещан можно ссылать в Сибирь за «дурное поведение»[20], то есть, видимо, об указах «О ссылке в Сибирь на поселение мещан и казенных поселян распутного поведения по приговорам мирских обществ»[21] и указе 1832 года, в котором уточнялось, что данная правовая норма относится и к женщинам[22]. Указы были вызваны прецедентами с русскими мещанами в великороссийских губерниях, но полтавским евреям они не только стали известны, но и применялись ими для решения внутриобщинного конфликта. Таким образом, в случае необходимости эти евреи позиционировали себя как представители общеимперского сословия, а не этнической группы. Сам Розенберг объяснял появление «приговора» личной враждой с двумя из подписавших его евреев: Елей Либерманом и Азиком Богуславским, а доносы его родного брата Завеля Розенберга на него о тех же самых преступлениях, о которых говорилось в «приговоре», были вызваны якобы тем, что Завелю не удалось отдать в рекруты за свое семейство сына его брата Мордки по набору 1837 года. Однако факт, что Завель выступал в качестве свидетеля по упомянутому выше делу об изнасиловании колонистки Вольф в трактире Мордки Розенберга, свидетельствует о том, что вражда между братьями началась раньше. Во время следствия о Розенбергах в ответ на требование магистрата предоставить поручительство от двух третей «общества», что по закону должно было спасти Розенбер-

---

[20] РГИА. Ф. 1345. Оп. 239. Д. 296. Л. 67 об., 68 об., 28, 7 об., 29 об., 13–16, 64 об., 22 об, 25–25 об.

[21] ПСЗ 2. Т. IV. 3274. 5 ноября 1829 г.

[22] ПСЗ 2. Т. VII. 5631. 30 сентября 1832 г.

гов от ссылки в Сибирь, был представлен «приговор» от 20 февраля 1840 года от имени двадцати четырех евреев, «избранных», то есть уполномоченных для этого «целым обществом». Они просили оставить Мордко и Бейлу Розенбергов в Полтаве на поручительстве, поскольку они «ведут себя во всех частях, относящихся к их поведению, очень хорошо и благопристойно, и никаких законопротивных поступков замечено никогда не было». Более того, Розенберг «полезен обществу» и «имел от общества доверие быть в числе отдатчиков» рекрутов по набору, за что «получил благодарность от общества» и денежную награду: 50 рублей. Подписавшие документ поясняли, что большинство евреев, приписанных к полтавскому мещанству, живут далеко от Полтавы, не могут присутствовать на общинном собрании и просили применить правовую норму, которая, как и в сходном случае с предыдущим приговором, относилась к мирским приговорам русских крестьян, когда для решения вопроса о ссылке в Сибирь или отдаче в рекруты за «распутное поведение» требовалась присяга не менее чем двадцати четырех человек[23]. Что касается роли полтавского раввина Ицки Оршанского в деле Розенбергов, то он на тот момент находился в настолько глубоком конфликте с общиной, что 10 марта 1836 года жаловался в городскую думу на «несоблюдение» полтавскими евреями «обрядов веры». Раввин просил думу обязать евреев объявлять ему о готовящихся браках, обрезаниях, имянаречениях и погребениях [Из прошлого Полтавщины 1906: 20].

Полтавская еврейская община в деле Розенбергов продемонстрировала особенности своих практических, повседневных моральных норм, гораздо более широких, чем те галахические ограничения, которые отстаивал раввин, клеймя полтавских евреев за нарушения морали и обрядности. Эта мотивация могла присутствовать и в других случаях поддержки евреями единоверцев, обвиненных в «непотребстве». Отношение общины к проституции, таким образом, является важной характеристикой российских евреев как домодернового общества. Позднейшая

---

[23] РГИА. Ф. 1345. Оп. 239. Д. 296. Л. 66, 8 об., 55, 20, 36–36 об., 72–75 об.

«моральная паника» вокруг проституции являлась во многом продуктом модернизации и подпитывалась страхом за судьбу личности в изменившемся мире, беспокойством о репутации еврейского народа и желанием элит вернуть себе утраченный контроль над членами общины [Jakubczak 2020: 34, 184–218]. Относительная терпимость евреев по отношению к проституции в первой половине XIX века, вполне возможно, является косвенным свидетельством небольшой численности еврейских проституток и содержателей борделей, что совпадает и с оценками российских государственных деятелей, упомянутыми в начале данной работы. Девианты в таких малых количествах не могли вызвать настоящую «моральную панику» и были вписаны в специфическую нишу в обществе. В целом снисходительное (на практике) отношение евреев к проституции было вызвано не кризисом традиционной общины и утратой контроля, а, наоборот, субъективным ощущением элитой и еврейским населением устойчивости сложившегося порядка, включая особенности повседневной сексуальной морали, практик и понятий. Последние ощущались еврейской городской средой не как результат «упадка нравов», а как норма. Это и позволяло отстаивать существующую систему внутренней организации и горизонтальных связей с нееврейскими соседями перед чуждой внешней имперской властью. Даже доносчик мог при определенных обстоятельствах быть вписан в систему, хотя, несомненно, был куда более стигматизирован, нежели проститутка или содержатель притона.

Показательна в этом отношении история семьи Ротенкругов. Мать Иоселя Ротенкруга, в 1833 году обвиненного в ограблении курировавшейся им проститутки из польских дворянок Виктории Голашевской, Бейла Ротенкругова жаловалась, что это обвинение организовано богатейшим евреем Белостока, купцом первой гильдии Ицкой Заблудовским из-за того, что отец Иоселя Герша Ротенкруг тринадцать лет назад, в 1820 году, подал на Заблудовского донос о самовольной порубке тем казенного леса в Беловежской пуще. С Голашевской якобы состоял в любовной связи еврей, который по поручению Заблудовского подговорил ее к подаче жалобы на Иоселя Ротенкруга, а найденные в квартире Ротенкругов воротник Голашевской и другие вещи были якобы кем-то туда подкинуты. Донос Герши Ротенкруга на Заблудовского был в свое время признан ложным. В 1832 году Герша Ротенкруг участвовал в нападении на местечко Боцки для поимки контрабандных товаров. Таким образом, не было ничего удивительного в том, что Ротенкругов никто не пожелал взять на поруки, что и определило их судьбу: все семейство отправилось в Сибирь на поселение. По-настоящему «нетерпимым» в еврейском обществе человека делал не «промысел непотребством», а опасность для экономических интересов общины и ее членов. Версию Ротенкруговой об организации обвинения против Иоселя может отчасти подтверждать роль в деле Ротенкругов другого представителя белостокской экономической элиты — Иосифа Гальперна, сына коммерции советника, который активно содействовал властям в расследовании, касавшемся, казалось бы, мелкого конфликта в маргинальных слоях городского населения: искал вещи Голашевской, находил и приводил свидетелей против Ротенкругов к квартальному надзирателю, и за шесть рублей нанял двух евреев в качестве своего рода «частных детективов» для розыска краденого. Исключительна для нашей выборки также фигура проститутки из дворянок. Сама Виктория Голашевская объясняла следствию, что, «не имея чем себя содержать, принуждена была допустить себя до распутной жизни». Ее отдали «на покаяние по католической вере» и выслали из Белостока с указанием «не дозволять» ей «заниматься распутством»[24]. Хотя Герша Ротенкруг и потерпел сокрушительную неудачу и был маркирован судом как «ложный доносчик», не лишним будет отметить, что содержатели борделей в целом воспринимались имперской властью как уже «суть собственно агенты полиции», по выражению министра внутренних дел Л. А. Перовского [Боровитинов 1910: 350]. Дискурс о содержателях публичных домов и проститутках как агентах российской (австрийской, немецкой) власти, которая якобы использовала их не только для узких агентурных задач, но и для общей цели деморализации поляков

---

[24] РГИА. Ф. 1345. Оп. 337. Д. 309. Л. 1–1 об., 44 об., 12 об., 56 об., 59, 67 об.

и распространения среди них венерических болезней, был распространен в польском обществе конца XIX — начала XX века [Jakubczak 2020: 7–8, 124–125]. Вопрос о том, выполняли ли агентурные функции некоторые из евреев — содержателей борделей в первой половине XIX века, а также об их восприятии в местных польских кругах и еврейским обществом, может послужить темой для дальнейшего исследования. Последующего развития заслуживает и сюжет о мотивах и жизненных установках самих проституток («women's agency» англоязычной историографии проблемы), лишь мельком затронутый в настоящей работе.

При том что власть на более высоких административных уровнях периодически демонстрировала готовность к преследованию проституции, порой даже предписывая кагалам осуществлять надзор за нравственностью евреев, евреи, вовлеченные в «промысел непотребством», могли добиться снисходительного отношения местных чиновников и полиции, умело использовавших для этой цели принятый в документах того времени язык описания девиантной сексуальности. В первой половине XIX века в судебных материалах, связанных с проституцией, сохранялась та же нечеткость терминологии, что и в документах середины XVIII века[25]. Помимо юридических терминов «непотребство» и «промысел непотребством», по отношению как к содержателям, так и к проституткам продолжали использоваться те же и сходные выражения: «блудодеяние», «блудная жизнь», «порочная жизнь», «развратная жизнь», «распутное поведение» и т. п. — в качестве синонимов и для проституции, и для содержания борделей, и для сводничества, и в значении нарушения моральных норм, а не в качестве четкой характеристики фабулы дела. Слово «девка» могло быть синонимом для проститутки, а могло и просто обозначать незамужнюю женщину из простонародья, причем евреи то причислялись к категории «простолюдинов», то выделялись в отдельную группу. Нечеткость определений позволяла и представителям властей, и свидетелям-евреям произвольно

---

[25] О XVIII веке см.: [Ролдугина 2016: 51–53].

маркировать одиноких евреек либо христианок, оказавшихся по каким-то причинам в еврейских домах и попавших в поле зрения полиции, как проституток, «подозрительных» либо «девок нераспутного поведения». Столь же широким был спектр профессиональных занятий содержателей борделей и проституток, не ограничивавшихся этими узкими специализациями и чаще всего владевших другими легальными и нелегальными «профессиями». В норме еврей был вынужден осваивать множество умений, а маргиналами в глазах общины оказывались группы, занимавшие узкую профессиональную нишу[26]. Множественная специализация содержателей борделей и проституток может, таким образом, свидетельствовать об их немаргинальном или не полностью маргинальном статусе внутри еврейской общины. Мир еврейского криминала зеркально отражал ситуацию с профессионализацией в еврейском обществе. Об этнической специализации преступников-евреев можно говорить лишь в контексте их функционирования в мультиэтничной структуре преступного мира в регионе, да и сама их криминальная деятельность была невозможна без объединения с преступниками-неевреями и предоставления им услуг и убежищ в своих притонах. Евреи — содержатели борделей и проститутки были органичной частью мультикультурной криминальной городской среды, демонстрируя высокую степень аккультурации и адаптации к нееврейскому окружению, при этом, несомненно, оставаясь частью еврейской общины. Община, отдельные группы внутри общины и уважаемые евреи, обладавшие достаточным статусом, чтобы принять на себя поручительство за подсудимых, перед лицом властей выступали на стороне евреев и евреек, судимых за проституцию или содержание борделей, хотя дела о «непотребстве» выявляли и внутренние конфликты, связанные с доносительством, рекрутчиной, экономической конкуренцией. Реакция общины также демонстрировала принятые на практике в еврейском обществе моральные нормы, которые очевидным образом отличались от галахических предписаний и их трактовки местной ученой эли-

---

[26] См. доклад В. А. Дымшица на конференции.

той. Таким образом, следственные дела о «непотребстве» и других правонарушениях евреев доносят до нас, пусть и в дискретном и деформированным спецификой источника виде, элементы альтернативной, низовой еврейской сексуальной культуры.

Литература и источники

Боровитинов 1910 — [*Боровитинов М. М.*] Доклад М. М. Боровитинова о публичных домах и различных фазисах в отношении к ним законодательства и медицины в России // Труды Первого Всероссийского съезда по борьбе с торгом женщинами и его причинами, происходившего в С[анкт-]Петербурге с 21 по 25 апреля 1910 года. Т. 2. СПб., 1912. С. 336–356.

Булгарин 2001 — *Булгарин Ф. В.* Воспоминания. М.: Захаров, 2001. 782 с.

Губарь 2013 — *Губарь О.* Очерки ранней истории евреев Одессы. Одесса: ВМВ, 2013. 415 с.

Из прошлого Полтавщины 1906 — Из прошлого Полтавщины. Жалоба еврейского раввина в Думу на несоблюдение евреями обрядов // Киевская старина. 1906. Т. XCIII. Май–Июнь. Отдел II. С. 20.

РГИА — Российский государственный исторический архив. Ф. 1286. Оп. 5. 1831 г. Д. 791. «Дела по еврейскому комитету за 1826–1833 гг. Дело о евреях, приезжающих в столицы и другие внутренние города России». 1831 г. Л. 35 об., 48; Ф. 1297. Оп. 6. Д. 19. «О мерах к пресечению любострастной болезни по губерниям, и о командировании в оные врачей Зауера, Погорского и Тилле». Ч. 2. 1843 г. Л. 250 об.–251, 260–261 об., 318–319; Д. 23. «Об учреждении в городе Вильне, в виде опыта, на три года, врачебно-полицейского комитета». 1844 г. Л. 12–13; Ф. 1345. Оп. 236. Д. 143. «По жалобе еврейки Рашинской». 1838 г. Л. 5–12 об.; Оп. 239. Д. 296. «О евреях Мордко и жене его Бейле Розенберговых, судимых за развратное поведение». 1841 г. Л. 7 об., 8 об., 13–16, 20, 22 об., 25–25 об., 27, 28, 29 об., 36–36 об., 55, 66, 70 об., 72–75 об.; Оп. 326. Д. 270. «О отнятии евреем Ровтманом и женою его у мещанина Островского денег». 1825 г. Л. 18, 19 об., 20 об.–22, 16, 35, 37, 38 об.–41 об. 19 об., 164 об., 172; Оп. 333. Д. 112 А. «О существовавшей в городе Бердичеве воровской шайке. Первая часть». 1832 г. Л. 154 об.–156 об., 249 об., 385 об.–386, 399 об., 291 об.; Оп. 337. Д. 309. «О еврейке Ротенкруговой за воровство». 1836 г. Л. 1–1 об., 2 об., 6, 12, 12 об., 39 об.–40, 41, 44 об., 56 об., 59, 61 об.,

67 об.; Оп. 355. Д. 25. «Журналы и определения [Пятого (уголовного) департамента Сената] за 1–22 декабря». 1825 г. Л. 1213 об., 1222; Ф. 1582. Оп. 2. Д. 513. «По прошению купца Самоила Вейсмана о взыскании с мещанина Розеймана и жены его из покраденной у него суммы». 1821 г. Л. 5–7; Д. 1661. «Из херсонской палаты уголовного суда о мещанине Ицке Ванштейне, судимом за причинение мещанке Вульф ругательством тяжкой обиды». 1822 г. Л. 6, 8–8 об.; Оп. 4. Д. 2704. «От херсонского гражданского губернатора, об ограблении проживавшего в Херсоне поручика Теплякова разного звания людьми, в том числе о мещанине Шаме Майданнике и отставном подпоручике Игнате Томашевском, первом о взятии якобы от арестанта на сбережение вещей, а последний в продаже краденых вещей, и о бывшем херсонском вице-губернаторе Рюле в чинении им означенному Майданнику пристрастных допросов и побой») 1830 г. Л. 29–31, 12, 41, 157, 34, 35 об, 30, 48, 50, 98 об.–99, 56–56 об., 47 об., 141; Оп. 16. Д. 712. «По предложению господина обер-прокурора и кавалера князя Лобанова-Ростовского о цесарскоподданной Рейзе Крамаревой, судимой за воровство». 1827 г. Л. 20, 25.

Ролдугина 2016 — *Ролдугина И.* Открытие сексуальности: трансгрессия социальной стихии в середине XVIII века в Санкт-Петербурге: по материалам Калинкинской комиссии (1750–1759) // Ab Imperio. 2016. № 2. С. 29–69. DOI: 10.1353/imp.2016.0029

ПСЗ 1 — Полное собрание законов Российской империи. Собрание первое (1649–1825). Т. XXI: с 1781 по 1783 гг. СПб.: Типография Второго Отделения Собственной Его Императорского Величества канцелярии, 1830. 1085 с.

ПСЗ 2 — Полное собрание законов Российской империи. Собрание второе (с 12 декабря 1825 г. по 28 февраля 1881 г.). Т. IV: 1829 г. СПб.: Типография Второго Отделения Собственной Его Императорского Величества канцелярии, 1830. 1656 с.; Т. VII: 1832 г. СПб.: Типография Второго Отделения Собственной Его Императорского Величества канцелярии, 1833. 1492 с.

Bernstein 1995 — *Bernstein L.* Sonya's Daughters. Prostitution in Imperial Russia. Berkeley; Los Angeles; Oxford: University of California Press, 1995. 344 p.

Dynner 2013 — *Dynner G.* Yankel's Tavern: Jews, Liquor, and Life in the Kingdom of Poland, Oxford: Oxford University Press, 2013. 272 p.

Jakubczak 2020 — *Jakubczak A.* Polacy, Żydzi i mit handlu kobietami. Warszawa, Wydawnictwa Uniwersytetu Warszawskiego, 2020. 248 s.

Petrovsky-Shtern 2014 — *Petrovsky-Shtern Y.* The Golden Age Shtetl. A New History of Jewish Life in East Europe. Princeton; Oxford: Princeton University Press, 2014. 448 p.

Ryan 1837 — *Ryan M.* The Philosophy of Marriage in its Social, Moral and Physical Relations; With an Account of the Disease of the Genito-Urinary Organs which Impair or Destroy the Reproductive Function and Induce a Variety of Complaints, With the Physiology of Generation in the Vegetable and Animal Kingdoms. London, 1837. 365 p.

Ryan 1839 — *Ryan M.* Prostitution in London, with a Comparative View of that of Paris and New York, as Illustrative of the Capitals and Large Towns of All Countries and Proving Moral Depravation to be the most Fertile Source of Crime and of Personal and Social Misery; with an Account of the Nature Treatment of Various Diseases, Caused by the Abuses of Reproductive Function. London, 1839. 447 p.

Marginal Professionals? Authority, Community and "Indecency" in Russian Trials against Jews in the First Half of the Nineteenth Century

Olga Minkina

ORCID: 0000–0003–3669–4721
Ph.D. in history
Independent scholar
E-mail: ol.mink@yahoo.com

DOI 10.31168/2658–3356.2022.5

Abstract. Until 1843, prostitution in the Russian Empire was completely illegal. But were Jewish brothel keepers and prostitutes, in the eyes of both the Jewish community and non-Jewish neighbors, despised marginals or professionals who occupied a specific economic stratum?

While Jews who "made indecency into a trade" were tolerated by local officials and the police, the higher authorities periodically demonstrated a readiness to control and persecute deviant sexuality, sometimes even ordering kahals to supervise the morality of the Jews.

Jewish brothel keepers and prostitutes were part of multinational and multicultural criminal space. They were distinguished by a considerable degree of acculturation and adaptation to their non-Jewish environment. However, Jewish sexual workers and pimps were not only rejected by "pious" Jews, but were also incorporated into communal life. The fate of a Jew accused of keeping a brothel could become a subject of dispute within the community, which reveal conflicts related to denunciation, military conscription, and economic competition.

Keywords: prostitution, Jewish community, crime, profession

References

Bernstein, L., 1995, *Sonya's Daughters. Prostitution in Imperial Russia.* Berkeley; Los Angeles; Oxford, 344. DOI: 10.2307/41050012

Dynner, G., 2013, *Yankel's Tavern: Jews, Liquor, and Life in the Kingdom of Poland.* Oxford, 272. DOI: 10.1093/acprof:oso/9780199988518.001.0001

Jakubczak, A., 2020, *Polacy, Żydzi i mit handlu kobietami* [The Poles, the Jews and the Myth of Women Trafficking]. Warszawa, 248. DOI: 10.31338/uw. 9788323543763

Petrovsky-Shtern, Y., 2008, *The Golden Age Shtetl. A New History of Jewish Life in East Europe.* Princeton; Oxford, 448. DOI: 10.1515/978140085116

Roldugina, I., Otkrytie seksual'nosti: transgressiia sotsial'noi stikhii v seredine XVIII veka v Sankt-Peterburge: po materialam Kalinkinskoi komissii (1750–1759) [The Discovery of Sexuality: Social Transgression in Mid-Eighteenth Century St.Petersburg Based on the Materials of the Kalinkin Commission]. *Ab Imperio*, 2016, 2, 29–69. DOI: 10.1353/imp.2016.0029

УДК 94(477.75)

«Занимаются торговлею, ремеслами, маклерством, а главное, водочною и другою питейною продажею...»: евреи Таврической губернии, питейный промысел, проституция и антисемитизм в российском обществе во второй половине XIX — начале XX века

Дмитрий Анатольевич Прохоров
Крымский Федеральный университет,
Симферополь, Россия

ORCID: 0000–0001–9162–4705
Старший научный сотрудник, доктор исторических наук
ФГАОУ ВО «Крымский федеральный университет
им. В. И. Вернадского»
295007, Республика Крым, г. Симферополь,
пр. Академика Вернадского, 2
E-mail: prohorov1da@yandex.ru

DOI 10.31168/2658–3356.2022.6

Аннотация. В статье проанализирован комплекс архивных документов и материалов, законодательных актов и положений, а также данных статистики, связанных с занятостью еврейского населения в питейном промысле, рассмотрены формы, масштабы, а также степень вовлеченности в него евреев Российской империи в целом и Таврической губернии в частности во второй половине XIX — начале XX века. Для выявления «нравственной и экономической деятельности евреев, вредно влияющей на быт коренного населения», в российских регионах создавались губернские комиссии по еврейскому вопросу, предоставлявшие правительству свои предложения по указанной проблеме. Прослежены меры, с помощью которых осуществлялись попытки законодательно регулировать питейную торговлю в России. Кроме того, исследуются общественные настроения, направленные против маргинализации части еврейского общества, приводившей к негативным трансформациям социальной структуры еврейской общины, а также к распространению и усилению антисемитизма в российском социуме. С помощью архивных документов, часть из которых вводится в научный оборот впервые, выявлены сведения о евреях, занимавшихся питейным промыслом и проституцией в Таврической губернии.

Ключевые слова: Крым, евреи, питейная торговля, проституция, антисемитизм, законодательство

В предлагаемой публикации предпринят анализ основных факторов, повлиявших на формирование общественного мнения о евреях в российском социуме во второй половине XIX — начале XX века (на примере Таврической губернии), отдельные проявления которого нашли отражение на страницах губернской печати. Например, в «Тавриде», одной из первых частных газет, издававшихся в регионе, печатались статьи и заметки представителей общественности и интеллектуальной элиты губернии, в которых широко освещался «еврейский вопрос», при этом зачастую не только подвергались критике действия властей по предупреждению еврейских погромов, но и обсуждались меры по преодолению «вредной» экономической деятельности евреев. Непосредственно в фокусе данного исследования — аргументация и риторика участников дискуссии, принимавшие различные формы по мере ужесточения антиеврейского законодательства в стране и на фоне усиления антисемитских настроений в обществе. Выявленные в Государственном архиве Республики Крым (г. Симферополь) документы, большая часть из которых вводится в научный оборот впервые, демонстрируют масштабы вовлеченности евреев Таврической губернии в питейную торговлю во второй половине XIX — начале XX века, а также иллюстрируют процесс маргинализации части еврейского населения, что привело к негативным трансформациям социальной структуры еврейской общины.

О евреях, проживавших в Таврической губернии, в официальных российских печатных изданиях середины XIX века сообщалось, что они «занимаются торговлею, ремеслами, маклерством, а главное, водочною и другою питейною продажею <…> с некоторого времени занялись они и другими видами промышленности, содержанием почтовых станций и мелкими подрядами» [Военно-статистическое 1849: 104]. При этом отмечалось, что евреи Таврической губернии отличаются от евреев западных губерний России:

> …нельзя не заметить их сильного стремления выйти из племенной замкнутости и слиться с господствующим русским населением. Каждому известно стремление здешних евреев говорить по-русски, так что часто встречаются еврейские семьи, дети которых едва знакомы с еврейским языком. С другой стороны, о характерном еврейском костюме, бритых головах замужних евреек и других наружных отличиях западных евреев здесь ничего не известно; здешние евреи по костюму ничем не отличаются от остального городского населения <…> здешние раввины далеко не похожи на фанатиков раввинов западных губерний [Труды 1884: 516–517].

Общий тон высказываний о евреях-раввинистах в российских печатных изданиях середины — второй половины XIX века носил скорее негативный характер. Например, утверждалось, что проживавшие в западных губерниях Российской империи «евреи составляют самое вредное народонаселение» и хотят «всеми средствами разбогатеть за счет принявшего их народа» (подразумевалась миграция евреев в Россию из Галиции и Герцогства Варшавского после раздела Польши) [Военно-статистическое 1848: 33]. Что касается евреев, проживавших на юге России, то утверждалось, что лишь некоторые из них «стремятся стать в числе передовых в стремлении к общеевропейскому образованию», остальные же мало отличались от своих единоверцев, проживавших в других губерниях, так как занимались «с той же лихорадочной деятельностью и какой-то неестественной торопливостью торговлей, крупной и мелкой промышленностью, ремеслами и факторством» [Памятная 1867: 202]. А сравнивая отличительные черты караимов и евреев, один из авторов делал вывод, что «караимы народ бодрый, серьезный, честный, справедливый, веселый, миролюбивый, чистоплотный, разумный и деспот, чрезвычайно преданный своему хозяйству. Всех этих качеств нельзя найти в евреях» [Кондараки 1875: 7].

Подобные высказывания могут объясняться действовавшим в Российской империи в XIX веке антиеврейским законодательством и юдофобскими воззрениями в части российского общества. В официальных документах также встречались рассуждения антисемитского толка, что обуславливалось в том числе и принятием ряда законов и положений о гражданских правах караимов, которые отстаивали в многочисленных прошениях, направленных в адрес представителей местной и высшей российской администрации, свои отличия от приверженцев талмудического иудаизма. Например, 11 декабря 1850 года в «Высочайше утвержденном мнении Государственного Совета» о «невоспрещении евреям-караимам продажи горячих напитков и жительстве по деревням и селениям» упоминалось, что караимы

...стремятся к оседлой жизни и сближению с обычаями местных жителей, занимаются охотно земледелием и известны своим трудолюбием и строгостью правил жизни. <...> По сим уважениям правительство всегда их отличало [от евреев-раввинистов], а закон присвоил им некоторые преимущества [ПСЗРИ 1851: 282–283].

После законодательного утверждения положений, закреплявших некоторые гражданские права и преимущества, в 1863 году караимам наконец удалось добиться принятия закона, в соответствии с которым они были уравнены с христианским населением империи:

> ...находясь под покровительством общих законов Российской Империи, [караимы] пользуются всеми правами, предоставленными русским подданным, смотря по состоянию, к которому кто из них принадлежит [ПСЗРИ 1866: 303].

Кризис внутренней политики в отношении еврейского населения России, а также последовавшее в 1881 году убийство народовольцами императора Александра II привели к тому, что по южным и юго-западным регионам страны прокатилась волна еврейских погромов (они начались 12 апреля 1881 года в Елисаветграде). Вызваны были погромы недовольством местного населения еврейским присутствием, а также распространявшимися слухами о том, что убийство царя якобы инспирировано евреями. Антиеврейские настроения подогревались высказываниями ряда официальных лиц (например, министра внутренних дел графа Н. П. Игнатьева, обер-прокурора Синода К. П. Победоносцева и других), а также острополемическими публикациями в органах периодической печати различных направлений, где утверждалось, что погромы происходят из-за «вредной экономической деятельности евреев» [Безаров 2014: 86–96; Богданов 2008: 56–73; Гессен 2014: 292; Прохоров 2017: 137–146]. В российском политикуме преобладали два направления: чиновники, выступавшие за эмансипацию евреев, предполагали, что она будет способствовать индустриализации и экономическому росту. Противники же данной точки зрения заявляли, что крестьяне смогут избежать подчинения своих земель и труда еврейскому капиталу лишь в том случае, если промышленность и сельское хозяйство придут в равновесие [Лёве 2017: 39]. Еврейский вопрос власти собирались решить с помощью политики «сближения» и «слияния», а «преобразованные» таким образом евреи могли бы стать лояльными подданными империи [Клиер 2017: 36].

Хотя императора Александра III и министра внутренних дел графа Н. П. Игнатьева проблема погромов беспокоила, тем не менее радикальных мер в этом отношении не предпринималось. Был лишь издан циркуляр, в котором всем губернаторам ставились задачи по предотвращению беспорядков. 22 августа 1881 года император Александр III опубликовал «Высочайшее повеление», в котором заявил о «ненормальном отношении между коренным населением некоторых губерний и евреями» [Шполянский 1997: 44]. Документом предписывалось создать в губерниях «черты оседлости» из представителей местных сословий и обществ особые комиссии под председательством губернаторов — для изучения экономической деятельности евреев. В начале 1880-х годов в Бессарабской, Виленской, Витебской, Волынской, Гродненской, Екатеринославской, Киевской, Ковенской, Минской, Могилевской, Подольской, Полтавской, Таврической, Херсонской, Харьковской, Черниговской губерниях и в Одесском градоначальстве были учреждены Комиссии по еврейскому вопросу, инициированные правительством в рамках деятельности «Высшей Комиссии для пересмотра действующих о евреях в империи законах», созданной в феврале 1883 года.

Одной из задач таких комиссий стал сбор сведений о «нравственной и экономической деятельности евреев, вредно влияющей на быт коренного населения». Предполагалось выяснить, какие стороны экономической деятельности евреев пагубно влияют на христиан; какие трудности встречаются на практике при использовании законов о евреях применительно к покупке и арендованию земель, торговле крепкими напитками и ростовщичеству; как необходимо изменить существующие законы для устранения их обхода евреями; какие административные и законодательные меры следует принять, чтобы нейтрализовать вредное влияние евреев [Миндлин 2006: 116]. Члены комиссий собрали статистические сведения о еврейском населении страны. В соответствии с данными, представленными городскими головами для Таврической комиссии по еврейскому вопросу, в городах губернии в 1880 году проживало 15 787 мужчин и женщин еврейской национальности: в Перекопе и Армянском Базаре их насчитывалось 602 человека, в Керчи — 3136, в Симферополе — 2709; в Мелитополе — 2021, в Карасубазаре — 1618, в Орехове — 1058, в Феодосии — 541, в Бердянске — 1725; в остальных городах их было от 13 до 786 человек. При этом так называемых «иностранных евреев» (тех, кто имел иное, не российское подданство) числилось 443 человека. Всего же в Таврической губернии проживало 25 083 еврея, из которых 7590 человек имели определенные занятия, а остальные 17 493 человека, «исключая детей и неспособных к деятельности, помогали своим соплеменникам эксплуатировать коренное население». Среди основных занятий упоминались ростовщичество, содержание публичных домов и питейная торговля (по данным Акцизного управления за 1881 год, из 970 шинков и кабаков евреям принадлежало 690, при этом 255 заведений содержались евреями через подставных лиц других национальностей). Среди евреев комиссия насчитала 776 кабатчиков, «подставных и находящихся в услужении при питейных заведениях» — 472, владельцев оптовых складов — 65, а торговцев, приказчиков, кулаков или факторов — 3294 человека. Ремесленников было 2536, чернорабочих — 479, земледельцев — 168 (которые, в свою очередь, по отзывам полицейских и общественных управлений, вовсе не занимались хлебопашеством). Что же касается лиц, занятых профессиональной деятельностью, и представителей духовенства, то их насчитывалось только 272 человека [Труды 1884: 526, 533, 536; Шполянский 1997: 48–51].

Члены комиссии докладывали о том, что евреи «являются распространителями непотребства, которое вреднее ростовщичества», и «возбуждают неудовольствие поселян преимущественно потому, что торгуют водкой, дозволяя при этом себе обмеры, отпуск водки в долг под залоги и другие злоупотребления»; что

евреи-шинкари промышляют в явный вред коренным жителям, допуская в питейных заведениях развращение, непотребство, потерю заработков и иное зло. В селениях берут с евреев деньги за право открытия кабаков не только должностные лица крестьянского управления, но и общества, увлекаемые подкупами, подпаиванием и т. п. [Труды 1884: 517, 526].

Евреи-кабатчики, по словам участников совещания комиссии,

…отворяют кабаки во всякое время дня и ночи, во все христианские праздники, во время волостных и сельских сходов, продают водку и на деньги, но преимущественно в долг, приписывают, обсчитывают и при удобном случае обирают пьяных, разсыропливают водою водку, продают сосудами малой емкости, сравнивая их с казенною мерою, выверенные казенной мерой искусственно уменьшают, остатки из недопитых стаканов и бутылок вновь вливают в бочонки, фабрикуют специальные водки, ликеры, настаивая водку обыкновенным красным стручковым перцем, продают ее по 1 руб. за кварту и, настаивая на вишнях разсыропленную жженым сахаром или переваренным медом воду, продают ее под названием вишневки по 1 руб. за кварту, выделывают из изюма вино, тайно продают его, допускают крестьян пить водку в собственных при кабаках помещениях, предлагая на закуску испорченные маслины или ржавую селедку <…> в уплату за выпитую водку кабатчики принимают от крестьян всякие продукты сельского хозяйства, принимают в залог движимое крестьянское имущество <…> разоряя хозяйство крестьян, приучают подрастающее поколение к пьянству с 13–15-летнего возраста [Труды 1884, 542–544].

В соответствии с мнением представителей губернской общественности, кабатчик-еврей, услышав от охмелевшего крестьянина о намерении того сбыть что-либо из своего имущества или «сельскохозяйственных произведений», подпаивал его и тут же покупал за половину и даже менее цены [Труды 1884: 542–544]. А вот как описывались «ухищрения» еврея-шинкаря для достижения поставленных им целей:

Одновременно с открытием кредита крестьянину-домовладельцу, дом которого намечен им к покупке, еврей знакомится с соседями и крикунами на сельских сходах, охотно ссужает их деньгами, поит водкой, льстит семьям, делает подарки разной мелочи, ценной лишь в глазах деревенской женщины, и таким образом зарекомендовав себя, он в сопровождении хозяина и соседей является на сельский сход с просьбою о выдаче ему приговора на право производства питейной торговли, усердно угощает водкою влиятельных лиц и все общество и, условившись в ежегодной плате обществу, входит с ним в соглашение и получает приговор [Труды 1884: 540].

Неоднократно фиксировались случаи, когда евреи осуществляли питейную торговлю в домах, принадлежавших сельским обществам, по фиктивным актам владения — или с согласия сельских обществ за определенную плату, или же по ежегодно возобновляемым так называемым «запродажным записям». В тех же сельских обществах, где составлялись и подписывались общественные приговоры, воспрещавшие продажу евреям домов и усадеб, по заключению членов комиссии, евреи обходили законодательные ограничения, причем делали это при участии караимов, на которых действие закона от 14 мая 1874 года, ограничивавшего для евреев право питейной торговли (на основании этого закона евреям дозволялось открывать питейные заведения только в собственных домах), не распространялось [ПСЗРИ 1876: 773]. В конечном итоге еврей-раввинист, получив патент на водочную продажу, выданный на имя караима, имел возможность свободно продавать спиртное [Труды 1884: 540]. Факты, свидетельствующие о продаже евреями спиртных напитков через подставных лиц, отмечались губернской администрацией регулярно, вплоть до начала XX века. Например, только в 1908 году в Таврической губернии в соответствии с данными статистики было запротоколировано 1295 нарушений питейного устава[1].

Воспользовавшись несовершенством закона от 14 мая 1874 года, евреи получили возможность брать в аренду у помещиков и крестьян землю, строить или же приобретать дома, уже на ней построенные, по фиктивным сделкам, и на этом основании по-

---

[1] ГАРК. Ф. 26. Оп. 1. Д. 16294. Л. 1–28; Обзор о состоянии 1909: 78.

лучать патенты на право продажи спиртных напитков [Фон Кауфман 1999: 306–322]. В феврале 1882 года в одной из заметок в симферопольской газете «Таврида» был сделан довольно неутешительный вывод о сложившейся ситуации:

> Уверенность в том, что этот закон не может быть обойден, поддерживалась тем соображением, что русский мужик ни в коем случае не пустится в плутоватые сделки с евреем. Что же вышло на самом деле? Вышло то, чего не предупредишь никакими законами, ни угрозами, ни строжайшим контролем: явились полюбовные сделки между поселянином и кабатчиком <...> пьянство, в смысле заседания наших крестьян по кабакам, пропивания последнего гривенника, перевода на водку предметов домашнего и хозяйственного обихода, это пьянство не прекратится, ибо корень его лежит не в многочисленности питейных заведений, а в существовании среди крестьянского люда интереса «выпить и закусить». Присмотритесь к крестьянскому житью-бытью, и вы увидите, что выпивка у него начало и конец всех сделок: семейное, хозяйственное общественное событие, все это смачивается, промывается, обмывается водкой, без водки никакого предприятия невозможно было ни начать, ни кончить [Симферополь 1882b: 1].

И далее следовали умозаключения относительно предпринимаемых правительством и общественностью мер: «Принудительное отрезвление останется предметом только досужих разговоров и вместе с тем может породить и массу печальных последствий» (например, таких как значительный финансовый ущерб, нанесенный государственной казне), не говоря уже о том, что «потайная торговля легко может стать действительною язвою среди крестьянского населения» [Симферополь 1882c: 1]. Причем строгие меры, направленные на борьбу с пьянством среди населения, штрафы и запреты на открытие питейных заведений и закрытие существующих, как правило, не давали нужного результата:

> Мужик будет пить по-прежнему, но только обходя закон. Пить он будет потому, что не может не пить <...> пить вследствие потребности, вызванной самой жизнью, и имен-

но пить в кабаке или корчме, где бы то ни было, но только не в одиночку, ибо одиночество противно русскому человеку. <...> Для него есть только одно пристанище — это кабак. Это его и клуб, и развлечение. <...> Там крестьянская душа развеселится, рассмеется, одним словом, там каждый может сказать: Мужик, трудясь, не думает, Что силы надорвет; Так неужли над чаркою Задуматься, что с лишнего В канаву угодишь?[2] [Симферополь 1881b: 1].

Тремя главными причинами «народного пьянства», по мнению автора заметки, опубликованной в «Тавриде», являлись бедность, невежество и некие «исторические предания семейного быта» [Симферополь 1881b: 1]. Но вместе с тем и в столичной, и в региональной российской прессе неоднократно высказывалось мнение о том, что так называемая «еврейская эксплуатация», главной опорой которой называли экономическую и общественную слабость, бедность и бесправие российских крестьян, не наблюдалась среди других этноконфессиональных групп населения империи в целом и Таврической губернии в частности:

Мы не видим, чтобы евреям удавалось, например, эксплуатировать наших старообрядцев, отличающихся большой духовной самостоятельностью <...> сумевших выработать в своем кругу твердую солидарность. Не слышно также, чтобы жаловались на разорение от евреев немецкие или греческие колонисты, чешские переселенцы и т. п. [Еврейский вопрос 1881: 2].

Звучали и предложения о том, что необходимо выслушать мнение экспертов из числа евреев, которое в данном случае могло бы оказаться весьма полезным: «У евреев есть земли, есть фабрики, есть и деньги; следовательно, они могут помочь распространению как земледелия, так и другого производительного труда» [Еврейский вопрос 1881: 2].

---

[2] Поэтические строки взяты автором данной заметки из поэмы Н. А. Некрасова «Кому на Руси жить хорошо?».

Некоторые ригористично настроенные представители общественности Таврической губернии, указывая на евреев как на основной источник распространения среди сельского населения пьянства, констатировали, что

> ...наш крестьянин в сущности пьет не много, даже меньше, чем крестьяне других наций, но он замечательно быстро пьянеет, выпьет он на гривенник, а нашумит на рубль <...> потеряв всякое самосознание, он начинает пропивать за неимением денег не только всё с себя, но и все свои домашние вещи. Большинство нашей интеллигенции видит пьяного мужика тогда, когда ему море по колено, когда он или целуется, или дерется, или в бесчувствии лежит в грязи [Вопрос 1881: 1].

В кабаки же, содержавшиеся евреями, по заключению автора другой статьи, крестьянина начинало тянуть с утра. Там ему предлагали разбавленную всякими вредными примесями водку, а в качестве закуски на стойке в кабаке можно было найти только тарелку с крошечным куском хлеба, солью, редькой и огурцом [Вопрос 1881: 1]. А продолжать пить ту отраву, которую кабатчик (конечно же, еврей) давал под видом водки, заставляло крестьянина «щемящее чувство неудовлетворенности». Поэтому, как полагал радетель народной нравственности, «пьянство развивается не потому, что крестьяне пьют, а потому, что их опаивают кабатчики, не водка разоряет хозяйство крестьян и развращает народную нравственность, а алчный кабатчик». В качестве выхода из ситуации предлагалось «вырвать кабак и кабатчика из жизни народа и заменить его, сообразно народным потребностям, таким помещением, где происходило бы не безобразное пьянство и буйство, а велась бы беседа, шли бы братчины или складчины в смысле наших предков» [Вопрос 1881: 1]. И подобных прекраснодушных идей, далеких, впрочем, от реальности, выдвигалось в российском обществе немало.

В 1881 году для разработки мер по искоренению пьянства и поднятию уровня народной нравственности правительство учредило особое совещание, итогом деятельности которого стало принятое его членами решение о сокращении числа питейных заведений, об упорядочении питейной торговли «в видах улучшения народной нравственности» и об усилении контроля над виноторговлей. Сокращение числа питейных заведений предполагалось осуществить путем повышения патентного сбора [Богданов 2008: 56]. В данном вопросе нашлись не только сторонники предложенной инициативы, но и оппоненты из числа представителей общественности, аргументировавшие свои доводы тем, что, уничтожив несколько десятков тысяч евреев-кабатчиков, общество получит их то же число из среды русских, и тем самым увеличит «процент безнравственных людей, занимающихся несимпатичным для нас делом» [21-го октября 1881: 1; Лебедев 1898: 36].

Члены Таврической комиссии по еврейскому вопросу от крестьян Панов и Савченко сообщили, что в селах Таврической губернии дети христиан, находившиеся несмотря на существовавшее запрещение законодательного характера в услужении у евреев,

> забывают утренние и вечерние молитвы, не ходят в церковь по праздникам и воскресеньям; в посты евреи дают православной прислуге скоромную пищу и нередко привлекают прислугу в суд. Но тяжелее всего, что у евреев служат большею частью православные дети малолетние или несовершеннолетние [Труды 1884: 514, 515].

Другой член комиссии, Гофман, заявил, что «народ наш не желает, по святому чувству веры, видеть своих детей в рабстве у евреев — и эта высокая, духовная потребность народа должна быть удовлетворена», и призвал не допускать к услужению у евреев ни самих христиан, ни их детей. «Пусть бедные евреи служат у своих единоверцев, а русские — у своих», — согласились с мнением Гофмана и остальные члены комиссии. Но при этом отмечалось, что зажиточные евреи не нанимали для личного услужения бедных членов еврейской общины, предпочитая помогать им финансово [Труды 1884: 515, 550].

Рассмотрев все собранные сведения, Таврическая комиссия по еврейскому вопросу пришла к выводу, что наиболее действенной мерой для улучшения «хозяйственного быта мещан и крестьян», отвращения их от кабаков и еврейского ростовщичества могло бы стать увеличение числа сберегательных и ссудных касс в Таврической губернии. Кроме того, по мнению депутатов от крестьянских и городских обществ, следовало бы «вовсе запретить евреям питейную торговлю, как оптовую, так и раздробительную, уменьшив тем самым число питейных заведений» [Труды 1884: 527]. Участники обсуждения также отмечали, что «приемы, злоупотребления и вся цель торговли евреев питьями направлены к истощению экономических сил народа для собственного обогащения, что другие народности, в особенности русские, не в состоянии противодействовать евреям или соперничать с ними в торговле крепкими напитками», и что евреи,

> получая посредством подкупа от обществ разрешения на открытие шинков, усиливают в народе пьянство, ведущее к разорению хозяйства, и что, наконец, надзор за правильным производством питейной торговли лишь тогда будет действителен, когда он будет предоставлен местным общественным учреждениям [Труды 1884: 527, 528].

В конечном итоге комиссия приняла несколько постановлений рекомендательного характера, направленных на упорядочение деятельности уже существовавших питейных заведений и регулировавших открытие новых, могущих действовать лишь с разрешения Присутствия Уездной земской управы и уездного по крестьянским делам присутствия при участии мировых судей, преимущественно участковых, а в городах — от городских дум с участием мировых судей. В частности, члены комиссии допустили возможность продажи крепких напитков только на вынос «ввиду особенной важности этой меры для народного благосостояния, питейные же заведения с раздробительною продажею дозволялись бы лишь на больших проезжих дорогах в пунктах, определенных Земскими Собраниями». При этом депутаты комиссии от евреев, как отмечалось в протоколе итогового заседания, «сочувственно отнеслись ко всем этим мерам улучшения, а волостные старшины выразили пожелание, чтобы они осуществились» [Труды 1884: 527, 528].

Тем не менее, более серьезные «преступления» евреев против русских жителей губернские комиссии по еврейскому вопросу выявить так и не смогли — при том что членами Таврической комиссии по еврейскому вопросу признавался факт недовольства населения губернии экономической деятельностью евреев. Но даже ростовщичество, каким бы разорительным оно ни являлось для населения губернии, не было признано самостоятельным видом эксплуатации ни в городах, ни в селах. «Религия и нравственность не нарушается евреями через услужение [христиан]», а «пьянству и распутству евреи не научат», — констатировали в заключении по этому вопросу члены комиссии Плавков и Немировский.

> Если бы евреи были даже совсем выселены из России, — рассуждал председатель Таврической губернской земской управы, — то их место немедленно было бы занято ловкими людьми других национальностей. Разве и теперь не подвизаются на одном поприще с евреями греки, караимы, русские и т. п.? Разве в великороссийских губерниях, где евреев почти нет, народ менее эксплуатируется доморощенными Разуваевыми и Колупаевыми? [Труды 1884: 520, 521].

И переходя от этой литературной аллюзии — ставших нарицательными фамилий кулаков-мироедов из произведений М. Е. Салтыкова-Щедрина — непосредственно к конкретным шагам, председатель указывал на необходимость проведения просветительских мероприятий в отношении сельского населения, открытия в губерниях школ грамотности и других низших образовательных учреждений для крестьян [Труды 1884: 517, 521, 522].

В декабре 1888 года Таврическая комиссия по еврейскому вопросу, выполнив свои функции и представив собранные ею материалы и выводы в вышестоящие инстанции, прекратила свою деятельность и была распущена.

Инкриминировать одним только евреям эксплуатацию и содержание питейных заведений было бы, по мнению ряда корреспондентов региональных газет, несправедливо. «Если содержание кабаков так безнравственно и опасно, — писал один из авторов "Тавриды", — то при этой возможности, не чуждой никакой нации, является необходимость уничтожения кабаков повсеместно», а за отдельные недобросовестные поступки единиц обвинять всю нацию — по меньше мере несправедливо. «Оглядитесь вокруг себя, — вопрошал другой автор. — Что вы видите? В самых коренных русских местностях, в восточной полосе России, где евреев нет, эксплуатация идет тем же порядком, если не хуже: те же кабаки, с тем же спаиванием русского мужика» [Щира 1881a: 1]. То же касалось обвинений евреев в хищениях в сферах промышленности и торговли, а в качестве примера приводилась ситуация в российской провинции. «Припомните хорошенько обыкновенного нашего провинциального купчика: каков он собою? <...> Теория у него одна: как-нибудь сбыть все скверное, негодное, пользуясь незнанием покупателя, его доверием или просто наглым обманом» [Щира 1881a: 1].

Негативное отношение к евреям вызывалось прежде всего невежеством, этнической и религиозной нетерпимостью: «...наибольшее презрение [к евреям] встречаешь в тех местностях, в тех обществах и, наконец, в тех субъектах, которые наименее знают еврея»; неуважение и неприязнь к евреям, доходившие до крайних проявлений жестокости и злобы, основывалось на «предрассудках, дикой лжи и безобразных россказнях» [Щира 1881b: 1].

Основным объектом нападок общественности традиционно были евреи — шинкари и кабатчики, стремившиеся к «прочному водворению и открытию в селениях питейной торговли, которая обыкновенно сопровождается спаиванием пошатнувшихся хозяев и принятия от них за водку хлеба и других сельскохозяйственных продуктов» [Труды 1884: 537]. Примечание к ст. 102 «Устава о питейном сборе» (1876) гласило, что евреям, имевшим право на заводскую и фабричную промышленность, дозволялось арендовать винокуренные заводы повсеместно в губерниях «черты оседлости», а именно: в Киевской, Херсонской, Таврической, Могилевской, Витебской, Черниговской и Полтавской губерниях [Устав 1876: 78, 80, 233]. Причем винокуренные заводы могли брать в аренду только лица, имевшие гильдейские свидетельства. Помимо этого, не подлежали акцизному обложению изюмное (розенковое) вино и «пейсаховая водка», предназначенные для использования евреями при отправлении религиозных обрядов (при этом вино разрешалось изготовлять без хмеля и только с дозволения городских дум и ратуш и с ведома акцизного управления) [Устав 1876: 3, 81, 114]. Но, как уже отмечалось выше, большинству торговцев-евреев удавалось обходить закон, продавая водку в собственных домах и приобретая патенты на имя представителей других национальностей и конфессий. Так, например, ореховский городской голова полагал, что

> стремление евреев к питейной торговле <...> объясняется тем, что евреи — складчики спирта берут патенты и другие документы на имя бедных своих единоверцев и отпускают им водку в кредит и даже без процентов, а сидельцы, по мере продажи водки, погашают долг [Труды 1884: 559].

Еще одним поводом для недовольства еврейским присутствием в губерниях «черты оседлости» стало ходатайство нескольких еврейских семей к министру внутренних дел о выделении им земельных участков для сельскохозяйственной обработки (как это произошло в Киевской губернии в 1881 году), а также трудоустройство евреев в качестве поденных рабочих во время уборки урожая (например, в Подольской и Херсонской губерниях). При этом, как сообщал сам наниматель, «евреи эти, сравнительно с платою, работают хорошо <...> и представляют серьезную конкуренцию для безбожно дорогих русских рабочих», к тому же евреи демонстрировали «трудолюбие, большую сноровку и понятливость» и выполняли объем работ в полтора раза больший, чем остальные поденщики [Симферополь 1881а: 1]. Любопытно, что в числе прочих конкурентных преимуществ у евреев отмечались «воздержание, трезвость, отсутствие праздничных и прогульных дней, исправность». Крестьяне же, чрезвычайно недовольные подобным вторжением в сферу их собственных интересов, заявляли начальству: «Як бы не жиди, то мы б брали по три рубля в день». Они даже заявили директору экономии, что если евреи не будут удалены с работ, «которые издавна исполняются ими, крестьянами, то они употребят силу и распорядятся по-своему» [Симферополь 1881а: 1].

Что же касается занятия проституцией, то в начале 1880-х годов в Таврической губернии числилось 37 домов терпимости, из которых 35 содержали евреи, и 2 — выкресты из евреев [Труды 1884: 526, 533, 536]. По сведениям полицмейстера Симферополя, во 2-й и 3-й полицейской части губернской столицы свои услуги клиентам предлагали шесть домов терпимости. Часть из них, как следует из составленных полицейскими приставами отчетов, содержали: евпаторийская мещанка Прасковья Циммерман (прежняя владелица — Фрейда Пункин), немировская мещанка Мотя Арцман (прежние владелицы — одесская мещанка Любовь Найэр и Лея Бродская)[3]. В Феодосии, как информировал городской голова, «хотя дом терпимости содержится еврейкою, но в прежнее время он содержался христианином, выкрестом из евреев», при этом проституток из числа евреек не было. В Бахчисарае, по мнению местного начальства, нравственность евреев находилась на удовлетворительном уровне, но дом терпимости содержался еврейкой, и «некоторые из евреев также склонны к занятию проституцией, которая совершается ими в чужих домах и под чужим именем». В Евпатории насчитывалось только три проститутки-еврейки [Труды 1884: 555]. В Старом Крыму евреи торговлей, ростовщичеством, факторством, «распространением непотребства и другими предосудительными действиями» не занимались (в 1882 году в городе проживало только 13 евреев). В Карасубазаре два дома терпимости тоже содержались евреями. По замечанию членов Таврической комиссии по еврейскому вопросу, здесь проживало большое число евреев-крымчаков —

---

[3] ГАРК. Ф. 197. Оп. 1. Д. 415. Л. 95, 115.

они хоть и являлись последователями Талмуда, но «резко отличались от других евреев по своим бытовым преданиям, характеру, наклонностям, образу жизни и деятельности». Отмечалось, что в Бердянске «еврейской проституции почти не существует, а дома терпимости содержатся евреями»; в Мелитополе существовал один дом терпимости, а проституток-евреек было четыре [Труды 1884: 555, 557]. Что же касалось Керчи, то здесь

> ...ростовщичество от самых мелких до самых крупных размеров, выдача крестьянам задатков под тяжелые условия, невозвращение денежных обязательств оплаченных и вторичное взыскание по ним, присвоение залогов и поклаж, покупка краденого, маклерство чем угодно, мелочной торг всем, содержание и эксплуатация проституток явно и тайно — составляют главные предметы торговой деятельности евреев и во всей этой деятельности нравственные начала для них не существуют. <...> Из 7-ми домов терпимости 6-ть содержатся евреями, в них 26 проституток-евреек, хотя, впрочем, еврейская проституция имеет гораздо большие размеры, но она производится тайно [Труды 1884: 554, 555].

Одним из факторов, сопутствующих проституции, стало серьезное увеличение числа венерических заболеваний и, в частности, случаев сифилиса — только в период с 1861 по 1867 год количество заболевших этим недугом в Таврической губернии возросло с 114 до 1112 человек [Кузнецов 1871: 78]. Однако при столь очевидных данных статистики никаких предложений по искоренению проституции в Таврической губернии, по проведению разъяснительной или же «увещевательной» работы с содержателями и контингентом домов терпимости от комиссии не поступило.

3 мая 1882 года правительством были представлены «Временные правила» для евреев, которые создавались на основе рекомендаций губернских комиссий 1881 года. По «Временным правилам» евреям запрещалось: а) селиться в сельской местности, то есть вне городов и местечек в «черте оседлости», за исключением уже существующих еврейских земледельческих колоний;

б) совершать купчие крепости и закладные на имя евреев, то есть приобретать недвижимое имущество вне местечек и городов и арендовать земельные угодья; в) торговать в воскресные дни и в «двунадесятые христианские праздники». Таким образом, «Временные правила» лишали средств к существованию значительное число евреев, основным источником дохода которых была мелкая торговля в деревнях «черты оседлости». Ограничения, распространявшиеся на пятнадцать губерний «черты оседлости», не коснулись лишь Царства Польского. До 1904 года действие «Временных правил» распространялось и на евреев, имевших право жительства на территории всей империи (за исключением лиц, окончивших университеты). Надзор за соблюдением «Временных правил» возлагался на органы полицейского контроля [ПСЗРИ 1886: 181]. И хоть эти правила были названы «временными», действовали они вплоть до 1917 года.

В свою очередь, «Высшая комиссия для пересмотра действующих о евреях в Империи законов», созданная по утвержденному императором 4 февраля 1883 года докладу министра внутренних дел, действовала под руководством графа К. И. Палена до 1888 года. Анализ собранных губернскими комиссиями материалов продемонстрировал несостоятельность большинства антисемитских мифов. Например, члены Высшей комиссии выступили с обоснованием того, что еврейская экономическая деятельность не носила эксплуататорского характера, поскольку евреи довольствовались сравнительно низкими размерами прибылей [Лёве 2017: 44]. Тем не менее, правительством был избран курс на дальнейшую дискриминацию еврейского населения.

По данным Центрального статистического комитета МВД Российской империи, из 2537 винокуренных заводов, работавших в стране в 1886 году, евреи содержали 27 %, что составляло более четверти всех заводов. При этом в Таврической губернии евреями содержалось: 38,5 % винокуренных и 12,5 % пивоваренных заводов; трактиров и харчевен — 15,7 %; корчем — 15,5 %; ренсковых погребов и штофных лавок — 30,7 %. Помимо всего прочего, 82,1 % оптовой торговли спиртом в Таврической губернии также принадлежала евреям [Аленицин 1886: VI, VIII, X, XII,

XVI, XXI]. Так, например, в Симферополе и в Симферопольском уезде из двух пивоваренных заводов один принадлежал еврею; оптовых складов спирта было 11 (все находились во владении у евреев); трактиров и харчевен — 32 (у евреев — 3); корчем — 12 (у евреев — ни одной); шинков и питейных домов — 173 (принадлежавших евреям и находившихся в их руках — 27); винных погребов — 18 (у евреев — 4); ренсковых погребов и штофных лавок — 13 (у евреев — 2). Всего же в совокупности в городах и уездах Таврической губернии насчитывалось 1710 пунктов выделки крепких напитков и торговли ими (принадлежавших евреям или же находившихся в их руках — соответственно, 433 и 225). В частности, из восьми пивоваренных заводов евреям принадлежал один; из 123 оптовых складов спирта во владении евреев — 101; трактиров и харчевен — 127 (принадлежавших и находившихся в руках евреев — 20); корчем — 161 (у евреев — 27); шинков и питейных домов — 1039 (принадлежавших и находившихся в руках евреев — 448); винных погребов — 102 (у евреев — 15); ренсковых погребов и штофных лавок — 150 (у евреев — 46) [Аленицин 1886: 236–239, 254–259]. В 1889 году в городах и селах Таврической губернии всего насчитывалось: трактиров, корчем и постоялых дворов — 251; винных, штофных и ведерных лавок — 571; пивных лавок — 10; ренсковых погребов — 214 [Памятная 1889: 65]. В то же самое время численность еврейского населения в губернии составила 33 312 человек (17 149 мужчин и 16 163 женщины) [Приложение 1889: 125, 126].

В 1894 году в Российской империи по предложению министра финансов С. Ю. Витте была введена казенная винная монополия, действие которой распространялось на очистку спирта и торговлю крепкими спиртными напитками. 6 июня 1894 года действие монополии вводилось в Пермской, Уфимской, Оренбургской и Самарской губерниях, начиная с января 1895 года, а затем, по законам от 2 мая 1895 года и 19 февраля 1896 года, реформа распространялась: с 1 июля 1896 года на Киевскую, Подольскую, Волынскую, Полтавскую, Черниговскую, Екатеринославскую, Херсонскую, Бессарабскую и Таврическую губернии, с 1 июля 1897 года — на Виленскую, Могилевскую, Витебскую и Смоленскую губернии, а с 1 января 1898 года — на Санкт-Петербургскую, Новгородскую, Псковскую, Олонецкую и Харьковскую губернии. В соответствии с законодательством, винокуренные заводы теперь могли принадлежать частным предпринимателям, но при этом производимый ими спирт покупался казной, проходил очистку на государственных складах и продавался в государственных винных лавках. В казну поступали: 1) доход от казенной продажи спирта, вина и водочных изделий; 2) акциз с портера, пива, меда и приготовляемой на особых заводах браги; 3) дополнительный акциз с водочных изделий; 4) акциз с вина и спирта, вывозимых за пределы района казенной продажи питей; 5) комиссионная плата за продажу напитков; и 6) патентный сбор с содержимых частными лицами заводов для приготовления питей и заведений для их продажи. Все вино, поступавшее в продажу, теперь должно было быть приготовлено из ректификованного спирта, очищенного горячим способом и крепостью не ниже 40 градусов. Частные лица могли содержать: 1) оптовые склады пива, меда и русского виноградного вина; 2) пивные лавки; 3) погреба для продажи русских виноградных вин; 4) временные выставки для продажи пива, меда и русского виноградного вина; 5) ренсковые погреба; и 6) заведения трактирного промысла. Торговля вином, спиртом и водочными изделиями допускалась только в заведениях двух последних категорий. При этом продажа спиртных напитков могла быть допущена и в других торговых заведениях, но лишь по соглашению министра финансов с министром внутренних дел [Сборник 1899: 635; Арефа 1898: 1–19, 28, 77–95; Брандт 1898: 721–724].

В 1897 году в стране стартовала грандиозная по своим масштабам «Первая всеобщая перепись населения Российской империи 1897 года». В соответствии с ее результатами численность еврейского населения Таврической губернии «на основании родного языка» составила 55 418 человек (3,8 % всего населения губернии) [Таврическая губерния 1904: V]. В городах евреев насчитывалось 34 248 человек, или 11,8 %. По вероисповеданиям численность иудейских общин (евреев, караимов и крымчаков) достигала цифры 60 752 человека (31 499 мужчин и 29 253 женщины), то есть

4,2 % от общего населения губернии [Таврическая губерния 1904: IX, 93]. При этом лиц из числа евреев, задействованных в питейной торговле («по народностям и на основании родного языка»), было 244 человека (67 самостоятельных торговцев и 177 членов их семей), а тех, кто занимался винокурением, пиво- и медоварением, — 207 человек (62 самостоятельных предпринимателя и 145 членов их семей), производителей «прочих напитков и бродильных веществ» — 182 человека (41 самостоятельный торговец и 141 представитель семей). Содержателей трактиров, гостиниц, меблированных комнат и клубов в соответствии с данными переписи было выявлено 462 человека (162 самостоятельных и 300 членов их семей). Что касается занятия проституцией, то среди евреев в данной «сфере услуг» насчитывалось 76 человек (3 мужчины и 73 женщины; членов их семей — 13 мужчин и 18 женщин). Всего же в Таврической губернии было 457 человек, занимавшихся проституцией (16 мужчин и 441 женщин) [Таврическая губерния 1904: 186, 194, 195]. В 1904 году в Таврической губернии проживало уже 50 625 евреев, в 1907 году — 52 210, а в 1910 году их было 53 714 человек [Шабад б. г.: 672].

Относительно общей численности купцов, задействованных в трактирном промысле и торговле спиртными напитками в городах Таврической губернии, можно констатировать, что по сведениям, собранным городскими управами, она была довольно значительной. Уже к концу XIX века в Симферополе и Севастополе действовало более 200 трактирных заведений, в Ялте — более 120, в Керчи — свыше 100 [Серова 2011: 117]. Например, по данным Симферопольской городской управы, в губернской столице значительный процент купеческого контингента составляли евреи: в 1892 году их насчитывалось 79 человек, а в 1895 году — 87 (1-й гильдии — 4 человека, 2-й гильдии — 83 человека)[4]. Непосредственно питейной торговлей («гильдейскими предприятиями») занимались многие симферопольские евреи. Например, мещанин Нахим Беркович Цехновицер, имевший свидетельство и торговый билет 2-й гильдии, приобрел питейный патент с раскурочной маркой (то

---

[4] ГАРК. Ф. 63. Оп. 1. Д. 306. Л. 52–75; Д. 307. Л. 1–3 об., 50–83 об.

есть с правом торговли спиртными и табачными изделиями), а годовой оборот от ренсковой торговли (позволявший продавать алкогольные напитки навынос) составил 10 тысяч рублей, приносивших ему 10 % прибыли с 1 рубля оборота. Симферопольская мещанка Ципа Берковна Барбаумова имела в собственном доме ренсковый погреб, торгуя на основании приобретенного ею питейного патента с раскурочной маркой. Купчихе 2-й гильдии Кейле Абрамовне Смирновой принадлежал ренсковый погреб в центре Симферополя, на ул. Дворянской, а также склад спирта, которым заведовал по доверенности купец 2-й гильдии Иосиф Леонтьевич Гольдмерштейн. На ул. Салгирной трактир «Севастополь», на основании питейного патента с раскурочной маркой, содержал симферопольский мещанин Давид Пунькин, а ресторан под броским названием «Конкуренция» принадлежал симферопольскому мещанину Янкелю Абрамовичу Гинзбургу (заведение находилось в его собственном доме, также на ул. Салгирной). Еврейским рестораном и гостиницей «Гранд-Отель» владел симферопольский купец 2-й гильдии Перец Нухимович Вайнштейн, а за купцом 2-й гильдии Гилелем Зельмановичем Левиным числился спиртоочистительный завод с годовым оборотом в 58 400 рублей (им заведовал симферопольский купец 2-й гильдии Янкель Ицкович Кизильштейн). Симферопольской мещанке Мирне Товиевне Званецкой принадлежал ренсковый погреб на ул. Кантарной, а бахчисарайскому мещанину Шифре Абрамовичу Розенштейну — ренсковый погреб на ул. Миллионной в губернской столице. Герш Абрамович Меримский с приобретенным им питейным патентом с раскурочной маркой содержал трактир «Малороссия»; мелитопольский мещанин Иосиф Гершкович Островский в собственном доме в Симферополе открыл склад пива. Продукция пивоваренного завода, принадлежавшего симферопольской купчихе 2-й гильдии Лее Яковлевне Вайсброд, была известна не только симферопольцам, но и жителям других городов Таврической губернии (например, в 1882 году на заводе было изготовлено продукции — меда и пива — на сумму 25 тысяч рублей)[5].

---

[5] ГАРК. Ф. 197. Оп. 1. Д. 415. Л. 93.

Среди так называемых «негильдейских» предприятий (где торговля велась по свидетельствам мелочного торга и питейным патентам) популярностью пользовалась виноторговля провизора Бориса Григорьевича Бухштаба; пивная, принадлежавшая мещанину Таубу Шульману, находилась на ул. Мало-Фонтанной; винный погреб Нухима Иосифовича Бирмана — на ул. Греческой, в собственном доме; трактир Исаака Надкевича — на ул. Кантарной[6]. В 1880-х годах во 2-й и 3-й полицейских частях Симферополя (где проживало большинство членов местной еврейской общины — соответственно 1160 мужчин и 943 женщины, 267 мужчин и 231 женщина) работал один пивоваренный завод Л. Я. Вайсброд, имелось 7 бузней, 1 трактир, 1 водочный склад (владелец — купец Иоффе), 2 винных лавки, 2 пивных лавки, 1 винный погреб, и 72 питейных дома. Помимо этого, пивоваренный завод, ранее принадлежавший одесской мещанке Ихевед Тетельбаум, в 1882 году был по решению владелицы закрыт[7].

Таким образом, на основе анализа законодательных актов и положений, архивных документов, материалов периодической печати, а также статистических сведений можно сделать некоторые выводы. Были рассмотрены формы и масштабы питейного промысла евреев во второй половине XIX — начале XX века в Российской империи в целом и в Таврической губернии в частности. Представленные материалы позволяют констатировать, что до середины 1880-х годов вовлеченность еврейского населения Российской империи в производство и продажу алкогольной продукции была довольно значительной. Очевидно и то, что до принятия закона о винной монополии 1894 года меры, предпринимавшиеся правительством в отношении распространения винокурения и виноторговли, фактически не влияли на объемы питейного промысла, а несовершенство законодательства позволяло евреям обходить многие запретительные и ограничительные меры. В то же время в правительственных кругах и интеллекту

---

6   ГАРК. Ф. 63. Оп. 1. Д. 329-а. Л. 1 об., 2, 10 об., 11, 11 об., 12, 18 об., 19, 19 об., 20, 28 об., 29, 30 об., 31, 56 об., 57 об., 60 об., 61 об., 71 об., 132 об.

7   ГАРК. Ф. 197. Оп. 1. Д. 415. Л. 75, 80, 82, 95, 97, 100, 112, 118, 126.

альной среде российского общества назрела дискуссия о «вредной» экономической деятельности евреев, что привело к созданию особых губернских комиссий для изучения данного вопроса. Несмотря на наличие сведений о частых нарушениях в сфере питейного промысла и торговли алкогольной продукцией, в результате работы Таврической комиссии по еврейскому вопросу большинство ее депутатов дали положительную оценку деятельности евреев и их нравственности. Помимо этого, в периодических печатных изданиях губернии неоднократно публиковались материалы, в которых их авторы призывали ригористично настроенные круги общественности отказаться от антисемитской риторики, указывая на то, что данная проблема имеет гораздо более глубокие корни в современном им обществе.

Литература и источники

21-го октября 1881 — 21-го октября [О работе Особого совещания по питейному делу] // Таврида. 1881. № 86. 29 октября. С. 1.

Аленицин 1886 — *Аленицин В. Д.* Еврейская питейная торговля в России: Обраб. по поручению высочайше учрежд. Высш. ком. для пересмотра действующих о евреях в Империи законов, ред. Центр. стат. ком. В. Аленициным. СПб.: Центр. стат. ком. М-ва внут. дел, 1886. [10], XXIV, 581, [2] с. (Статистический временник Российской империи. Сер. 3; Вып. 9).

Арефа 1898 — *Арефа Н. И.* Положение о казенной продаже питей, с приведением дополнительных к нему узаконений, распоряжений, инструкций, правил и разъяснений, а также Устава попечительств о народной трезвости и Правил о взысканиях за нарушения: Положения о казенной продаже питей, с соображениями, на коих они основаны / Сост. канд. прав Н. И. Арефа. 3-е изд., доп. СПб.: А. Н. Морозов, 1898. [2], II, VIII, 392 с.

Безаров 2014 — *Безаров А.* Еврейские погромы 1881–1882 гг. в Российской империи и кризис революционного народничества // Труды по еврейской истории и культуре: Материалы XXI Ежегодной Международной Междисциплинарной конференции по иудаике / Центр научных работников и преподавателей иудаики в вузах «Сэфер»; [редкол.: Мочалова В. В. (отв. ред.) и др.]. М.: Центр научных работников и преподавателей иудаики в вузах «Сэфер», 2014. С. 86–96. (Академическая серия: Вып. 50.)

Богданов 2008 — *Богданов С. В.* Государство в борьбе за трезвое общество в начале 1880-х — начале 1890-х годов // Вестник ТвГУ. Сер. История. 2008. Вып. 2. С. 56–73.

Брандт 1898 — *Брандт Б.* Питейная монополия // Энциклопедический словарь Ф. А. Брокгауза и И. А. Ефрона. СПб.: типо-лит. Ефрона, 1898. Т. 23а: Петропавловский — Поватажное. С. 721–724.

Буровский 2011 — *Буровский А. М.* Еврейские погромы: скорбь по двойным стандартам. М.: Яуза-пресс, 2011. 316, [2] с.

Военно-статистическое 1848 — Военно-статистическое обозрение Российской империи, издаваемое по высочайшему повелению при 1-м Отделении Департамента Генерального штаба. Т. 9, ч. 1: Ковенская губерния. СПб.: тип. Департамента Генерального штаба, 1848. [6], 48, 18 с.

Военно-статистическое 1849 — Военно-статистическое обозрение Российской империи, издаваемое по высочайшему повелению при 1-м Отделении Департамента Генерального штаба. Т. 11, ч. 2: Таврическая губерния. СПб.: тип. Департамента Генерального штаба, 1849. [6], 225, 50 с.

Вопрос 1881 — Вопрос о народном пьянстве // Таврида. 1881. № 24. 22 октября. С. 1.

ГАРК — Государственный архив Республики Крым. Ф. 26. Оп. 1. Д. 16294. «По предложению Управляющего Новороссийским краем — О доставлении сведений и заключения по предмету производимой Евреями, поселившимися на помещичьих землях, продажи горячих напитков через сидельцев-христиан». 26 апреля — 09 декабря 1848 г. 28 л.; Ф. 63. Оп. 1. Д. 306. «О купцах г. Симферополя, объявивших капитал на 1894 г.». Декабрь 1898 г. 152 л.; Ф. 63. Оп. 1. Д. 307. «О купцах г. Симферополя, объявивших капитал на 1895 г.». 1 ноября 1894 г. — 6 ноября 1895 г. 156 л.; Ф. 63. Оп. 1. Д. 329-а. «Общий список торговых и промышленных предприятий по г. Симферополю». 1895 г. 151 л.; Ф. 197. Оп. 1. Д. 415. «Симферопольского полицмейстера статистический отчет за 1882». 23 декабря 1882 г. — 13 октября 1883 г. 197 л.

Гессен 2014 — *Гессен Ю.* Жизнь евреев в России. М.: Захаров, 2014. 336 с.

Еврейский вопрос 1881 — Еврейский вопрос // Таврида. 1881. № 89. 8 ноября. С. 2.

Клиер 2017 — *Клиер Д.* Развитие законодательства о евреях в Российской империи (1772–1881) // История еврейского народа в России. От разделов Польши до падения Российской империи / Под ред. И. Лурье. Т. 2. М.: Мосты культуры/Гешарим, 2017. С. 23–37.

Кондараки 1875 — *Кондараки В. Х.* Универсальное описание Крыма: в 4-х т. СПб.: тип. В. Веллинга, 1875. Ч. 9. 106 с.

Кузнецов 1871 — *Кузнецов М. Г.* Проституция и сифилис в России: Историко-стат. исследования. СПб.: тип. В. С. Балашева, 1871. [4], 268, 76 с.

Лебедев 1898 — *Лебедев В. А.* Питейное дело. СПб.: тип. Правительств. сената, 1898. [2], 106 с.

Лёве 2017 — *Лёве Х.-Д.* От «исправления» к дискриминации: Новые тенденции в государственной политике по отношению к евреям (1881–1914) // История еврейского народа в России. От разделов Польши до падения Российской империи / Под ред. И. Лурье. Т. 2. М.: Мосты культуры/Гешарим, 2017. С. 38–65.

Миндлин 2006 — *Миндлин А. Б.* Еврейский вопрос в деятельности Н. П. Игнатьева // Вопросы истории. 2006. № 11, ноябрь. С. 114–123.

Обзор 1909 — Обзор о состоянии Таврической губернии за 1908 год. Симферополь: Таврическая губ. тип., 1909. [4], 36 с., [25] табл.

Памятная 1867 — Памятная книжка Таврической губернии; Под ред. К. В. Ханацкого. Симферополь: тип. Таврич. губ. правления, 1867. Вып. 1. 519, 103, 20, [5] с.

Памятная 1889 — Памятная книжка Таврической губернии, составленная Статистическим бюро Таврического губернского земства / Под ред. К. А. Вернера. Симферополь: Тавр. губ. земство, 1889. 695 с.

Прохоров 2017 — *Прохоров Д. А.* Проблема еврейских погромов в Российской империи и общественное мнение (по материалам периодической печати Таврической губернии конца XIX века) // Ученые записки Крымского федерального университета имени В. И. Вернадского. Сер.: Исторические науки. 2017. Т. 3(69), № 2. С. 137–146.

ПСЗРИ 1851 — Полное собрание законов Российской империи (ПСЗРИ). Собр. 2. СПб.: тип. 2-го Отделения собственной Е. И. В. канцелярии, 1851. Т. 25, отд. 2. 712 с.

ПСЗРИ 1866 — ПСЗРИ. Собр. 2. СПб.: тип. 2-го Отделения собственной Е. И. В. канцелярии, 1866. Т. 38, Отд. I. 942 с.

ПСЗРИ 1876 — ПСЗРИ. Собр. 2. СПб.: тип. 2-го Отделения собственной Е. И. В. канцелярии, 1876. Т. 49, Отд. I. 949 с.

ПСЗРИ 1886 — ПСЗРИ. Собр. 3. СПб.: тип. 2-го Отделения собственной Е. И. В. канцелярии, 1886. Т. 2. 1144 с.

Приложение 1889 — Приложение к всеподданнейшему отчету о состоянии Таврической губернии за 1889 год. Симферополь: Таврическая губ. тип., 1889. 107, [58] с.

Сборник 1899 — Сборник узаконений и правительственных распоряжений по казенной продаже питей и первое дополнение к нему: сост. по распоряжению Главного управления неокладных сборов и казенной продажи питей. СПб.: Тип. В. Киршбаума, 1899. [2], VI, 740 с.

Серова 2011 — *Серова Е. Д.* Заведения трактирного промысла Крыма во второй половине XIX века // Ученые записки Таврического национального университета им. В. И. Вернадского. Сер.: Исторические науки. Т. 24(63), № 2: спецвыпуск «История Украины», 2011. С. 111–121.

Симферополь 1881a — Симферополь, 9 сентября. Народное недовольство против евреев // Таврида. 1881. № 72. 10 сентября. С. 1.

Симферополь 1881b — Симферополь, 31 октября. Если мы будем обращать внимание // Таврида. 1881. № 87. 1 ноября. С. 1.

Симферополь 1881c — Симферополь, 10 февраля. Телеграф принес нам известие // Таврида. 1882. № 12. 11 февраля. С. 1.

Таврическая губерния 1904 — Таврическая губерния. Первая всеобщая перепись населения Российской империи, 1897; Изд-ие Центрального статистического комитета МВД; Под ред. Н. А. Тройницкого. СПб., 1904. [6], XXVI, 310 с.

Труды 1884 — Труды губернских комиссий по еврейскому вопросу. Ч. 2: Харьковская, Екатеринославская, Киевская, Таврическая, Волынская, Бессарабская, Полтавская, Херсонская, с Одесским градоначальством, и Подольская. СПб.: Тип. Министерства Внутренних Дел, 1884. X, 1242, 127 с.

Устав 1879 — Устав о питейном сборе [издания 1876 года] со всеми по 1 января 1879 года разъяснениями, дополнениями, циркулярами Министерства финансов, решениями кассационных департаментов Сената, и всем относящимся до Управления и отчетности по питейному сбору / Изд. Н. А. Дементьева, под ред. Б. Комарова и В. Логинова. СПб.: тип. т-ва «Обществ. Польза», 1879. III–VIII, 386, 232 с.

Фон Кауфман 1999 — *Фон Кауфман П. М.* Служебная записка П. М. Фон Кауфмана / Публ., [вступ. ст. и примеч.] В. Л. Степанова // Российский Архив: История Отечества в свидетельствах и документах XVIII–XX вв.: Альманах. М.: Студия ТРИТЭ: Рос. Архив, 1999. [Т.] IX. С. 306–322.

Шабад 1913 — *Шабад Я.* Таврическая губерния // Еврейская энциклопедия. Свод знаний о еврействе и его культуре в прошлом и настоящем /

Под ред. Л. Каценельсона. СПб.: Брокгауз-Ефрон, [1913]. Т. 14. Стлб. 669–672.

Шполянский 1997 — *Шполянский В. В.* О деятельности Комиссии по еврейскому вопросу в Крыму в 1881–1882 гг. // Евреи Крыма: очерки истории. Изд-ие Научно-исследовательского центра Крымоведения. Симферополь: Мосты; Иерусалим: Гешарим, 1997. С. 48–51.

Щира 1881a — *Щира В.* По поводу обвинений евреев в эксплуатации // Таврида. 1881. № 51. 28 июня. С. 1.

Щира 1881b — *Щира В.* Почему я презираю еврея? [Ч. 1] // Таврида. 1881. № 51. 28 июня. С. 1.

"They are engaged in trade, crafts, brokerage, and, most importantly, vodka and other drinking sales...": Jews of the Taurida Province, the Alcohol Trade, Prostitution, and Antisemitism in Russian Society in the Second Half of the Nineteenth Centry and Early Twentieth Centuries

Dmitry Prokhorov

V.I. Vernadsky Crimean Federal University, Simferopol, Russia

ORCID ID: 0000–0001–9162–4705
Doctor in Historical sciences, Senior Researcher
V.I. Vernadsky Crimean Federal University
Academic V. Vernadsky avenue, 2, Simferopol, Republic of Crimea, Russia, 295007
E-mail: prohorov1da@yandex.ru

DOI 10.31168/2658–3356.2022.6

Abstract. This article analyzes a complex of archival documents and materials, legislative acts and regulations, as well as statistical data on the employment of the Jewish population in the alcohol industry. It considers the scale, degree, and form of Jewish involvement in the industry in the Russian Empire during the second half of the nineteenth and early twentieth centuries in general and the Taurida province in particular. In order to identify "the moral and economic activities of the Jews, which adversely affect the life of the indigenous population," provincial commissions on the "Jewish question" in Russia provided the government with proposals to solve "the problem." This article explores two things: the legal measures that were introduced to regulate the alcohol trade; and the public sentiments which directed against this marginal part of Jewish society, which led to transformations in the social structure of the Jewish community and the strengthening of antisemitism in Russian society. Through archival documents — some of which are made available to scholars for the first time — details about Jews engaged in drinking and prostitution in the Taurida province are revealed.

Keywords: Crimea, Jews, drinking trade, prostitution, anti-Semitism, legislation

References

Bezarov, A., 2014, Evrejskie pogromy 1881–1882 gg. v Rossijskoj imperii i krizis revoljucionnogo narodnichestva [Jewish pogroms of 1881–1882 in the Russian Empire and the crisis of revolutionary populism]. *Trudy po evrejskoj istorii i kul'ture: Materialy XXI Ezhegodnoj Mezhdunarodnoj Mezhdisciplinarnoj konferencii po iudaike* [Proceedings on Jewish History and Culture: Proceedings of the XXI Annual International Interdisciplinary Conference on Jewish Studies]. Center for Researchers and Teachers of Judaic Studies in Universities "Sefer"; ed. V. V. Mochalova. Moscow, Centr nauchnyh rabotnikov i prepodavatelej iudaiki v vuzah "Sefer" Publ., 86–96 (Akademicheskaja serija: Vol. 50).

Bogdanov, S. V., 2008, Gosudarstvo v bor'be za trezvoe obshhestvo v nachale 1880 — nachale 1890 godov [The state in the struggle for a sober society in the early 1880s — early 1890s]. *Vestnik Tverskogo gosudarstvennogo universiteta. Ser. "Istorija"*, 2, 56–73.

Burovskij, A. M., 2011, *Burovskij Evrejskie pogromy: skorb' po dvojnym standartam* [Jewish pogroms: mourning for double standards]. Moscow, Jauza-press Publ., 316, [2].

Gessen, Ju., 2014, *Zhizn' evreev v Rossii* [Jewish life in Russia]. Moscow, Zaharov, 336.

Klier, D., 2017, Razvitie zakonodatel'stva o evrejah v Rossijskoj imperii (1772–1881) [Development of Jewish legislation in the Russian Empire (1772–1881)]. *Istorija evrejskogo naroda v Rossii. Ot razdelov Pol'shi do pa-*

denija Rossijskoj imperii [History of the Jewish people in Russia. From the Partitions of Poland to the Fall of the Russian Empire], ed. I. Lur'e. Moscow, Mosty kul'tury/Gesharim Publ., 2, 23–37.

Ljove, H.-D., 2017, Ot «ispravlenija» k diskriminacii: Novye tendencii v gosudarstvennoj politike po otnosheniju k evrejam (1881–1914) [From "correction" to discrimination: New trends in public policy toward the Jews (1881–1914)]. *Istorija evrejskogo naroda v Rossii. Ot razdelov Pol'shi do padenija Rossijskoj imperii* [History of the Jewish people in Russia. From the Partitions of Poland to the Fall of the Russian Empire], ed. I. Lur'e. Moscow, Mosty kul'tury/Gesharim Publ., 2, 38–65.

Mindlin, A.B., 2006, Evrejskij vopros v dejatel'nosti N. P. Ignat'eva [The Jewish question in the activities of N. P. Ignatiev]. *Voprosy istorii*, 11, November, 114–123.

Prohorov, D. A., 2017, Problema evrejskih pogromov v Rossijskoj imperii i obshhestvennoe mnenie (po materialam periodicheskoj pechati Tavricheskoj gubernii konca XIX veka) [The problem of Jewish pogroms in the Russian Empire and public opinion (based on the materials of the periodical press of the Tauride province of the late 19th century)]. *Uchenye zapiski Krymskogo federal'nogo universiteta imeni V. I. Vernadskogo.* Ser.: "Istoricheskie nauki", 3(69), 2, 137–146.

Serova, E. D., 2011, Zavedenija traktirnogo promysla Kryma vo vtoroj polovine XIX veka [Establishments of the tavern industry of the Crimea in the second half of the 19th century]. *Uchenye zapiski Tavricheskogo nacional'nogo universiteta im. V. I. Vernadskogo.* Ser.: "Istoricheskie nauki", 24(63), 2: specvypusk "Istorija Ukrainy", 111–121.

Fon Kaufman, P. M., 1999, Sluzhebnaja zapiska P. M. Fon Kaufmana [Memo of P. M. Von Kaufmann], publ. by V. L. Stepanov. *Rossijskij Arhiv: Istorija Otechestva v svidetel'stvah i dokumentah XVIII–XX vv.*: Al'manah [Russian Archives: History of the Fatherland in Testimonies and Documents of the 18th–20th Centuries: Almanac], 306–322. Moscow: Studija TRITJe: Ros. Arhiv Publ., 9, 686.

УДК 291.68

Иудействующие Кубанской области: история и этнография маргинальной группы

Семен Сергеевич Падалко

Санкт-Петербургский государственный университет
Санкт-Петербург, Россия

ORCID: 0000–0002–9491–5003
Аспирант 1-го года обучения
Институт истории
Санкт-Петербургского государственного университета
199034, Санкт-Петербург, Менделеевская линия, 5
Тел.: +7(812) 328–94–47
E-mail: semenpadalko14@gmail.com

DOI 10.31168/2658–3356.2022.7

Аннотация. В статье рассматриваются история и этнография общин русских иудействующих второй половины XIX — начала XX века, проживавших на правом берегу реки Лабы в населенных пунктах Кубанской области. Опираясь на концепцию «коммунитас», предложенную У. Тэрнсром для описания сообществ переходного периода, мы представляем общину русских субботников как маргинальную группу, находившуюся между русской и еврейской культурой. Общины русских крестьян, начавшие исполнять религиозные практики в соответствии с библейским Писанием, находились в состоянии длительного перехода от одной структуры к другой. В статье приведена история появления представителей движения в регионе, проанализирован территориальный и сословный переход в казачье сословие. Отношение властей региона к сектантам оценивается как нейтральное. Разделение движения иудействующих на «геров» и «караимитов» характеризуется как завершение перехода русских крестьян, которые сначала заимствовали терминологию разделения иудейской религии, а затем переняли данную структуру и встроились в нее. Дополняют историческую картину этнографические описания устройства дома и обрядов жизненного цикла у субботников.

Ключевые слова: русские иудействующие, субботники, прозелитизм, кубанские казаки, переходная группа, религиозные диссиденты

Одним из регионов Российской империи, где получило наиболее массовое распространение движение иудействующих, был северо-западный Кавказ. Начав проникать с начала XIX века на территории Войска Донского, Терской и Кубанской области к моменту начала XX столетия, иудаизанты численно преобладали среди групп религиозных диссидентов в регионе. Попав на территорию Кавказа, иудействующие включались в контекст хозяйственного и военного освоения региона, тем самым нередко меняя свой сословный крестьянский статус на казачий.

В рамках данной статьи мы хотим обратить внимание на локальный центр движения, сложившийся на Лабинской кордонной линии, строительство которой началось с конца 1830-х годов по реке Лабе (левый приток реки Кубани). Среди построенных укреплений были основаны новые станицы, среди которых мы выделим Михайловскую, Родниковскую, Петропавловскую, Лабинскую, Урупскую. Именно эти поселения составили единый центр.

Мы руководствуемся целью проанализировать основные исторические вехи и дать этнографическое описание групп иудействующих Кубанской области в XIX — начале XX века. Отдельно отметим, что мы не стремимся объяснить причины возникновения движения, а обращаем внимание на изменения, которые происходили с группами субботников с момента их появления в регионе.

Антропологом У. Тернером для обозначения модели общности людей, возникавшей в период лиминальной (переходной) фазы, в противовес модели структурного общества, было предложено понятие «коммунитас». Наиболее ярким проявлением коммунитас, по мнению автора, являются милленаристские религиозные движения.

> И эти движения, несомненно, суть явления перехода. Вероятно, по этой причине во многих из них столько элементов мифологии и символики заимствовано из традиционных культур, в которых они возникли, или же тех культур, с которыми они находятся в непосредственном контакте [Тэрнер 1983: 184].

Таким образом, мы можем говорить о кубанских иудействующих как о группе, находившейся в состоянии лиминальной фазы и сохранившей многие элементы русской культуры, одновременно заимствовав многие элементы иудейской традиции.

Сбор данных о религиозных диссидентах на Кубани начинается со второй половины 20-х годов XIX века. Первые иудействующие прибывают в качестве административно переселенных сектантов из Воронежской губернии в станицу Тихорецкую. Данный населенный пункт был основан в 1829 году, и значительную долю среди его основателей составили переселенцы-однодворцы из Воронежской губернии [Крюков 2019: 69]. Пребывание субботников (на Кубани их также называли псалтырщиками) в первой половине XIX века зафиксировано во многих населенных пунктах области: Екатеринодаре, Тамани, Темрюке, Ейске, Вышеизбашском, Нижсизбашском, Новосйском, Щсрбиновском и Линейном поселениях [Мишустина 2008].

Историк А. В. Крюков на основании данных о расселении иудействующих на Кубани во второй половине XIX века выделил четыре зоны расселения: Ханско-Майкопскую, Холмско-Эриванскую,

Юго-Восточную и Михайловско-Родниковскую [Крюков 2004]. По данным 1912 года, суммарное число иудействующих на Кубани составило 5200 человек, или в процентном соотношении 42 % от всех иудаизантов империи [Статистические сведения 1912].

При этом большая часть всех субботников региона была сконцентрирована в Михайловско-Родниковской зоне, которую мы рассматриваем как локальный центр. Его появление связано со строительством Новой Линии — системы укреплений и станиц, имевшей целью обезопасить территории Кубанской линии, которую стали именовать «старой». Основной колонизационной силой было Кавказское линейное казачье войско.

Именно в казачьем статусе поселяются в 1841 году первые иудействующие в станице Урупской, прибыв из Терской области. В станице Михайловской субботники, переселенные из села Александровского Ставропольской губернии, появляются в 1846 году. В 1857–1862 годах в станицу будут переселены субботники из станицы Тихорецкой, иные переселенцы начнут проникать в конце 1870-х годов из Воронежской и Тамбовской губерний [Кальнев 1893а: 568].

Территориальный и сословный переходы являются первыми свойствами возникших на Кубани общин иудействующих. Притом если переселение сектантов на окраины в целях их изоляции являлось в Российской империи общей практикой, то смена социального статуса была нечастым явлением. Такая возможность открылась крестьянам благодаря активным боевым действиям на северо-западном Кавказе, которые требовали большого участия казаков, и их стали набирать в том числе из населения внутренних губерний.

В начале 1830-х годов потребность в казаках была настолько велика, что царское правительство закрывало глаза на многие запреты, в том числе и принимая беглых крестьян [Бурыкина 2006: 21]. По всей видимости, военные власти были готовы закрыть глаза и на сектантский статус, если им о нем было известно. Однако источники приводят сведения о том, что субботники могли скрывать свои религиозные практики и что их не сразу раскрывали.

Будучи по названию христианами, они на самом деле исполняли все свои жидовские обряды и постановления, стараясь всеми мерами скрыть это от православных христиан. Они ходили в церковь по очереди, чтобы отвлечь от себя всякое подозрение [Затонский 1892][1].

Отсюда следует, что либо субботники сознательно вводили в заблуждение военные органы управления, либо вторые были осведомлены об этом и допускали такую возможность. Конечно, можно говорить и о третьем варианте — приобщении казаков к «вере Моисеевой», или в терминологии современников «совращении» православных казаков евреями. Ведь влияние евреев, по мнению церковных властей, считалось главной причиной возникновения феномена иудействующих. И хоть мы не исключаем редкие случаи женитьбы казаков на еврейках и перехода в иудаизм, но мы не рассматриваем данную версию по двум причинам. Первая: иудаизанты прибывали в регион уже в качестве сектантов. Вторая: на территории Кубани в первой половине XIX века евреи фактически отсутствуют ввиду закрытого статуса области для иногородних. Только с завершением Кавказской войны и открытием региона в 1868 году начинается активный период еврейской колонизации.

Отметим, что с завершением боевых действий закрывается возможность записи в казачий статус, поэтому поздние переселенцы остаются крестьянами. Так в среде иудействующих начинает проявляться сословная дифференциация. По данным на 1891 год, в Лабинском отделе области, в который входят рассматриваемые станицы, зафиксировано 2590 иудействующих обоего пола, при этом соотношение казаков и крестьян составило 1 : 1 (1310 лиц войскового сословия против 1280 невойскового) [Документ 1891].

В целом отношение к иудействующим со стороны светских и церковных властей региона было терпимым. Доказательством

---

[1] Орфография и синтаксис цитат из источников приведены в соответствие с современными нормами, однако характерные ошибки и особенности текстов оставлены без изменений.

этому служит тот факт, что в самих станицах управление могло быть сосредоточено непосредственно в руках субботников. Так, в станице Михайловской станичный атаман сам был иудействующим, до тех пор пока после жалоб не был снят с должности в 1893 году [Кальнев 1893б]. Достигали иудействующие казаки и успехов в военной службе, о чем свидетельствует награждение их георгиевскими крестами [Никольский 1896в: 950].

О лояльности местных властей говорят и другие источники; например, урядник станицы Петропавловской жалуется на то, что дети казаков-субботников заносятся в посемейные списки и приобретают сословные права [Алексеев 1896: 427–428].

Также и в ходатайстве наказного атамана Кубанского казачьего войска, направленном в Военное министерство, мы находим доказательства того, что областное правление было озабочено вопросом влияния евреев на появление сектантов и в силу этого предпринимало репрессивные меры по отношению к первым, но совершенно не имело претензий к самим казакам [Документ 1891].

Анализируя взаимоотношения казаков и евреев Кубанской области, историк Е. С. Норкина приходит к схожему выводу — что отношения властей к иудействующим было нейтральным. Только после 1910-х годов, под влиянием черносотенной прессы и ее реакции на письмо иудействующих казаков станицы Лабинской в поддержку Бейлиса, в руководстве области сложилось резко негативное отношение [Норкина 2017: 308–311].

О повседневной жизни общин субботников мы можем узнать благодаря отчетам епархиального миссионера Симеона Никольского, который с декабря 1895-го по март 1896 года посетил станицы Урупскую, Петропавловскую, Родниковскую и Михайловскую. Он вел записи в форме дневников, которые впоследствии были опубликованы в периодическом издании Ставропольской епархии (СЕВ — Ставропольские епархиальные ведомости).

Первым, на что обращалось внимание при описании общин субботников, было их разделение на несколько фракций. В станице Михайловской к 1896 году существовало разделение на три общины: александрийцы, переселенные из села Александрова Ставропольской губернии, «содержат закон Моисеев — обрядовый; Тихоречцы — переселенцы из ст. Тихорецкой — знакомые с талмудом; и чистые евреи. Каждый толк имеет своего руководителя и синагогу» [Никольский 1896в: 937].

По всей видимости, речь идет о том, что в станице существовали одна община субботников, которых было принято называть «караимитами», и две общины «геров» («талмудистов»). Помимо обрядового канона и времени появления общин, включался еще и социальный фактор разделения. Александрийцы и тихоречцы, как мы писали ранее, переселялись в станицу, уже будучи казаками, а вот третья группа поселенцев сохраняла крестьянский статус, который, как мы полагаем, повлиял на разделение общин. При этом третья группа переселенцев была также неоднородна. И, вероятно, со временем произошло еще одно разделение. В воспоминаниях сионистского эмиссара, посетившего станицу в 1917 году, в ней имелось пять молитвенных домов: «...в станице имеются четыре молитвенных дома: геров, субботников, псалтырников и тамбовников [геры из г. Тамбова] и, кроме того, караимская кенаса» [Симонова 1998: 195].

Конфликты между общинами усиливались также и положением по отношению к православию: «...рознь между сектантами поддерживается еще отчасти тем, что одни из них (александровцы) все не крещены, другие (из Тихорецкой) крещены и от православия отступили сравнительно недавно» [Кальнев 1893: 568].

Делились на две общины и субботники станицы Родниковской:

> В обществе собеседников есть два толка: один следует «Закону», строго придерживаясь, конечно, в мелочах своей жалкой религиозной жизни обрядового закона Моисеева; другие держатся талмуда; в обоих толках читают «тору» и на еврейском языке, который знают — читать — очень немногие, общество увлекается лишь звуками еврейского языка [Никольский 18966: 879].

Причины, по которым происходит разделение религиозного движения на направления, в настоящий момент исследованы слабо. При этом генезис двух направлений неоднозначен; первая точка зрения состоит в том, что субботники-караимы и геры изначально существовали, развиваясь параллельно друг другу. Существуют исследования, которые отодвигают возникновение феномена геров к более раннему периоду [Хижая 2017: 204]. Вторая — что разделение на «субботничество» и «герство» произошло позже и геры являются поздним ответвлением. Мы придерживаемся второй позиции, поскольку исторические источники по нашему региону фиксируют разделение на фракции только со второй половины XIX века.

Вероятно, формирование представлений об иудейском обрядовом каноне произошло в силу действия нескольких компонентов, таких как позиции православных кафедр, которые в силу теологического образования исследовали секты и религиозные практики иудаизма, а затем транслировали свои представления на практики иудействующих в процессе миссионерской и противосектантской деятельности; познавательная деятельность самих общин и поиск связей с евреями; влияние «чистокровных» евреев на общины субботников.

По мнению А. Л. Львова, иудействующие и евреи взаимодействовали по модели крестьянской общины и странника, наделяемого функциями лидера. Геры в этом случае признавали власть таких лидеров, тем самым «обоснованием их религиозных практик оказывался не текст Библии, а Устная Тора, воспринятая от отождествляемых с библейским Израилем заезжих евреев» [Львов 2002: 306].

С течением времени, знакомясь с иудейской религией, субботники переняли терминологию, обозначая себя «караимами» и «талмудистами». За этим последовало соотнесение религиозных знаний и практик путем знакомства с ашкеназскими евреями и крымскими караимами, перенимание у тех религиозных символов и текстов.

Кубанские субботники в этом плане не были исключением. Нам известно, что мужчины-субботники охотно вступали в брак с еврейками. Так, в станице Михайловской «большинство женщин было привезено из Черты оседлости, особенно из Литвы» [Симонова 1998]. Казаки-иудействующие также посещали ашкеназскую синагогу в Екатеринодаре.

Караимы станиц Михайловской и Родниковской также стремились установить контакты с Караимским духовным правлением. Так, они просили у правления «принять их в свой круг», направить учителей, прислать учебники и молитвенники на русском языке для изучения Закона Божьего [Известия 1917].

Разделением и оформлением на два направления к последней трети XIX столетия завершилась фаза переходного состояния движения иудействующих. Тем самым была образована новая структура социальных отношений, которая была перенята и закреплена в уже существующей системе идентичностей внутри иудейской религии. В силу того что коммунитас не может долго находиться в состоянии оппонирования официальному характеру структуры, она сама вскоре порождает структуру. Формирование прочной социальной системы составляет «нормативную коммунитас» [Тэрнер 1983: 202].

К сожалению, имеющиеся данные не предоставляют нам возможности проанализировать отличия общин субботников-караимов от общин геров Лабинского отдела. У нас имеются описания некоторых обрядовых практик иудействующих станицы Урупской, которые составляли единую общину субботников [Никольский 1896a: 813–814]. Таким образом, данные описания являются общим этнографическим портретом исследуемой группы.

Устройство дома у субботников ничем не отличалось от их православных соседей. Единственными отличиями, которые фиксируются, были пустой передний угол, наличие книжного шкафа со священными книгами, а также одно упоминание «мезузы» в форме надписи, прикрепленной над косяком входной двери.

> По обстоятельствам беседа состоялась в доме иудействующего жителя станицы. Когда я сел, мое внимание невольно обратила на себя рукопись, написанная «полууставом» на листе и утвержденная над входной дверью в раме за стеклом. Это слова книги Второзакония VI: 4–9 [Никольский 1896a: 813–814].

О календарной обрядности субботников Лабинского отдела нам известно немного. В беседах, которые вел С. Никольский, упоминаются только соблюдение шаббата, празднование Песаха и Шавуота. Немного больше сведений доступно об обрядах жизненного цикла, проводившихся в станице Урупской.

> Имеющиеся нарративы позволяют судить о том, что при описании обрядовых практик на первый план выходило три параметра: порядок проведения обряда, запреты, ссылка на текст. Причем последнее интересовало как самих субботников, которые вели повествование, так и православного миссионера, для которого был важен вопрос соотнесения православного канона с сектантским. Так, упоминается ритуальная нечистота женщин при родах: «Женщина-родильница помещается в отдельном углу недели 3–4, безысходно» [Никольский 1896а: 796].

Нередко миссионер обращает внимание на некоторые несоответствия в описаниях субботников с известным ему порядком иудейского культа. Так, субботники не смогли дать ответ, для чего нужно кресло Ильи-пророка во время обрезания:

> Мальчик подвергается обрезанию; обряд бывает в доме; бабка приносит ребенка на подушке; кумы — числом 5–10 поочередно принимают на руки младенца, пока последняя не передаст куму восприемнику, на руках коего раввин и обрезает крайнюю плоть, незанятый стул изображает собой «седалище Илии». Почему употребляется седалище, собеседники сказать не могли, или не хотели; обрезание совершается ножом или машинкой, специально приспособленной для этой цели; во время обрезания читаются установленная молитва и закон установления обряда [Никольский 1896а: 797].

Особое значение имела ритуальная нечистота умерших, связанная со стихами (Числ. 19:14; 16). Поэтому умирающих стремились вынести из жилища, а дом, где умер человек, считался оскверненным до семи дней. Также оскверненными до семи дней считались все, кто прикасался к умершему. Им предписывалось: «...три дня не входят в дома, пользуясь пищей, выносимой для них во двор; через эти три дня омываются, входят в дом; но до истечения седьмого дня ни к какому предмету не прикасаются, так что для них даже двери отворяют и затворяют» [Там же].

Похоронный обряд:

> Гроба не имеют дна. Над мертвецом раввин совершает молитву и не считается оскверненным; погребение совершается на особо отведенном кладбище. Я взял у рассказчика «еврейский молитвослов» и прочитал «заупокойную молитву», в которой Бог именуется Богом Авраама, Исаака и Иакова; указав согласие этой молитвы с заупокойной молитвой православной церкви [Там же].

Наименьшей схожестью с еврейской традицией обладает свадебный обряд. Вопрос составления ктубы и наличия хупы остается не проясненным.

> Брак совершается в доме невесты; она сидит среди комнаты убранная и украшенная, держит тарелку с куском кисеи и хмелем; входит жених, быстро берет кисею и покрывает невесту, его самого осыпают хмелем и он уходит из комнаты; потом дружно вводит его в присутствии раввина и поставляет среди комнаты; свахи трижды обводят невесту вокруг жениха и оба брачующиеся становятся рядом; раввин, или исполняющий его должность, снимает с руки жениха перстень и надевает на руку невесты, потом над наклоненными головами жениха и невесты читает слова благословения: книги Числа VI: 21–27; Тов. XIII. Затем пьют общую чашу вина и посудину жених разбивает. Брак держится по согласию мужа и жены; но муж во всякое время может жену отослать и жениться на другой, оставляя при себе детей-мальчиков [Там же].

В процессе перехода субботники опирались на огромное количество литературных текстов, прежде всего Библию и другую религиозную литературу. Находясь в поиске признания среди караимов и евреев, они обращались к еврейской народной литературе и караимской печатной продукции. В своей книге антрополог А. Л. Львов приводит типичный набор религиозных книг, которые были в ходу у субботников всех фракций [Львов 2011]. Опираясь на данный перечень, мы можем сравнить наименования книг, бывших в ходу у кубанских иудействующих.

Список книг кубанских субботников состоял из Библии, на русском и других славянских языках (каких именно, уточнений нет), молитвенников на еврейском языке, псалтырей на русском, других книг, «не допущенных цензурой».

Издания, совпадающие с перечнем:

1) Священные книги Ветхого Завета / Перевод с еврейского текста для употребления евреями Пятикнижия Моисеева; Британское и иностранное библейское общество. Вена, 1878.

2) Еврейский молитвослов в русском переводе с еврейским текстом О. Я. Гуревича. Изд. М. Р. Ромма. Вильна, 1880.

Издания не совпадающие:

3) Пространный еврейский катехизис, религиозно-нравственная, законоучебная книга, сост. Бернард. Леонт. Сегаль. Одесса, 1888.

4) Еврейский текст с русским переводом и новым комментарием на еврейском языке, поневежский раввин А. П. Пумпянский. Типография Н. Штрифтгиссера. Варшава, 1871.

При этом известно, что субботник А. А. Понарин из станицы Лабинской в 1914 году издал свою собственную книгу «Молитвенник для субботников: Собран по Библии, Ветхому Завету и псалтырю А. А. Понариным».

Обогатил субботническую библиотеку и труд екатеринодарского караима Я. М. Пенбека «Молитвы Караимов: Глас Иакова: на весь год, с подробным указанием порядка богослужения, с заметками о религии, праздниками и постах», в трех томах.

На всей обширной территории Российской империи к 1918 году существовало множество общин русских иудействующих наравне с другими религиозными диссидентами, и территория Кубани не была исключением. Вместе с распадом социальной структуры общества, отменой сословий, конфессиональных и этнических границ общины субботников переживали новую лиминальную фазу. На основании рассмотренного примера общин субботников мы можем говорить о модели функционирования движения иудействующих, переселенных на окраинную территорию.

Изначально выделившись из среды русской православной культуры, группы крестьян перешли в состояние коммунитас — маргинального сообщества. Будучи переселенными из центра на окраинную территорию и попав в зону фронтира, кубанские субботники оказались на стыке правовых ограничений и послаблений; сословных категорий крестьянства и казачества; русской и еврейской традиционной культуры; «талмудической» и караимской литературы. Таким образом, коммунитас иудействующих сформировали новые общинные структуры в доступных границах. Так сформировались разнообразные общины субботников-геров и субботников-караимов.

В настоящий момент история субботников михайловско-родниковской зоны после 1918 года не исследована, в связи с этим нам видится перспективным поместить данное направление на карту этнографических экспедиций.

Источники

Алексеев 1896 — *Алексеев Д. К.* Субботники Кубанской области // Ставропольские епархиальные ведомости (далее — СЕВ). 1896. № 8. С. 427–428.

Документ 1891 — Документ 1891 г. О воспрещении евреям водворяться и иметь жительство в Кубанской и Терской областях // SEFER Field Research Archive. URL: https://sfira.org/archive/view?id=35 (дата обращения: 09.08.2022).

Затонский 1892 — *Затонский К.* Жидовствующие поселка Просянского, и опровержение их лжеучения // СЕВ. 1892. № 18. С. 514–529.

Известия 1917 — Известия Таврического и Одесского Караимского Духовного Правления. Евпатория: тип. И. Ф. Райхельсона. 1917. № 5–6. С. 55–56.

Кальнев 1893а — *Кальнев М.* Отчет о миссионерской деятельности епархиального противосектантского миссионера // СЕВ. № 16. С. 567–582.

Кальнев 1893б — *Кальнев М.* Отчет о миссионерской деятельности епархиального противосектантского миссионера // СЕВ. № 17. С. 604–614.

Никольский 1896а — *Никольский С.* Отчет епархиального противосектантского миссионера о миссионерских поездках в 1895 г. и 1896 г. // СЕВ. № 13 С. 779–827.

Никольский 1896б — *Никольский С.* Отчет епархиального противосектантского миссионера о миссионерских поездках в 1895 г. и 1896 г. // СЕВ. № 14. С. 873–888.

Никольский 1896в — *Никольский С.* Отчет епархиального противосектантского миссионера о миссионерских поездках в 1895 г. и 1896 г. // СЕВ. № 15. С. 926–954.

Симонова 1998 — *Симонова А.* Геры и субботники Кубани в описании анонимного ростовского сиониста (осень 1917 г.) // Вестник Еврейского университета в Москве. 1996. № 1. 1996. 193–199.

Статистические сведения 1912 — Статистические сведения о сектантах (на 1 января 1912 г.). СПб.: Тип. Сената. 1912. 157 с.

Литература

Бурыкина 2006 — *Бурыкина Л. В.* Расширение военно-казачьей колонизации на Кавказской линии в 90-е гг. XVIII — 60-е гг. XIX в. // Вестник Адыгейского государственного университета. 2006. № 2. С. 20–24.

Крюков 2004 — *Крюков А. В.* Религиозные секты на Кубани: становление, внутреннее развитие, взаимоотношения с государственными и общественными институтами (30-е гг. XIX в. — 1917): дис. ... канд. ист. наук. Краснодар, 2004.

Крюков 2019 — *Крюков А. В.* Религиозное инакомыслие в зоне фронтира: пути и способы распространения (на примере Кубанской области и Черноморской губернии в досоветский период) // Журнал фронтирных исследований. 2019. № 3. С. 61–82. DOI: 10.24411/2500–0225–2019–10019

Львов 2002 — *Львов А. Л.* Геры и субботники — «талмудисты» и «караимы» // Материалы Девятой ежегодной международной междисциплинарной конференции по иудаике. М., 2002. Ч. 1. С. 301–312.

Львов 2011 — *Львов А. Л.* Соха и Пятикнижие: Русские иудействующие как текстуальное сообщество. СПб.: Издательство Европейского университета в Санкт-Петербурге. 2011. 328 с.

Мишустина 2008 — *Мишустина Е. Л.* Секта субботников (иудействующих) на Кавказе в XIX веке // Физическая культура, спорт — наука и практика. Краснодар. 2008. № 4. С. 54–56.

Норкина 2017 — *Норкина Е. С.* Жизнь по соседству: казаки и евреи в Кубанской области: вторая половина XIX — начало XX вв. // Труды по еврейской истории и культуре. Материалы XXIII Международной конференции по иудаике. 2017. С. 308–320.

Тэрнер 1983 — *Тэрнер В.* Символ и ритуал. М.: Наука, 1983. 277 с.

Хижая 2017 — *Хижая Т. И.* Контакты и конфликты: к вопросу о взаимоотношениях русских иудействующих и евреев в XIX — начале XX в. // Контакты и конфликты в славянской и еврейской культурной традиции. М., 2017. С. 203–222.

Judaizers of the Kuban Region: The History and Ethnography of a Liminal Group

Semyon Padalko
St. Petersburg State University,
St. Petersburg, Russia

ORCID: 0000–0002–9491–5003
Doctoral student
Institute of history of St. Petersburg State University
Mendeleevskaya ln 5, St. Petersburg, 199034, Russia
Tel.: +7(812) 328–94–47
E-mail: semenpadalko14@gmail.com

DOI 10.31168/2658–3356.2022.7

Abstract. This article examines the history and ethnography of the Russian Judaizer communities that lived on the right bank of the Laba River in Kuban region settlements during the second half of the nineteenth century. Drawing on the concept of "communitas" that W. Turner uses to describe this transition period's communities, I argue that Russian Subbotniks formed a marginal group located between

Russian and Jewish culture. The original communities of Russian peasants, who began to practice religion in accordance with Scripture, were in a state of slow change from one structure to another. This article provides a history of the appearance of representatives of the movement in the region and analyzes the territorial and estate transition to the Cossack estate. The attitude of the regional authorities to religious dissent is evaluated as neutral. The division of the Judaizing movement into Hers and Karaites is characterized as the completion of the transition of Russian peasants, who first borrowed the terminology of the division of the Jewish religion, then adopted and integrated into this structure. The historical picture is complemented by ethnographic descriptions of the house structure and the life cycle rituals of Subbotniks.

Keywords: Russian judaizers, subbotniks, proselytism, Kuban Cossacks, transitional group, religious dissidents

References
Burykina, L. V., 2006, Rasshirenie voenno-kazach'ei kolonizatsii na Kavkazskoi linii v 90-e g. 18–60-e g. 19 v. [Expansion of military Cossack colonization on the Caucasian line in the 90s of the 18th — 60s of the 19th century]. *Vestnik Adygeiskogo gosudarstvennogo universiteta*, 2, 20–24.

Khizhaia, T. I., 2017, Kontakty i konflikty: k voprosu o vzaimootnosheniiakh russkikh iudeistvuiushchikh i evreev v 19 — nachale 20 v. [Contacts and conflicts: on the relationship between Russian Judaizers and Jews from the 19th to the early 20th centuries]. *Kontakty i konflikty v slavianskoi i evreiskoi kul'turnoi traditsii* [Contacts and conflicts in the Slavic and Jewish cultural tradition], S. Amosova, O. Belova, I. V. Kopchenova, V. Mochalova and V. Petrukhin, eds., 203–222. Moscow, Sefer Center for University Teaching of Jewish Civilization, Institute of Slavic Studies, Russian Academy of Sciences, 384.

Kriukov, A. V., 2019, Religioznoe inakomyslie v zone frontira: puti i sposoby rasprostraneniia (na primere Kubanskoi oblasti i Chernomorskoi gubernii v dosovetskii period) [Religious dissent in the frontier zone: ways and means of dissemination (the Kuban Region and the Black Sea province in the pre-soviet period as a case study)]. *Zhurnal frontirnykh issledovanii*, 3, 61–82. DOI: 10.24411/2500-0225-2019-10019

L'vov, A. L., 2002, Gery i subbotniki — "talmudisty" i "karaimy" [Heres and subbotniks — "Talmudists" and "Karaites"]. *Materialy Deviatoi ezhegodnoi mezhdunarodnoi mezhdistsiplinarnoi konferentsii po iudaike* [Proceedings of the Ninth Annual International Conference on Jewish Studies], K. Burmistrov, R. Kaplanov, V. Mochalova, eds., 1, 301–312, Moscow, Sefer Center for University Teaching of Jewish Civilization, 416.

L'vov, A. L., 2011, Sokha i Piatiknizhie: Russkie iudeistvuiushchie kak tekstual'noe soobshchestvo [Sokha and the Pentateuch: Russian Judaizers as a Textual Community]. St. Petersburg, Izdatel'stvo Evropeiskogo universiteta v Sankt-Peterburge, 328.

Mishustina, E. L., 2008, Sekta subbotnikov (iudeistvuiushchikh) na Kavkaze v 19 veke [The sect of subbotniks (Judaizers) in the Caucasus in the 19th century]. *Fizicheskaia kul'tura, sport — nauka i praktika*, 4, 54–56.

Norkina, E. S., 2017, Zhizn' po sosedstvu: kazaki i evrei v Kubanskoi oblasti: vtoraia polovina 19 — nachalo 20 vv. [Life in the neighborhood: cossacks and jews in Kuban Region (during the second half of the 19th and the beginning of the 20th century)]. *Trudy po evreiskoi istorii i kul'ture. Materialy XXIII Mezhdunarodnoi konferentsii po iudaike* [Proceedings of the Twenty-Third Annual International Conference on Jewish Studies], S. Amosova, I. Kopchenova, V. Mochalova, L. Tyorushkin, G. Zelenina, eds., 308–320. Mocsow, Sefer Center for University Teaching of Jewish Civilization, 560.

Simonova, A., 1996, Gery i subbotniki Kubani v opisanii anonimnogo rostovskogo sionista (osen' 1917 g.) [Heres and subbotniks of the Kuban in the description of an anonymous Rostov Zionist (autumn 1917)]. V*estnik Evreiskogo universiteta v Moskve*, 1, 193–199.

УДК 929.52+325.2

Как мало прожито, как много пережито: харбинский период жизни семьи Фризер

Ирена Владимирски
Аругот, Израиль

ORCID: 0000–0002–4766–5312
Академический колледж Ахва
Профессор, доктор исторических наук
E-mail: irena@achva.ac.il

Мария Владимировна Кротова
Санкт-Петербург, Россия

ORCID: 0000–0001–7948–0251
Санкт-Петербургский государственный экономический
университет, кафедра международных отношений, медиалогии,
политологии и истории
Профессор, доктор исторических наук
E-mail: mary_krot@mail.ru

DOI 10.31168/2658–3356.2022.8

Исследование было проведено в рамках грантовой программы Исследовательского центра Частного учреждения культуры «Еврейский музей и Центр толерантности» (Москва) при финансовой поддержке А. И. Клячина

Аннотация. Октябрьская революция 1917 года, Гражданская война, быстрое создание и такое же кратковременное существование Дальневосточной республики (ДВР) вынудили многих российских подданных, в том числе и евреев, переехать в города Маньчжурии, чтобы там пережить время неопределенности и нестабильности. Харбин, столица Маньчжурии, почти на тридцать лет стал временным пристанищем для бывших граждан бывшей Российской империи. Еврейская община Харбина начала стихийно складываться с началом ввода в эксплуатацию КВЖД в 1903 году, но ее организационное оформление начинается именно с 1917 года, что было вызвано как количественным ростом общины, так и необходимостью налаживания еврейской жизни тех, для кого Харбин временно стал новой родиной. Практически в одночасье Харбин становится обществом маргиналов, потерявших практически все, без надежды вернуться к прежней жизни и в то же время с надеждой создать себя заново на новом месте. Основной темой данной статьи является харбинский период жизни Я. Д. Фризера (1869–1932), бывшего до Октябрьского переворота одним из крупнейших частных золотопромышленников восточной Сибири, и его жены Н. Ф. Фризер (1872–1945), сумевшей в Харбине осуществить свою мечту о создании еврейского детского сада. Я. Д. Фризер вел дневники и семейный архив, сохранившиеся части которых послужили материалами для написания данной статьи. Авторами также были использованы периодические издания Харбинского еврейского духовного общества (ХЕДО).

Ключевые слова: Яков Давидович Фризер, Надежда Фиселевна Фризер, ХЕДО, Харбин, евреи Харбина, Женская сионисткая организация Харбина, совет харбинской еврейской общины, Третейский суд (Мишпат Габоррим), еврейская больница Харбина

Основной темой данной статьи является история харбинского периода жизни семьи одного из крупных частных золотопромышленников восточной Сибири Я. Д. Фризера, уроженца Баргузина, купца первой гильдии. История Харбина как крупного русскоязычного экономического и культурного анклава за пределами России, включая и историю развития его еврейской общины, была отражена в работах Г. В. Мелихова [Мелихов 1991; Мелихов 1997], Н. Е. Абловой [Аблова 2005], В. В. Романовой [Романова 2001], Д. Вульфа [Вульф 2003], О. Бакич [Bakich 1985; Bakich 1986; Bakich 2000], Б. Бреслера [Bresler 1999], Ц. Боуман [Bowman 1996; Bowman 1999; Bowman 2000], Т. Кауфмана [Kaufman 2004], М. Мустафин [Moustafine 2002], С. Брейяр [Breuillard 2004], часть из которых являются бывшими харбинцами и своего рода первопроходцами в исследовании восточной ветви русской эмиграции. Одна из характерных особенностей исследования данной проблемы — географическая распыленность источников, а также их фрагментарность, что значительно затрудняет воссоздание реальной исторической картины. Материалами для написания статьи послужили данные центральных и региональных архивов, личного архива Я. Д. Фризера, Российской Национальной и Российской Государственной библиотек России, собрания эмигрантской российской периодики Славянской библиотеки Национальной библиотеки Чешской республики, фондов Национальной библиотеки Израиля и коллекций Российского, Восточноевропейского и Евразийского центра Иллинойсского университета в Урбана-Шампейне.

Я. Д. Фризер был в своем роде фигурой выдающейся и многогранной в своих интересах и занятиях. Пик экономической и общественной деятельности Фризера пришелся на российский (сибирский) период его жизни, но и харбинский период представляет интерес как пример адаптации к жизни в новых условиях и как члена еврейской общины, и как бывшего подданного бывшей Российской империи.

С раннего возраста жизнь Якова Фризера была четко поделена на три части: профессиональная деятельность как золотопромышленника; общественная деятельность, включавшая обширную благотворительность, участие в многочисленных организациях и комиссиях; на последнем месте находилась семья. Я. Д. Фризера можно характеризовать как человека деятельного и делового, одинаково видящего перспективы и возможности для экономических нововведений и преобразований, а также для развития и преобразования еврейских общинных институтов.

В своем родном Баргузине, где он родился и прожил до 1900 года, Фризер немало поспособствовал делу изменения временного статуса молитвенного дома местной еврейской общины на постоянный в феврале 1905 года[1]. Кроме того, он инициировал открытие в Баргузине первой общественной библиотеки для нужд всего небольшого населения города. Было решено, что библиотека будет открыта и по субботам, и по воскресеньям, чтобы сделать возможным равное пользование ее ресурсами для представителей всех религиозных конфессий, проживавших в Баргузине. Фризер состоял секретарем библиотеки с 1888 по 1898 год, заботясь о пополнении фонда и режиме работы библиотеки [Русский торгово-промышленный 1914: 21]. Помимо устройства библиотеки, дополнительным вкладом Фризера в создание местной структуры просвещения и образования была организация городского училища. Он вместе со своим двоюродным братом М. Новомейским пожертвовал значительные суммы на его постройку (училище впоследствии сгорело). Городское самоуправление Баргузина избрало Якова Фризера на должность почетного попечителя или смотрителя городского училища. Избрание на должность не было утверждено губернатором по двум причинам: кандидат не достиг возраста 21 года и был по вероисповеданию иудеем. Но за радение об общественном благе и пожертвование 2000 рублей на постройку Баргузинского городского училища Фризер был удостоен серебряной медали[2]. Вместе с другим известным золотопромышленником А. Новомейским он ежегодно перечислял еврейско-русскому училищу в Баргузине по 300 рублей, не говоря о разовых взносах [Кальмина 2003: 143]. Уже после отъезда в Иркутск он продолжал помогать еврейской общине Баргузина и училищу: в 1913 году подарил дом с участком на 2-й улице Баргузина стоимостью

---

[1] РГИА. Ф. 821. Оп. 8. Д. 33. Л. 202–203.

[2] РГИА. Ф. 796. Оп. 238. Д. 4510. Л. 2.

3000 рублей для помещения в нем еврейско-русского училища[3]. Другой культурной инициативой Фризера была организация городского сквера, где немногочисленное население Баргузина могло полюбоваться на ухоженные клумбы с цветами и отдохнуть в тени специально высаженных деревьев. Неудивительно, что сквер был известен как сквер имени Фризера [Русский торгово-промышленный 1914: 22].

В 1899 году Я. Д. Фризер переселяется в Иркутск и довольно быстро становится частью местного делового и интеллектуального общества. Как видный представитель иркутского купечества Фризер был участником многих совещаний, созываемых местной высшей администрацией: о путях сообщения в Сибири при иркутском генерал-губернаторе в декабре 1906 года, о нуждах рыбопромышленности в 1908 году, противочумного съезда в 1911 году. В 1912 году Фризер представил в Иркутскую городскую думу мотивированную записку о необходимости скорейшего проведения трамвая. В 1910 году при участии Якова Фризера в Иркутске был создан Восточно-Сибирский отдел Общества содействия русской торговле и промышленности. Одной из задач общества были разработка и финансирование проектов, способствующих экономическому развитию Сибири, включая исследование ее недр, развитие речного и сухопутного транспорта, строительство портов и железных дорог [Голос Сибири 1910]. Кроме того, Фризер был одним из инициаторов открытия биржи в городе Иркутске, состоял старшиной Иркутского биржевого комитета. Фризер принимал близкое участие в делах Иркутского общества взаимного кредита в качестве члена совета, составил проект изменения устава; был также членом учетных комитетов Государственного, Волжско-Камского и Русско-Азиатского банков. В 1916 году для открытия Иркутского торгово-промышленного банка организовал в Иркутске новое акционерное общество.

Список общественных, культурных и экономических интересов Фризера был внушителен; в Иркутске трудно было найти учреждение или организацию, в деятельности которой он бы не

---

[3] ГАИО. Ф. 25. Оп. 3. Д. 3164. Л. 5.

принимал посильное участие. Фризер также принимал живое участие в жизни иркутской еврейской общины и был председателем хозяйственного правления синагоги. Он состоял членом иркутского отделения Еврейского историко-этнографического общества. По его инициативе в Иркутске в январе 1914 года было открыто отделение Общества распространения просвещения между евреями в России, в котором он председательствовал много лет, на его средства в 1915 году был издан капитальный труд «Евреи в Иркутске» [Войтинский, Горнштейн 1915]. Фризер был действительным (пожизненным) членом Восточно-Сибирского отдела Императорского Русского географического общества. Фризер состоял также почетным членом губернского попечительства детских приютов и членом-казначеем Иркутского сельскохозяйственного общества.

Сложная политическая ситуация, сложившаяся в Восточной Сибири после Октябрьского переворота 1917 года, подтолкнула Я. Д. Фризера к мысли о переезде в Харбин, как он думал, временном, в конце 1918 года. Однако стремительно развивавшиеся события в Сибири и на Дальнем Востоке вскоре превратили временное пребывание в Харбине в постоянное. Начиная с мая 1919 года семья Фризеров поселяется в собственном доме по Биржевой улице, одной из центральных деловых улиц города в районе Пристань. Среди представителей деловых кругов Сибири и Дальнего Востока Харбин считался своего рода тихой гаванью, расположенной вдали от бушующих политических страстей, но вместе с тем крупным центром экономической активности, одинаково связанным удобными путями сообщения как с Западом, так и с Востоком. Многие евреи-предприниматели успели до революции приобрести в Харбине недвижимость и земельные участки под застройку. Дом, в котором поселилась семья Фризеров, был куплен тестем Фризера, крупным нерчинским купцом Ф. Рифом еще в 1906 году.

Положение еврейской общины Харбина ко времени переезда Фризера было далеко не простым: город был полон беженцев из Восточной Сибири, Приморья и Дальнего Востока, среди которых было немало евреев, солдат и офицеров Белой армии, промышленников и предпринимателей, имевших деловые интересы в Маньчжурии до революции, представителей разных партий, политических течений, интеллектуалов. М. А. Кроль, знакомый Фризера по Иркутску, также перебравшийся в Харбин, писал в своих воспоминаниях о городе в конце 1918 года:

> Харбин кишел беженцами, среди которых было немало очень богатых людей, успевших вывезти из России значительную часть своих капиталов, ценностей. <...> Главным образом, это были коммерсанты, которые и в Харбине тоже делали «дела» и много содействовали небывалому развитию харбинской торговли [Кроль 2008: 527].

Статистику численности еврейских общин, имевшихся практически во всех городах и на станциях КВЖД на территории Маньчжурии, никто не вел. А. И. Кауфман, глава еврейской общины Харбина, имевший контакты с руководством всех еврейских общин Маньчжурии, с определенной долей вероятности предполагал, что в начале 1920-х годов численность евреев Маньчжурии составляла 12–15 тысяч человек [Кауфман 1930: 1].

Подоходный налог и создание экономической основы еврейской общины

Переехав в Харбин, с которым он и ранее был связан экономическими интересами, в конце 1918 года, Я. Д. Фризер со свойственной ему энергией включается в работу по созданию организационно-финансовых структур растущей еврейской общины, словно предчувствуя, что Харбин для него, как и для многих, на долгое время станет вторым домом. По инициативе Фризера и впервые в истории формирования органов управления еврейских общин было предложено провести демократические выборы совета харбинской еврейской общины, куда были бы пропорционально включены представлены представители всех политических течений, имевшихся среди евреев Харбина того времени. Как отмечалось в «Вестнике совета харбинской еврейской общины», благодаря особым местным политическим условиям в сложившейся чрезвычайной ситуации община получила возможность провести в более или менее цельном виде эксперимент по созданию местного органа национального самоопределения в форме самоуправляющейся на основании особого устава еврейской общины. По уставу, составленному и утвержденному избранным советом общины после выборов, община имела право самостоятельно заниматься учетом еврейского населения города, а именно: регистрацией браков, рождений и смертей; создавать учреждения, призванные удовлетворять религиозные потребности членов общины; создавать учреждения, отвечающие за здравоохранение еврейского населения; создавать учреждения, регулирующие еврейскую миграцию в различные страны, в том числе и в подмандатную Палестину; устраивать всякого рода съезды, конференции и совещания по вопросам еврейской жизни [Вестник совета 1920: 1–2].

Совет харбинской еврейской общины был впервые избран прямым, равным и тайным голосованием всего еврейского населения Харбина без различия пола и экономического статуса в апреле 1919 года. Правом голоса были наделены все те, кому исполнился 21 год. В некоторых случаях, за отсутствуем документов, подтверждающих возраст избирателя, избирательная комиссия удовлетворялась показаниями двух свидетелей, лично его знавших. Состав избранного совета общины в полной мере отражал политические пристрастия еврейской улицы и политических реалий того времени. В состав совета на пропорциональной основе было избрано 40 человек, распределившихся по своей политической принадлежности следующим образом: шестнадцать сионистов, восемь представителей Бунда, семеро представителей Поалей Цион, четыре представителя Цеирей Цион, трое из Агудас Исроэль и два представителя Фолкс Партей в блоке с объединенными социалистами [Вестник совета 1920: 3]. Правда, представители Бунда и блока Фолкс Партей решили выйти из состава совета уже через несколько месяцев после избрания, и на освободившиеся десять мест были проведены довыборы, чтобы не вносить изменения в порядок работы совета общины. При совете были созданы комиссии, призванные учитывать и удовлетворять все необходимые нужды растущего еврейского населения города: культурно-просветительская, религиозная, социальной помощи, финансово-бюджетная, палестинская, хозяйственно-строительная, продовольственная, контрольно-ревизионная, уставная-наказная и канцелярия [Вестник совета 1920: 6].

В первый год существования совета общины Я. Д. Фризер исполнял должность заместителя председателя президиума, председателем был избран известный сибирский сионистский активист С. И. Равикович. На второй год Фризер был избран председателем финансово-бюджетной комиссии, которая под его руководством разработала правила и схему налогообложения, а точнее самообложения евреев Харбина на нужды еврейской общины. В разъяснительной статье о подоходном налоге, написанной Фризером, особенно подчеркивалась мысль о необходимости переосмысления предыдущего опыта и создания демократической еврейской общины, формирующей свой бюджет не за счет пожертвований, получаемых от богатых филантропов, а путем установления прогрессивно-подоходного самообложения еврейского населения, где каждый вносивший налог плательщик, как бы ни мала была сумма его налога, становился участником всеобщего дела и имел право голоса. По мнению Фризера, налоговая реформа должна была привести к постепенной отмене плат за религиозные и социальные услуги, а также удешевлению кошерных продуктов питания. Разработанная им схема налогообложения должна была пересматриваться ежегодно, поскольку экономическая ситуация в Харбине оставалась нестабильной в связи с постоянной девальвацией курса рубля, бывшего основной единицей финансовых расчетов в Харбине до перехода КВЖД в совместное российско-китайское управление в 1920 году. Не имеющие самостоятельного дохода или зарабатывающие меньше нижнего порога, установленного советом общины, от налогов освобождались. Бюджетно-финансовая смета ежегодно утверждалась советом общины, ежегодный финансовый отчет должен был публиковаться в официальном органе общины. Кроме того, общиной публиковался список ее членов, полностью или частично уплативших общинный налог, а также лиц, от него уклонившихся [Вестник совета 1920: 17–18]. Модель самообложения, предложенная и разработанная Фризером в 1919 году, продолжала успешно функционировать вплоть до японской оккупации Маньчжурии в 1932 году и изменения правил в отношении регистрации и деятельности общественных организаций.

Создание первого еврейского банка

Переход власти в полосе отчуждения КВЖД к китайцам и уничтожение прав экстерриториальности российского населения в 1920 году коренным образом изменили финансовую ситуацию в Харбине. Русскоязычное население, ранее тесно связанное с дореволюционной российской финансовой политикой и финансированием, должно было изыскивать альтернативные формы ведения промышленно-финансовой деятельности. Одним из первых частных банков в Харбине стал банк, созданный по инициативе и под председательством Я. Д. Фризера. В начале сентября 1921 года в местной харбинской прессе появилось сообщение о собрании инициативной группы торгово-промышленного класса города с целью открытия частного банка под названием «Харбинское еврейское кредитное общество». Фризером была опубликована заметка о необходимости и своевременности открытия такого банка, в работе которого приняли бы участие еврейские торгово-промышленный и ремесленный классы Харбина, обеспечивая, таким образом, влияние тех, кто, наряду с представителями других наций, уже имевших свои банки (китайские банки и отделения японских банков), своей энергией, трудом и предприимчивостью будут содействовать процветанию Харбина как крупного торгово-промышленного центра Северной Маньчжурии.

Фризером была разработана схема образования основного капитала за счет пайщиков, привлечения иностранного капитала и сотрудничества с другими банками в Маньчжурии и за ее пределами [К открытию нового банка 1921: 3]. Через год «Харбинское еврейское кредитное общество» вошло в состав «Дальневосточного еврейского коммерческого банка», в котором Я. Д. Фризер состоял членом правления до конца 1924 года. При открытии банк имел 400 тысяч иен капитала, работал с харбинскими коммерсантами, как китайцами, так и русскими, учитывая векселя от 100 до 1000 иен, выдавая ссуды под товары под 12 % годовых. Председателем правления стал известный харбинский коммерсант, хлебный экспортер И. Х. Соскин, а в состав правления, кроме Фризера, вошли: С. Л. Скидельский (лесные концессии), Арон Каган (мельничное дело), Лев Тонконогов (пушнинное дело), присяжный поверенный М. Э. Гильчер, Б. М. Сапиро — бывший управляющий чайной фирмой «Высоцкий и Ко», И. И. Маркс — судовладелец, М. В. Кофман — владелец аптеки, М. И. Топаз. Управляющим банка стал З. С. Лизаревич — бывший управляющий Международным банком во Владивостоке[4].

На собрании пайщиков банка в апреле 1923 года Фризер выступил с резкой критикой правления банка по поводу неправильного распределения акций между пайщиками по номинальной стоимости и неправильного ведения финансовой отчетности, что привело к увеличению расходной части по отношению к доходной. Легко понять, что после такого резкого и критического выступления среди вновь избранных членов правления банка имени Фризера не оказалось [Яковлев 1924: 2].

Еще будучи членом правления банка, Я. Д. Фризер выступил одним из соучредителей «Общества изучения Маньчжурского края» и в течение нескольких лет являлся членом его Учредительного комитета [Известия Общества 1923: 2]. Фризер постоянно подчеркивал, что коммерческие структуры и частные лица должны материально поддерживать такие культурные учреждения, как музеи, научные общества, школы и библиотеки, содержание и развитие которых намного превышало имеющийся скромный бюджет. Несмотря на свое изменившееся не в лучшую сторону материальное положение, Фризер стал одним из первых, кто выписал чек на 50 долларов на счет общества. В Харбине, ставшем

---

4   РГАЭ. Ф. 7591. Оп. 1. Д. 118. Л. 300.

по сути дела самоуправляющейся территориальной единицей, судьба научных и культурных учреждений практически полностью зависела от материальных средств, поступавших в качестве акта благотворительности. Подобно Фризеру, многие харбинские коммерсанты были пожизненными членами научных и культурных обществ, платя солидные членские взносы.

Несмотря на разногласия с некоторыми состоятельными членами еврейской общины, такими как братья Соскины и Кабалкины, относительно банковско-финансовой деятельности, Фризер продолжает интересоваться вопросами развития банков и условий финансирования, публикует статью о сравнительном анализе банков Харбина, как действующих, так и самоликвидировавшихся, как Русско-Азиатский банк, об американской частной банковской системе и возможностях применения ее опыта к условиям Харбина [Фризер 1926: 2]. В марте 1929 года он предлагает программу реорганизации «Общества дальневосточного взаимного кредита» по вопросам финансирования мелкого и среднего бизнеса. Свою программу он представил на общем собрании общества, которое по окончании прений избрало его председателем правления банка — эту должность он занимал до своей трагической кончины в декабре 1932 года [Общее собрание 1929: 4].

Таинственное похищение

Самым загадочным в архиве Я. Д. Фризера является конверт с написанными от руки цифрами «10 000 р.», в котором содержатся газетные вырезки о его похищении бандитами в середине сентября 1924 года. Следует заметить, что похищение состоятельных людей с целью выкупа было в городах Маньчжурии весьма распространенной практикой, от которой страдали представители всех этнических и религиозных групп: китайские торговцы, японские торговцы, русские, поляки, евреи. По сообщениям газет, Фризер был похищен вечером 14 сентября 1924 года неизвестными бандитами. В Харбине, подобно другим городам губернского масштаба, слухи распространялись очень быстро, и уже на следующий день многочисленные репортеры начали названивать на квартиру Фризера с целью получения хоть каких-то подробностей. Ими были установлены все места, в которых побывал Фризер до самого момента своего таинственного исчезновения, и сценарий его не менее таинственного возвращения поздним вечером 16 сентября. Несмотря на то что Фризером было дано в газете «Рупор» официальное опровержение, что никто его не похищал и его временное отсутствие было вызвано деловой поездкой в Чанчунь, харбинское общество было твердо убеждено, что Фризер был похищен и возвращен после уплаты суммы выкупа в 10 тысяч рублей [ЛА]. Циркулировавшие по Харбину слухи подтверждались свидетельствами членов семьи Фризера о двух тяжелых днях, которые могли стоить ему жизни. Сам он в 1932 году писал, что в сентябре 1924 года ночью вблизи его квартиры его схватили бандиты и держали неделю где-то на окраине в темной комнате связанным:

> Слухи о принадлежавших мне раньше богатых приисках и о якобы привезенном сюда большом количестве золота все время циркулировали. Лица, распространявшие эти слухи, по-видимому, забыли о предшествовавших событиях в России и не знали, что, хотя у меня действительно золота было много, но оно было конфисковано в сейфах московских и иркутских банков, вместе с текущими счетами и другими ценностями. <...> Сначала бандиты потребовали очень большой выкуп, и только благодаря тому, что они были толковые люди, они разобрались в приведенных мною расчетах, согласились немного оставить мне и сделали уступки. В конечном результате сумма оказалась для меня очень ощутительной, и после ее выплаты мне пришлось совершенно изменить образ жизни мой и моей семьи. Пополнить потери мне не удалось и, вероятно, уже не удастся [Фризер 1932а: 22–23].

После похищения он значительно свернул свою коммерческую деятельность, переведя акцент на культурные и общинные проекты. В одной из своих тетрадей он заметил: «Теперь [январь 1927 года] переживаю тревожные дни, когда потерял за прошлый год почти весь свободный капитал» [ЛА].

Архивная комиссия

Другой инициативой Я. Д. Фризера, которая после его смерти была частично продолжена доктором А. И. Кауфманом, была организация «Архивной комиссии еврейских организаций для собирания материалов по истории евреев на Дальнем Востоке». Важность этого вопроса Фризер впервые затронул в обзорном докладе по истории еврейской общины Харбина, прочитанном им для узкого круга приглашенных лиц в апреле 1930 года и посвященном двадцатипятилетию существования общины. В своем докладе он указал на важность собирания материалов по истории создания и функционирования таких элементов общинной жизни, как выборы и деятельность правления; наличие оппозиции и поиски решений в разрешении общинных конфликтов; библиотечное дело; школьное дело; религиозная жизнь; социальные вопросы, касающиеся устройства нищих и бездомных; курсы по интересам и практического характера; образовательные лекции как местного, так и международного характера; организация вечерних курсов и вопросы сионистской работы [Обозрение общинной жизни 1930: 28]. После этого выступления при ХЕДО (Харбинском еврейском духовном обществе) была образована Архивная комиссия под председательством Я. Д. Фризера. Через печатный орган общины журнал «Еврейская жизнь», а также размещение листовок в зданиях, принадлежащих общине и арендованных ею, было распространено написанное им обращение к руководству общины, где отстаивалось право ее рядовых членов также приносить материалы в Архивную комиссию по собственной инициативе. В письме руководству общины Фризер пишет:

В целях дополнения необходимыми материалами созданного при ХЕДО архива рекомендуется к неотложному выполнению нижеследующее: 1. Составить кассовый отчет за все время по документам, находящимся при ХЕДО; 2. Составить список лиц и общин, коим посланы письма с предложением о сообщении биографических сведений; 3. Составить список недостающих отчетов и уставов харбинских организаций (по годам); 4. Отметить на каждой папке число документов в ней находящихся; 5. Постепенно ознакомиться и пополнить список евреев г. Харбина, согласно рубрик; 6. Расспросить: д-ра Кауфмана, Бирмана, Равиковича, Яброва, Джинжих-Швиля и др. о напечатанных в Харбине книгах и газетах, касающихся евреев и недостающих у нас — достать (список — доклад Я. Д. Фризера); 7. Составить список евреев — общественных деятелей с отметкой времени их пребывания в Харбине, характера деятельности, время выезда или смерти. Последнее узнать по списку Газкоро в синагогах. О биографических сведениях расспросить родственников и старожилов. Даты смерти по метрическим книгам в канцелярии ХЕДО; 8. Список всех раввинов, габорим (старост), казначеев и председателей всех еврейских учреждений (в хронологическом порядке); 9. Список пожертвований Хевро Кадишо за все годы (суммы свыше 1000 руб.); 10. Список приезжающих в Харбин делегатов еврейских организаций (бывали и неевреи), которых еврейская община чествовала; 11. Список устроенных местною общественностью юбилейных торжеств общего и местного характера; 12. Составить список личного архива, находящегося у д-ра Кауфмана (документов, касающихся общественного характера); 13. Взять сведения в Дальевцибе о движении евреев-эмигрантов через г. Харбин за все годы (в хронологическом порядке) [В Архивной комиссии 1930: 21].

Большая часть работы по собиранию материалов и их организации легла на плечи самого Фризера, который неустанно повторял, что создание архива является делом не столько его личным, сколько делом всей общины. Не только текущая документация, имеющаяся в свободном доступе, но также и материалы, находящиеся в распоряжении рядовых членов общины, содержат ценный и богатый материал по истории становления еврейской общественной жизни Харбина и всей Маньчжурии в целом. В дополнительном письме от имени Архивной комиссии Фризер обратился ко всем еврейским общественным организациям с просьбой вносить ежемесячно небольшую сумму, в размере от одного до трех местных долларов, на нужды комиссии, поскольку у ХЕДО нет достаточных средств, чтобы покрыть целиком и без того скромный бюджет Архивной комиссии [Архивная комиссия 1932: 14]. Если бы Архивная комиссия после смерти Фризера сумела наладить работу по организованному и планомерному сбору материала, то в руках исследователей имелся бы самый полный архив еврейской общины за пределами России с момента ее основания. Судьба материалов, которые успел собрать Фризер, неизвестна. А. И. Кауфман, возглавивший Архивную комиссию после смерти Якова Давидовича, также не мог пожертвовать своими многочисленными общинными обязанностями для того, чтобы наладить работу комиссии должным образом, и пополнение архива носило стихийный и бессистемный характер.

Создание третейского суда (Мишпат Габоррим)

По инициативе Я. Д. Фризера в 1931 году при еврейской общине был создан третейский суд (Мишпат Габоррим), который пользовался настолько широкой популярностью среди населения, что к нему зачастую обращались и неевреи. Можно предположить, что мысль о создании третейского суда возникла у Якова Давидовича в силу отсутствия местного китайского законодательства, учитывающего специфику жизни и деятельности русскоязычного населения, правовое положение которого после отмены экстерриториальности было весьма неопределенным. Лично Фризером было написано «Положение о Мишпат Габоррим» (третейском суде) при ХЕДО, которое и было утверждено с небольшими изменениями в марте 1931 года. Положением определялось, что для разбора споров, недоразумений, распрей и обид личного, семейного и имущественного характера, а также возникающих недоразумений между еврейскими организациями в лице их руководителей, при ХЕДО учреждается Мишпат Габоррим (третейский суд). Члены Мишпат Габоррим избирались и утверждались правлением общины и не имели права участвовать в разбирательстве дел, касающихся их лично, ближайших родственников и торговых компаньонов. Лицо, желающее внести дело на рассмотрение и решение Мишпат Габоррим, должно было подать на имя его президиума письменную просьбу с кратким изложением спорных обстоятельств и указанием своего адреса, а также имени, отчества и фамилии ответчика. Президиум Мишпат Габоррим решал вопрос о принятии или отклонении от рассмотрения дела. При принятии дела к рассмотрению копия заявления передавалась другой стороне, и если от нее поступало согласие на разбор дела, из числа членов Мишпат Габоррим назначалась комиссия в составе от трех до пяти лиц для его рассмотрения. При обсуждении и разрешении споров Мишпат Габоррим должен был стремиться преимущественно к примирению сторон, а также по мере необходимости приглашать экспертов и свидетелей. Лица, на подчинившиеся решению Мишпат Габоррим, по постановлению правления ХЕДО вносились в особый список, выставляемый в канцелярии общины. Президиуму Мишпат Габоррим также предоставлялось право предать гласности факты неподчинения решению суда [ЛА]. Положение Мишпат Габоррим было скопировано другими еврейскими общинами полосы отчуждения КВЖД и использовалось вплоть до образования в 1949 году Китайской Народной Республики.

Еврейская больница (Мишмерес Хойлим)

Быть членом еврейской общины значило для Фризера высказывать свою точку зрения, даже если она не совпадала с мнением большинства. В спорных вопросах он ценил открытость и всеми средствами выступал против недосказанности, сокрытия фактов или информации, имеющей значение для всех членов общины. Весьма важен был для него вопрос об открытии еврейской больницы, обсуждавшийся в непростое с точки зрения экономического положения общины время в 1931–1932 годах. В данном вопросе Фризер всегда настаивал на необходимости максимального обеспечения нужд рядовых членов общины, а не поиска экономической выгоды.

Вокруг проектов переустройства общинного двора, строительства больницы и расширения дома престарелых кипели настоящие страсти, выплеснувшиеся на страницы газет и журналов. Стоимость свободных земельных участков в Харбине была велика, а их количество очень ограниченно. Естественно предположить, что земельный участок, приобретенный общиной еще в 1918 году, со временем оказался непригоден для больницы. Правлением общины Мишмерес Хойлим (правлению больницы) дважды предлагались альтернативные участки, но сделки расторгались при самом активном вмешательстве Фризера как члена правления больницы, в силу того что предлагаемые альтернативы были дороги, расположены далеко от центра и малопригодны для нужд больницы.

Фризером был разработан подробный план переустройства существующего участка со сметой и детальными чертежами, представленный на рассмотрение правления общины. План Фризера включал постройку амбулатории на 25 коек, улучшение содержания стариков в Мошав Зкейним (доме престарелых), устройство гидротерапии и миквы. Несмотря на то что план Фризера был одобрен правлением больницы, после двух лет беспрерывных обсуждений он был отклонен правлением общины. В сложившейся ситуации Фризер предпочел выйти из Хозяйственной комиссии правления больницы и вынести спор о еврейской больнице на страницы харбинской прессы с целью вызвать общественный резонанс и таким образом с помощью общественности добиться приемлемого для нужд общины решения [Фризер 1932b: 15–17]. В развернувшемся обсуждении участвовали врачи, рядовые члены еврейской общины и представители всех местных общественных еврейских организаций. Председателем общества Мишмерес Хойлим и близким другом Я. Д. Фризера доктором С. М. Вехтером был подготовлен медицинский отчет о деятельности больницы, согласно которому только за 1931 год через ее амбулаторию прошло 21 034 человека. По ходу обсуждения вскрылись факты использования правлением общины финансовых средств, предназначенных для больницы, на религиозные нужды и попытки сдать одно из помещений больницы под дополнительную китайскую пекарню. В результате принятых решений правлению общества Мишмерес Хойлим было предложено исследовать все возможности строительства больницы на участке, предназначавшемся под строительство синагоги, и ему было предоставлено право снять специальное помещение для амбулатории и стационарного отделения при ней. Также была зачитана и принята смета. Яков Фризер снял свою кандидатуру из списка членов правления больницы и кандидатов в члены [Л. Ж-в 1932: 3]. Несмотря на необходимость учета фактора экономической целесообразности и возможности пополнения бюджета общины за счет сдачи внаем помещений, предназначенных для нуждающихся в медицинской помощи и стариков, Фризер выбрал приоритет социальный, ставя во главу угла заботу о сирых и больных.

Харбинское наводнение 1932 года

В августе 1932 года протекающая через Харбин река Сунгари вышла из берегов и вместе со своими притоками затопила на сотни верст кругом плодородные равнины, сметая на своем пути целые города и села. Сотни тысяч жителей, проживающих вдоль русла реки, были вынуждены бежать из своих домов, потеряв все имущество, многие оказались обречены на голод, болезни и смерть. В числе мест, особенно пострадавших от наводнения, оказался Харбин с его торгово-промышленным центром, расположенным в районе Пристань, и большой китайский город Фудзядянь со всеми пригородами, расположенными по обоим берегам реки, где в большинстве случаев проживала малосостоятельная часть еврейского, русского и китайского населения. Все еврейское население Харбина, которое за малым исключением жило и работало на Пристани, пострадало наравне со всеми остальными жителями затопленных районов.

В первые же дни затопления Пристани был образован Объединенный еврейский комитет помощи жертвам наводнения в составе 40 человек. Комитет поставил своей задачей оказывать всевозможную помощь и поддержку пострадавшему от наводнения населению, как еврейскому, так и нееврейскому. Работа комитета проводилась в тесном контакте с другими организациями помощи жертвам наводнения под контролем специально созданного общественного органа, координирующего деятельность всех организаций и волонтеров, оказывающих посильную помощь. Перед комитетом стояли задачи по снабжению беженцев из затопленных районов временным жильем, пищей, одеждой, медицинской помощью и помощью по восстановлению их разрушенных наводнением домов и хозяйств. Беженцы из затопленных районов перевозились на лодках, которые также доставляли в затопленные водой места хлеб и воду. Комитет отпускал ежедневно по 1050 обедов, 400 фунтов хлеба и развозил с помощью волонтеров свыше 100 ведер чистой воды.

Поднимавшаяся вода затапливала и разрушала общественные кладбища, места скопления мусора и хранилища сточных вод, вызвав эпидемию холеры. Медицинскую помощь оказывали врачи и медицинской персонал Мишмерес Хойлим. В состав пленума Еврейского комитета помощи жертвам наводнения вошли С. И. Равикович (председатель) и Я. Д. Фризер (заместитель председателя). Я. Д. Фризер также стал председателем финансовой секции и членом секции восстановления. По предложению Фризера финансовая секция решила провести сбор пожертвований в пользу фонда жертв наводнения путем обложения всего еврейского населения определенными взносами, соответственно имущественному и материальному положению. Все еврейское население было разделено на шесть экономических разрядов, и членами Финансовой комиссии были составлены списки лиц, к которым было решено обратиться за пожертвованиями. За короткое время комиссией были собраны некоторые средства: пожертвования были от 100, 200, 300 и до 1000 долларов.

Помимо сбора пожертвований по инициативе Я. Д. Фризера было создано и сразу же начало функционировать Бюро труда, где регистрировались спрос и предложение на всякого рода работы. Фризером от имени бюро еврейскому населению было предложено обращаться в бюро для получения консультаций и осуществления работ квалифицированных специалистов по всем отраслям труда, умственного и физического. Он считал, что путем предоставления работы, даже временного характера, можно спасти людей от голода и нищеты [Гун Бао 1932a: 2; Еврейская жизнь 1932: 16].

Последние инициативы и трагическая гибель

В еврейской общине Харбина трудно было найти какую-либо общинную комиссию, в которой не принимал бы участия Я. Д. Фризер. С 1928 года он состоял председателем Пасхальной комиссии по выпечке мацы и сбору Моэс Хатим (помощь бедным на Пасху). В результате предложенных им преобразований и реорганизации системы работы себестоимость мацы понизилась на 50 % и соответственно повысилась плата рабочим при сокращении рабочих часов [Фризер 1932a: 25]. В том же году он обратился в правление ХЕДО с планом открытия еврейско-английской школы в связи с изменением политической обстановки в Маньчжурии и необходимостью углубленного изучения английского языка. Эта идея позже нашла поддержку в Талмуд-торе имени Скидельского, где часть предметов стала преподаваться на английском языке.

В ноябре 1932 года Фризер на свои средства выпускает книгу, или скорее брошюру, «О перспективах золотопромышленности в Маньчжурии». Можно предположить, что книга не случайно была издана именно в 1932 году, когда Корея, оккупированная Японией, уже разрешила поиски и разработку золота иностранцам, чего не допускалось по существующим в Маньчжурии китайским законам. В результате многие русские горные инженеры, золотопромышленники и приисковые рабочие, желающие и могущие работать, оставались не у дел. Естественно, с приходом в Маньчжурию японцев появилась надежда, что все может измениться и специалисты, подобные Фризеру, с богатым опытом работы и практическими знаниями, будут востребованы. На книгу появились и отклики в печати, характеризующие самого автора как интереснейшего человека, неутомимого сибирского предпринимателя, счастливо сочетавшего «американский размах с широким всесторонним подходом к интересующим его предметам» [Штерн 1932: 15].

Казалось, что мысль о самоубийстве — это последнее, что могло прийти в голову такой деятельной и энергичной натуре, как Яков Давидович Фризер. Весть о его самоубийстве вечером 29 декабря 1932 года разнеслась по Харбину с быстротою молнии, породив всевозможные домыслы и спекуляции о причинах подобного поступка. Некоторые считали причиной неудачные финансовые операции по продаже дома, которые сделали его более замкнутым, несмотря на тот факт, что он продолжал бывать на всех многочисленных заседаниях различных общественных организаций и учреждений [Трагическая смерть 1933: 20–21]. Другие писали о том, что Я. Д. Фризера собирались похитить во второй раз, и незадолго до смерти он получил предупреждение от одного из бандитов. Сама мысль о том, что за неимением достаточных финансовых средств для уплаты выкупа он будет томиться в плену, якобы подтолкнула его к мысли о самоубийстве [Струйский 1933: 3]. Но не было ни одного отклика, некролога, где не подчеркивались бы исключительные личные качества Я. Д. Фризера. На его похоронах присутствовали представители пятнадцати еврейских организаций, членом которых он состоял. Надгробное слово было произнесено раввином А. М. Киселевым в Главной синагоге и раввином Левиным в Новой синагоге Харбина. Особенно подчеркивалось, что щедрость Я. Д. Фризера, приходившего на помощь бедному населению, не ограничивалась одними взносами в благотворительные учреждения; у него зачастую теснились в прихожей не только бедняки-соотечественники, но и представители других национальностей. «С большой любовью относился он к общественным делам, оставив этим память среди почитателей как энергичный поборник общественности и создатель ряда полезных организаций» [Гун Бао 1932b: 2]. Правление Талмуд-торы имени Л. Ш. Скидельского, оценивая все заслуги покойного перед еврейской общественностью, вынесло решение об установлении при талмуд-торе для нуждающихся учащихся одной стипендии имени Я. Д. Фризера [ЛА]. Участие Фризера в общинных делах и постепенный дрейф еврейской общины Харбина к сионизму и ревизионизму способствовали размышлениям Фризера о его непростых взаимоотношениях с сионистской идеологией, о которых он сообщил в своих записках, опубликованных посмертно, описав встречу осенью 1897 года со своим двоюродным братом Моше Новомейским, убежденным сионистом, вернувшимся из Германии:

> Столкнулись с одной стороны просвещенный человек, в отношении национальности и религии с трудом подходивший под русского или немца еврейского вероисповедания, и с другой — хотя и свободомыслящий и считавший себя русским по родине, культуре с общерусским национальным и местным интересом, но с еврейской душой и бессознательно связанный и знакомый со всем прошлым еврейства и евреев [Фризер 1933: 12].

Интересную оценку Я. Д. Фризеру дал С. И. Равикович, бывший нередко его главным оппонентом по вопросам еврейской общественной жизни:

> На общем фоне дальневосточного, оторванного от больших мировых центров еврейства, Я. Д. представлял собою очень интересную фигуру, являлся своеобразным самородком и стоял головой выше многих из его коллег по торгово-промышленной и финансовой деятельности. <...> Сионизму Я. Д. сочувствовал еще в Иркутске, но попав в харбинскую сионистскую среду, окончательно примкнул к сионистской организации [Равикович 1933: 20–21].

О смерти Фризера написали и американские еврейские газеты, поскольку он идеально вписывался в американский миф о человеке, добившемся финансового успеха за счет собственных талантов и вместе с тем находившем время для многогранной общественной деятельности, добавив к его биографии тот малоизвестный для харбинской общественности факт, что им был создан фонд для покупки земель в Палестине, объединявший в основном выходцев из Восточной Сибири [Litai 1933: 53–54; The Detroit Jewish Chronicle 1933: 5]. На 18-м сионистском съезде была почтена память Я. Д. Фризера как выдающегося общественного деятеля, члена сионистской организации и бывшего председателя Комитета еврейского национального фонда (Керен Гаясод) [Памяти Я. Д. Фризера 1933: 23]. Но самое лиричное поминовение Я. Д. Фризера оставил один из его немногих харбинских друзей, бессменный секретарь еврейской общины А. Изгур:

> Как в своей личной, так и общественной работе Я. Д. Фризер всегда проявлял одну замечательную черту характера почти всех сибирских евреев: прямоту, искренность и абсолютную честность. Свои взгляды он всегда высказывал открыто, не оставляя ничего недоговоренного или такого, что могло быть различно истолковано. <...> Не желание ли остаться в нашей памяти таким, каким мы его знали всю жизнь — сильным, прямым, честным, благородным и достойным человеком и евреем — не это ли желание привело его к столь трагическому концу? [Изгур 1933: 23].

Н. Ф. Фризер и создание в Харбине еврейского детского сада

В своих дневниковых записях, относящихся к дореволюционному периоду, Яков Фризер основной упор делал на профессиональных вопросах золотопромышленности, своем участии в общественных начинаниях и проектах, старательно обходя вниманием свою личную жизнь и воспитание детей — Дворы и Михаила. Вместе с тем сохранившиеся и выявленные исследователями данные и материалы дают возможность охарактеризовать супругу Якова Фризера, Надежду Фиселевну (урожденную Риф), как личность незаурядную и самодостаточную.

Малая часть личной библиотски Фризера, насчитывающей более 4000 томов, после революции попала в отдел народного образования Иркутска, а потом влилась в собрание Иркутской областной государственной универсальной научной библиотеки им. И. И. Молчанова-Сибирского. Среди книг, статистических сборников, географических очерков развития золотопромышленности имеются книги по психологии и педагогике детского дошкольного возраста таких выдающихся для своего времени ученых и педагогов, как В. П. Вахтеров и М. И. Покровская, бывшая, помимо профессиональной врачебной деятельности, и пионером феминистского движения в России, а также подшивка журнала «Вестник воспитания: научно-популярный журнал для родителей и воспитателей». Именно воспитание дошкольников было сферой интересов жены Якова Давидовича Н. Ф. Фризер, в которой она и реализовала себя уже в Харбине.

В личном архиве Якова Фризера имеется собранная им подборка документов еврейской общины и вырезок из местной прессы, характеризующих профессиональную деятельность Н. Ф. Фризер, которая с первых дней приезда Фризеров в Харбин становится активной поборницей создания Женской сионистской организации. Одной из главных задач ей виделась организация еврейского детского сада как первой ступени еврейского образования. Она выдвигает свою кандидатуру на пост председателя комитета Женской сионистской организации и избирается на эту почетную должность в 1921 году.

К пасхальным праздникам 1925 года было объявлено о торжественном открытии первого еврейского детского сада в Харбине:

> В момент упадка общины и отсутствия еврейского народного образования, кто создал в Харбине еврейский детский сад и начальную школу, как не еврейские женщины. Усилиями Г-жи Н. Ф. Фризер создан этот рассадник еврейского просвещения. И было бы грешно и с точки зрения принципиальной, и в силу долга элементарной справедливости закрыть еврейской женщине доступ в общину. Среди общественных деятелей Харбина еврейская женщина по праву должна занимать одно из почетных мест [ЛА].

Появляются и объявления о записи детей в первый еврейский детский сад, в группу от трех до семи лет и в приготовительный класс от семи до десяти лет. Н. Ф. Фризер сама ведет запись в утренние часы в конторе Я. Д. Фризера на Биржевой улице.

В детский сад принимаются дети обоего пола, с обучением детей на русском и еврейском (иврит) языках. Итоги предварительной записи становятся предметом гордости еврейской общины:

> С большим удовлетворением должно констатировать, что еврейский Детский Сад идет по пути прогресса. Он насчитывает уже свыше 30 детей и запись еще не окончена. Открыта при саде вторая ступень, приглашены новые учителя. Приходится удивляться энергии 2–3 лиц во главе с Надеждой Фишелевной Фризер, «дерзающих» в столь тяжелое время расширять это культурное дело. Честь и слава им. Но это тем более обязывает все национально-мыслящие элементы нашей общины и нашу интеллигенцию оказать свое хотя бы материальное содействие г-же Н. Ф. Фризер в ее полезной общественной работе [ЛА].

Учащиеся начальных классов принимали активное участие во всех еврейских торжествах и ставили спектакли на праздники, считающиеся «детскими», такие как Ханука и Пурим. В детском саду и школе был создан хозяйственно-педагогический комитет, работавший в тесной связи с родительским комитетом школы. Еврейский детский сад и школа проработали пять лет и закрылись в связи с трудностями, вызванными причинами политическими, а не экономическими. Наплыв беженцев в Харбин вызвал квартирный кризис. Протокол заседания Хозяйственно-педагогического комитета Еврейской начальной школы от 13 октября 1928 года скупо констатировал, что «в виду отсутствия подходящего помещения, вследствие квартирного кризиса в городе школа временно не открывается» [ЛА].

Женская сионистская организация Харбина

Как по направлениям деятельности, так и по своим политическим взглядам супруги Фризер отличались друг от друга: Яков Давидович придерживался скорее социал-демократических взглядов, в то время как Надежда Фиселевна была убежденной сионисткой. Впоследствии трагическая гибель мужа укрепляет решение Н. Ф. Фризер переехать в сентябре 1933 года вместе с сыном Михаилом в Палестину, где давно проживала ее дочь Двора с мужем, довольно известным в Палестине сионистским деятелем Моше Голдбергом [Поздравления с Рош ха Шана 1933: 4]. Как председательница Женской сионистской организации Харбина, выбранная на эту должность одной из первых, она обращается ко всем еврейским женщинам города:

> Многие еврейские женщины не разделяют идеи сионизма, но они нисколько не погрешат против своих убеждений, если будут поддерживать такие учреждения, как приют, ясли, школы и т. д. Жертвуя на сельскохозяйственные школы, где сейчас обучается 60 девушек, мы помогаем им, большей частью приехавшим из Украины и пережившим все ужасы погромов, быть вполне самостоятельными, полезными членами общества. Кто же как не мы, женщины, должны их поддержать? Чем дальше, тем все больше женщины завоевывают свое право на жизненной арене. Мы должны объединиться и помогать друг другу, и тогда мы смело сможем сказать: женщине дорогу! [Фризер 1924: 30].

Н. Ф. Фризер организует для членов Женской сионистской организации Харбина цикл лекций по истории сионизма, которые прочел председатель харбинской еврейской общины доктор А. И. Кауфман. Она и сама делает доклад на тему «Участие еврейской женщины в строительстве Национального дома в Палестине» [ЛА]. Несколько лет подряд она избирается в члены совета ХЕДО по списку еврейских общественных деятелей. В 1928 году на фоне обострившегося квартирного вопроса в Харбине Н. Ф. Фризер выступает с инициативой создания женского клуба, одной из основных целей которого определяет создание Бюро труда, которое помогало бы женщинам устраиваться на службу и получать работу. Это избавило бы многих харбинских женщин и девушек от горькой необходимости идти в кабаре и кельнерши, чтобы заработать себе на пропитание. Кроме того, она планировала создание при клубе библиотеки с читальным залом, где женщины могли бы проводить время, устройство популярных и общеобразовательных лекций и организацию профессиональных курсов, таких как школа кройки и шитья [Женщины о женщинах 1928: 4].

Внучка Якова и Надежды Фризер профессор Тамар Александер-Фризер вспоминала, что бабушкой из Харбина в Израиль была привезена библиотека на русском языке, и многие из ее русскоговорящих соседей пользовались услугами домашней библиотеки, выдававшей книги для чтения на дом для зарегистрированных читателей. Надежда Фиселевна Фризер скончалась 2 августа 1945 года и похоронена на Масличной горе в Иерусалиме.

История харбинского периода семьи Фризер интересна сама по себе, не только как пример адаптации к новым условиям в результате масштабных политических и экономических изменений, вызванных революцией и Гражданской войной, но и как история двух уже не молодых людей, не потерявшихся и не павших духом, сумевших найти приложение своим инициативам. Яков Давидович Фризер был одним из самых ярких и незаслуженно забытых представителей еврейской общины Харбина, сделавшим немало для создания и успешного функционирования общественных институтов вплоть до своего последнего дня. О некоторых из его инициатив, таких как создание фонда для покупки земли в Палестине, члены правления узнали только после его трагической гибели. Надежда Фиселевна Фризер также смогла по-новому раскрыться и реализовать себя на поприще дошкольного детского образования и воспитания и сионистского феминистского движения. Создание Женской сионистской организации Харбина и активное участие женщин во всех начинаниях еврейской общины произошло во многом благодаря Надежде Фризер, избиравшейся на протяжении многих лет в состав совета еврейской общины как представительницы женских организаций Харбина.

Источники

ЛА — Личный архив Тамар Александер-Фризер и Дана Фризера. Разные бумаги.

РГАЭ. Ф. 7591. Оп. 1. Д. 118.

РГИА. Ф. 796. Оп. 238. Д. 4510.

РГИА. Ф. 821. Оп. 8. Д. 33.

ГАИО. Ф, 25. Оп. 3. Д. 3164.

Архивная комиссия 1932 — Архивная комиссия // Еврейская жизнь. Харбин, 1932. № 9. Среда 30 марта. С. 14.

Аблова 2005 — *Аблова Н. Е.* КВЖД и российская эмиграция в Китае: Международные и политические аспекты истории (первая половина XX в.). М., 2005.

В Архивной комиссии 1930 — В Архивной комиссии // Еврейская жизнь. Харбин, 1930. № 1–2. Пятница 11 апреля. С. 21.

Вестник совета 1920 — Вестник совета харбинской еврейской общины. № 1. Октябрь 1920. С. 1–20.

Войтинский, Горнштейн 1915 — *Войтинский В. С., Горнштейн А. Я.* Евреи в Иркутске. Иркутск: Хозяйств. правл. Иркут. еврейского молитв. дома и Иркут. Отд. Общества распространения просвещения между евреями в России, 1915.

Вульф 2003 — *Вульф Д.* Евреи в Маньчжурии: Харбин, 1903–1914 // Ab Imperio. 2003. № 4. С. 239–270.

Голос Сибири 1910 — Голос Сибири (Иркутск). 1910. 28 декабря.

Гун Бао 1932a — Гун Бао. Харбин, 1932. № 1731. Пятница 19 августа. С. 2.

Гун Бао 1932b — Гун Бао. Харбин, 1932. № 1862. Пятница, 30 декабря. С. 2.

Еврейская жизнь 1932 — Еврейская жизнь. Харбин, 1932. № 27–28. Пятница 26 августа. С. 3–16.

Л. Ж-в 1932 — *Ж-в Л.* Наконец-то еврейская больница будет. Вчера разрешен давно наболевший в еврейской колонии вопрос // Рупор. Харбин, 1932. № 173. Понедельник 27 июля. С. 3.

Женщины о женщинах 1928 — Женщины о женщинах. Наше интервью с местными общественными деятельницами // Рупор. Харбин, 1928. Среда, 14 ноября. С. 4–5.

Известия Общества 1923 — Известия Общества изучения Маньчжурского края. Харбин, 1923. Январь. С. 2–8.

Изгур 1933 — *Изгур А. Я.* Д. Фризер — самородок Сибирской тайги (вместо венка) // Еврейская жизнь. Харбин, 1933. № 1–2. Пятница. 6 января. С. 21–23.

К открытию нового банка 1921 — К открытию нового банка в Харбине // Новости жизни. Харбин, 1921. № 215. Пятница 30 сентября. С. 3.

Кальмина 2003 — *Кальмина Л. В.* Сибирский золотопромышленник и меценат Яков Фризер // Вопросы истории. 2003. № 3. С. 142–144.

Кауфман 1930 — *Кауфман А. [И.]* Десять лет // Еврейская жизнь. Харбин, 1930. № 39–40. С. 1–2.

Кроль 2008 — *Кроль М. А.* Страницы моей жизни. М.: Иерусалим, 2008.

Мелихов 1991 — *Мелихов Г. В.* Маньчжурия далекая и близкая. М., 1991.

Мелихов 1997 — *Мелихов Г. В.* Российская эмиграция в Китае (1917–1924). М., 1997.

Обозрение общинной жизни 1930 — Обозрение общинной жизни // Еврейская жизнь. Харбин, 1930. № 12–13. Пятница 11 апреля. С. 28–29.

Общее собрание 1929 — Общее собрание о-ва Дальневосточного Взаимного кредита // Новости жизни. Харбин, 1929. № 67. Воскресенье 24 марта. С. 4.

Памяти Я. Д. Фризера 1933 — Памяти Я. Д. Фризера // Еврейская жизнь. Харбин, 1933. № 24–25. Четверг 27 июля. С. 23–24.

Поздравления с Рош ха Шана 1933 — Поздравления с Рош ха Шана // Еврейская жизнь. Харбин, 1933. № 32–33. Среда 20 сентября. С. 1–6.

Равикович 1933 — *Равикович С. И.* Памяти общественного деятеля // Гадегел. Харбин, 1933. № 1 (12). 4 января. С. 20–21.

Романова 2001 — *Романова В. В.* Власть и евреи на Дальнем Востоке России: история взаимоотношений (вторая половина XIX в. — 20-е годы XX в.). Красноярск, 2001.

Русский торгово-промышленный 1914 — Русский торгово-промышленный мир. Вып. III. М., 1914. С. 21–22.

Струйский 1933 — *Струйский В.* Я. Д. Фризера собирались похитить // Рупор. Харбин, 1933. № 17. Пятница 20 января. С. 3.

Трагическая смерть 1933 — Трагическая смерть Я. Д. Фризера // Еврейская жизнь. Харбин, 1933. № 1–2. Пятница 6 января. С. 20–21.

Фризер 1924 — *Фризер Н. [Ф.]* К еврейской женщине // Сибирь-Палестина. Харбин, 1924. № 51–52. С. 28–30.

Фризер 1926 — *Фризер Я. [Д.]* Новый банк // Заря. Харбин, 1926. № 297. Воскресенье 7 ноября. С. 2.

Фризер 1932a — *Фризер Я. Д.* Где и как искать и добывать золото. Золотопромышленные перспективы Маньчжурии. Харбин, 1932.

Фризер 1932b — *Фризер Я. [Д.]* Вокруг вопроса о еврейской больнице в Харбине (письмо в редакцию) // Еврейская жизнь. Харбин, 1932. № 16. 15 мая. С. 15–18.

Фризер 1933 — *Фризер Я. Д.* Зигзаги // Еврейская жизнь. Харбин, 1933. № 3. Четверг 19 января. С. 12–14.

Штерн 1932 — *Штерн О.* Интересная книга Я. Д. Фризера о золотых богатствах Маньчжурии // Рупор. Харбин, 1932. № 326. Воскресенье 27 ноября. С. 15.

Яковлев 1924 — *Яковлев И.* Собрание акционеров Д. В. еврейского банка // Новости жизни. Харбин, 1924. № 71. Вторник 1 апреля. С. 2.

Bakich 1985 — *Bakich, Olga M.* Origins of the Russian Community on the Chinese Eastern Railway // Canadian Slavonic Papers, 1985. Vol. 27. № 1. P. 1–14.

Bakich 1986 — *Bakich Olga M.* A Russian City in China: Harbin before 1917 // Canadian Slavonic Papers, 1986. Vol. 28. № 2. P. 129–148.

Bakich 2000 — *Bakich Olga M.* Émigré Identity. The Case of Harbin // South Atlantic Quarterly, 2000. Vol. 99. № 1. P. 51–73.

Bresler 1999 — *Bresler B.* Harbin's Jewish Community, 1898–1958: Politics, Prosperity and Adversity // Goldstein J. (ed.). The Jews of China. Historical and Comparative Perspectives. Vol. 1. London and New York: Routledge. 1999. P. 200–215.

Bowman 1996 — *Bowman Z.* The Harbin Jewish Community // China Review, 1996. № 5. P. 18–21.

Bowman 1999 — *Shickman-Bowman Z.* The Construction of the Chinese Eastern Railwayand the Origins of the Harbin Jewish Community, 1898–1931 // Goldstein J. (ed.). The Jews of China. Historical and Comparative Perspectives. Vol. 1. London and New York: Routledge. 1999. P. 187–199.

Bowman 2000 — *Bowman Z.* Unwilling Collaborators: The Jewish Community of Harbin under the Japanese Occupation 1931–1945 // Malek R. (ed.). From Kaifeng to Shanghai: Jews in China. Sankt Augustin: Momenta Serica Institute. 2000. P. 319–329.

Breuillard 2004 — *Breuillard S.* «Reviving the Case of Kaspe» // International Conference on the History and Culture of Jews in Harbin / eds. W. Qu & T. Kaufman. Harbin, 2004. P. 350–363.

The Detroit Jewish Chronicle 1933 — The Detroit Jewish Chronicle and the Legal Chronicle. 1933, Detroit, Michigan. Friday, February 17. P. 5.

Kaufman 2004 — *Kaufman T.* The Jews of Harbin Live On in My Heart. Tel Aviv: The Association of Former Jewish Residents of China in Israel. 2004.

Litai 1933 — *Litai M.* A Jewish Pioneer in the gold Industry of Siberia // The Reform Advocate. The English-Jewish Weekly. 1933. Vol. LXXXV, № 4. February 18. P. 53–54.

Moustafine 2002 — *Moustafine M.* Secrets and Spies: The Harbin Files. Sydney, 2002.

How Little Is Lived, How Much Is Outlived: Harbin Period in the Life of Frizer's Family

Irena Vladimirsky
Achva Academic College,
Arugot, Israel

ORCID: 0000–0002–4766–5312
Achva Academic College, Department of the History of Ideas
Ph.D., professor
E-mail: irena@achva.ac.il

DOI 10.31168/2658–3356.2022.8

Maria V. Krotova
St. Petersburg State University of Economic,
St. Petersburg, Russia

ORCID: 0000–0001–7948–0251
St. Petersburg State University of Economics, Department
of International Relations, Medialogy, Political Science and History
Ph.D. in historical science, professor
E-mail: mary_krot@mail.ru

Abstract. The October Revolution of 1917, the civil war, and the quick establishment and short-lived existence of the Far Eastern Republic (DVR) forced many Russian subjects, including Jews, to move to Manchurian cities in order to survive during a time of uncertainty and instability. Harbin, the capital of Manchuria, became a temporary home for former citizens of the former tsarist empire for almost thirty years. The Jewish community in Harbin began to take shape spontaneously with the opening of the Chinese Eastern Railway in 1903, but its organizational formation began in 1917, which was due both to the quantitative growth of the community and the need to adjust the Jewish life of those for whom Harbin temporarily became a new homeland. Almost overnight, Harbin became a community of marginalized people who had lost practically everything and had no hope of returning to their former life, but who at the same time wished to rebuild their lives in a new place. This article focuses on Ya. D. Frizer's (1869–1932) Harbin period. Before the October revolution, Frizer was one of the most important gold entrepreneurs in eastern Siberia; in Harbin, his wife, N. F. Frieser (1872–1945), was able to fulfill her dream of founding a Jewish nursery school. Ya. D. Frieser kept diaries and a family archive, and this article draws on the surviving material. The authors also used the periodicals of the Harbin Jewish Spiritual Society (HEDO).

Keywords: Yakov Davidovich Frizer, Nadezhda Fiselevna Frizer, HEDO, Harbin, Harbin Jews, Women's Zionist Organization of Harbin, Harbin Jewish Community Council, Arbitration Court (Mishpat Gaborrim), Harbin Jewish Hospital

References
Chzhan, Ts., 2009, Harbinskie evrei — istoricheskaiia hronologiia [Harbin Jews — historical chronology]. *Bulleten' Assotsiatsii vyhodtsev iz Kitaiia v Izraile*, 399, 21–22.

Kradin, N. P., 2010, *Harbin — Russkaiia Atlantida: ocherki* [Harbin — Russian Atlantis: essays]. Khabarovsk, Khabarovskaiia kraevaiia tipografiia, 386.

Krol', M. A., 2008, *Stranitsy moei zhizni* [Pages of my life]. Jerusalem, Gesharim, 734.

Moustafine, M., 2013, Russians from China: Migrations and Identity. *Cosmopolitan Civil Societies Journal*, Vol. 5, 2, 143–158.

Wolff, D. (2003). Evrei Manchzhurii: Harbin, 1903–1914 [Jews of Manchuria: Harbin, 1903–1914]. *Ab Imperio*, 4, 239–270. doi:10.1353/imp.2003.0138

УДК 172.3

«Не допуская на губительные пути»: еврейское движение и воспроизводство нетерпимости

Галина Светлояровна Зеленина
Российский государственный гуманитарный университет, Москва, Россия

ORCID ID: 0000-0001-9411-4102
Доцент, кандидат исторических наук
Кафедра теологии иудаизма, библеистики и иудаики
Российского государственного гуманитарного университета
125993 ГСП-3, г. Москва, Миусская пл., д. 6, корп. 1, каб. 605
Тел.: +7(495) 250-64-70
Старший научный сотрудник
Школа актуальных гуманитарных исследований
Российская академия народного хозяйства и государственной службы
119606 Москва, пр. Вернадского, д. 82, стр. 9
E-mail: galinazelenina@gmail.com

DOI: 10.31168/2658-3356.2022.9

Аннотация. Основываясь на эго-документах (личных и открытых письмах, мемуарах), материалах самиздата и устной истории, автор рассматривает варианты отношения активистов еврейского движения в позднем СССР к «своим чужим», своим инакомыслящим, меньшинствам по численности или по статусу: (иудео)христианам и так называемым *ношрим*, выехавшим по израильской визе эмигрантам в США и другие страны Запада, а также к «молчаливому» большинству, не желающему эмигрировать, и к некоторым другим группам. Описываются стратегии их маргинализации и превращения во внутренних врагов, возможные закономерности и причины этой нетерпимости обсуждаются в контексте еврейской истории, советской коллективистской этики и социологии зависти. Проведенный анализ указывает на то, что в данном случае (и по меньшей мере в ряде других) виктимный опыт не воспитывает толерантности к чужим, жертвы нетерпимости с готовностью развивают собственную нетерпимость, зачастую заимствуя практики и риторику своих гонителей, и сообществу, конструирующему или возрождающему ту или иную идентичность или традицию, свойственно выстраивать границы и отсекать «своих» инакомыслящих.

Ключевые слова: еврейское национальное движение, эмиграция, эмиграция в Израиль, СССР, отказники, иудеохристиане, еврейская история, советское еврейство, советский коллектив

10 октября 2021 года в израильский Кнессет поступило обращение «сорока трех представителей русскоязычной интеллигенции» с требованием изменить Закон о возвращении и закрыть репатриацию для «внуков евреев». Письмо было написано литератором Борисом Камяновым, эмигрировавшим из Советского Союза в 1976 году, и подписано рядом бывших активистов еврейского национального (или независимого) движения (ЕНД), в том числе «узниками Сиона» Иосифом Менделевичем, Давидом Мааяном, Ароном Шпильбергом. Письмо вызвало бурную и неоднозначную реакцию у публики, заметную прежде всего в русскоязычном израильском сегменте соцсетей. Среди прочих мнений об этом письме примечательна следующая интерпретация его как продукта советского прошлого его авторов:

Во-первых, это очень советская ментальность. Видимо, хотя подписанты когда-то от нее и бежали, до конца она не выветрилась. Вечно искать какую-то «пятую колонну», которая разрушает их драгоценный порядок, — совершенно советские методы, как по мне [Назарова 2021].

Когда двадцать лет назад те же репатрианты 1970-х — Борис Камянов, Дов Конторер и другие — активно выступали в газете «Вести» с гомофобными публикациями, гей-активисты упрекали их в «неготовности принять свободу выбора других людей», проистекающей из советской тоталитарной ментальности [Kuntsman 2009: 72–85].

В статье рассматриваются аналогичные явления в истории того же сообщества — случаи неприятия позднесоветскими еврейскими активистами Других в своей среде, своих инакомыслящих, маргиналов по численности или по статусу, и превращения их во внутренних врагов — и обсуждаются возможные закономерности и причины этой нетерпимости в контексте еврейской истории, советской коллективистской этики, социологии зависти Э. Шёка и предложенной антропологом М. Дуглас четырехвариантной классификации обществ по осям group/grid.

1. О *ноцрим*

В 1977 году в Иерусалиме Союз религиозной еврейской интеллигенции из СССР и Восточной Европы выпустил брошюру «Диалог или миссионерство» Натана Файнгольда, инженера-кибернетика и художника, вхожего в круг Н. Я. Мандельштам[1], ставшего одним из первых московских *баалей тшува* и в Израиле занявшегося изучением еврейской мистики и переводами, в том числе библейских и литургических текстов. Судя по сохранившейся в архиве записке, приложенной к машинописному

---

[1] Татьяна Борисова вспоминает, что летом в Верее у Надежды Яковлевны «Натан Файнгольд бывал. Кричал что-то про сионизм, требовал водки, сидел в глухом отказе» [Нерлер 2015].

тексту брошюры[2], Файнгольд писал эту работу как исследование «Воздействия православия на евреев в 60–70-е годы» на стипендию Центра изучения восточноевропейского еврейства, но по жанру это несомненный полемический памфлет, далекий от научной объективности. Брошюра обличала священников еврейского происхождения «г-на М.» (Александра Меня) и «г-на А.» (Михаила Аксенова-Меерсона[3]) и их духовных чад, отрекшихся от еврейства ради получения незримого, но ощутимого «барыша» — приобщения к русской культурной элите. «Уловители душ», писал он, «изощренно жонглируют» доводами и обращают к евреям «сладостную проповедь», «используя правду в интересах лжи». Жертвы их пропаганды «расторгают Завет», «сбрасывают с себя бремя еврейства» и «переселяются из гетто гонимых и упорствующих в просторный "третий Рим"», в крестильной купели «смывают позор "вечного жидовства"» и предстают «перед благосклонным взором русской духовной элиты». Крещение для еврея, по мысли Файнгольда, является «крайней формой отступничества и ренегатства», и обращение в христианство соплеменников он считает «извращением души» и процессом «патологическим» [Файнгольд 1977: 3–5, 32, 48, 35].

Брошюра Файнгольда явилась реакцией на самиздатский сборник «Два завета: К проблеме иудеохристианского диалога в России» [Меерсон-Аксенов 1972][4] и интервью священника Александра Меня, опубликованное в московском самиздатском

---

[2]   «Уважаемая Ривка! Очень прошу Вас передать г-ну Кельману продолжение моей работы. Она пока не закончена, мою тему можно продолжать и продолжать. С удовольствием займусь этим, я только вошел во вкус, если мне будет продлена стипендия. Привет г-ну Кельману. Заранее благодарю. Ваш Натан Файнгольд. 18.11.1976» [CAHJP. CEEJ. File 651].

[3]   По-русски двойная фамилия дается преимущественно в этой последовательности, и, видимо, так ее знал Файнгольд (поэтому «А.»); по-английски чаще Meerson-Aksenov.

[4]   Файнгольд подробно рассматривает и комментирует фрагменты из предисловия и заключительной статьи в этом сборнике, приписывая последнюю Александру Меню — ошибочно, как утверждает в своих мемуарах Михаил Агурский, заявляя, что эти отрывки взяты из его собственной не сохранившейся «религиозно-философской рукописи» [Агурский 1999: 223].

журнале «Евреи в СССР» в 1975 году [Мень 1977], а шире — на популярность христианства в еврейских кругах, пересекающихся с ЕНД.

Биньямин Пинкус в своем исследовании «возвращения к иудаизму» в послесталинские десятилетия цитирует одного из *хозрей би-тшува* и сиониста 1960-х годов Романа Рутмана: «...многие мои друзья начинали принимать крещение примерно в это время, имело место неохристианское движение, я сам был на грани крещения» [Pinkus 1991: 19–20].

Почему советские евреи оказывались на грани и за гранью крещения? Не претендуя на всестороннее рассмотрение этого вопроса в рамках данной статьи, отметим лишь, что самим фигурантам «неохристианского движения», их окружению и их исследователям православие видится первым, очевидным адресом духовных поисков советской, в том числе еврейской, интеллигенции, спровоцированных атмосферой бездуховности и всепроникающей лжи: «русское православие», отмечает Г. В. Костырченко, казалось им «чудесным островком истинной духовности в безбрежном море казенного марксизма-ленинизма и аппаратного антисемитизма» [Костырченко 2019: 24]. Крещение они воспринимали отнюдь не как отступничество, а как подвиг, шаг на пути сопротивления советскому атеистическому режиму [Костырченко 2019: 24]. Джудит Дейч Корнблат в своей книге «Дважды избранные» о евреях в православной церкви в позднесоветские годы, основываясь на рассказах информантов, пишет об идеологическом, духовном вакууме, от которого страдал каждый советский интеллектуал и который создавал у людей «готовность поверить во что-то еще» [Kornblatt 2004: 64] и «потребность укреплять свою инаковость, сохранять внутреннюю силу, чтобы оставаться собой, оставаться духовной личностью <...> и не растворяться в агрессивной советской массе» [Kornblatt 2004: 63]. Были у ищущих советских людей и другие протестные увлечения, например йога или буддизм, но для русских интеллигентов, каковыми ощущали себя евреи, воспитанные на русской классической литературе, православие оказывалось опцией номер один. Иудаизм же, напротив, не представлялся приемлемой альтернативой. «Иудаизма почти не существовало», утверждали информанты Корнблат, «у меня не было еврейской альтернативы», «легче было стать православным», «православие было доступнее» [Kornblatt 2004: 65]. О безальтернативности православия вспоминает и Михаил Агурский:

> Принимая веру, я вовсе не делал конфессионального выбора. Для меня такого вопроса даже не было. Главное для меня была сама вера, вера в сверхъестественное откровение. Я получил ее в христианской форме через православную культуру. Никакой другой религиозной альтернативы у меня не было. <...> Еврейской альтернативы у меня тем более не было. Она просто не существовала. В пределах моего кругозора не было еврейской религиозной литературы, не было ни одного религиозного еврея, с которым я мог бы говорить. Кроме того, в пределах моего тогдашнего понимания религии иудаизм настолько мало отличался от христианства, что я не мог даже посчитать его альтернативой [Агурский 1999: 210].

Помимо худшей информированности и доступности — собеседники Корнблат в Москве знали лишь одну синагогу — иудаизм проигрывал эстетически: «Синагога неэстетична. И там были только старики. Правда, в церкви были только бабушки. Но, по крайней мере, там был эстетический элемент, ощущение тайны, пожалуй» [Kornblatt 2004: 106], — и духовно, или интеллектуально: «...синагога там [в Ленинграде] была очень слабая в духовном плане. А в церкви были очень глубокие люди» [Kornblatt 2004: 141]. Эта неприязнь к синагоге с ее «старыми, безобразными и грязными» идишеязычными завсегдатаями [Светов 1985: 107], один из аспектов отвращения к местечковому прошлому и местечковости как комплексу ментальных и поведенческих особенностей и вероятная причина неприятия иудаизма как религии, прослеживается по многим другим источникам: устной истории, эго-документам, литературе [Зеленина 2017]. И наконец, в советских синагогах не было — или еврейская интеллигенция не знала — харизматичных лидеров, способных и желающих увлечь за собой, как священники Александр Мень или Дмитрий Дудко [Kornblatt 2004: 53–54].

Поскольку крещение в православие, как правило, подразумевало самоопределение прежде всего как российского интеллигента, не предполагающее эмиграции в Израиль (хотя были важные исключения — собственно иудеохристиане), пересечение еврейско-христианского круга с отказническим должно было быть незначительным; скорее, имело место взаимное отталкивание, в том числе и активное неприятие православными или «демократически» настроенными «русскими интеллигентами» еврейского происхождения борцов за эмиграцию. Харьковский активист Владимир Левин рассказывал, как его интеллигентский либеральный круг, состоящий в основном из евреев, отвернулся от него, как только он надел маген-давид: «Евреи сказали: да ты... таких... да вас резать надо! Да вы ж предатели родины! Да ты ж предатель русского народа! Мы спасаем русскую культуру, а ты — а вы... таких терпеть не надо»[5]. Глубоко омерзительный портрет отказника Саши создает в своем «неофитском» (по словам автора) романе «Отверзи ми двери» (1974–1975), снискавшем горячую похвалу А. И. Солженицына [Солженицын 1991], писатель, диссидент, крестник священника Д. Дудко Феликс Светов [Светов 1978]. Очевидно, что автор солидарен с некоторыми своими персонажами, обвиняющими эмигрантов в неблагодарности и хапужничестве («бежите, шкуру спасаете, еще наплевать хотите на все, что здесь оставляете») и желающими им поскорее уехать, чтобы больше не «отравляли воздух». Физически неприятный — упитанный и вульгарный стиляга («рука у него была тяжелая с перстнем на толстом пальце, здоровенный такой малый. В американских джинсах»), описываемый через зоометафоры («красавец <...> с бараньими глазами»), он некрасиво и невоспи-

---

[5] В пересказе Шмуэля Этингера на Симпозиуме по положению советского еврейства и еврейскому движению 1974 г. [CAHJP. CEEJ. File 960-I.1. P. 39–40]. На другом заседании того же симпозиума был зафиксирован гораздо более радикальный анонимный отзыв о русской интеллигенции: «Вы знаете, русский интеллигент относится к людям другой национальности, как к собакам» [CAHJP. CEEJ. File 960-I.2. P. 25].

танно ест («кусок колбасы намазал маслом, старательно вытер рот рукой»), пристает к женщинам и говорит им гадости, проклинает Россию и русских, муссирует еврейские страдания, а под конец избивает главного героя.

Еврейские активисты тоже признают, что пересечения незначительны: опасности движению и опасности Израилю иудеохристиане не представляют. «— Их много — иудеохристиан? — В Москве их несколько десятков, может быть, больше, но это все чуждое движение», — утверждает некто К. М. на встрече в Иерусалимском университете, посвященной национальному самосознанию современного русского еврейства, в 1971 году[6]. Тот же Натан Файнгольд отмечает статистическую пренебрежимость иудеохристиан:

> ...верно и то, что те евреи, в которых просыпается религиозное чувство, в подавляющем большинстве обращаются к вере своих праотцев. И лишь малая часть переходит в христианство, ищет истину в суфизме <...>, в теософии <...>, в антропософии <...>, в зенбуддизме, учениях санкхьи и йоги...

Не следует

> преувеличивать перспективы иудеохристианского миссионерства в Израиле <...> Назвать это цепной реакцией было бы преувеличением. Большинство евреев, ищущих Б-га, находят истинный путь, путь к вере своих праотцев и своих пророков. Порукой тому — свойственное почти всем евреям чувство недозволенности крещения, впитанное с молоком матери отвращение к измене вере.

Его борьба не столько практическая, сколько принципиальная; Файнгольда скорее возмущает сам факт, чем тревожат его последствия: «...если бы миссионерские усилия выкрестов увенчались даже и нулевым результатом, разве сам факт — вы-

---

6   CAHJP. CEEJ. File 960-II.3. P. 46.

кресты на Святой Земле! — не оскорбителен для памяти тех, кто молился о возвращении в Сион и умер за веру» [Файнгольд 1977: 27, 46–47].

Но деятели еврейского движения в Советском Союзе, очевидно, беспокоились, что соблазн крещения отнимает у них потенциальных сподвижников: активные и антисоветски настроенные евреи, вместо того чтобы идти в синагогу и стремиться в Израиль, шли в церковь и оставались в России — «безразличные к самой идее мирового сионизма», как писал А. Эльсони в своем докладе, подготовленном к симпозиуму «Еврейская культура в СССР: состояние и перспективы» (1976). Эльсони обличал евреев,

> умиленно принявших христианство, буддизм, индуизм и черт знает что еще, и евреев, пытающихся «дополнить», «улучшить» иудаизм — религию-де «сугубо этническую», «ограниченную», «окаменевшую» — элементами других верований и философских систем,

указывая, что это ведет к потере связи с еврейством. Он осуждал «полный индифферентизм» по отношению к иудаизму и «судорожные попытки заполнить "религиозный вакуум" иными, ни генетически, ни сущностно, ни символически даже не связанными с ним инокультурными верованиями, ритуалами и философско-этическими учениями» как «глубинные причины растущего безразличия множества реальных и потенциальных эмигрантов к самой идее мирового сионизма, к культуре Израиля, — а, значит, и желания их жить где угодно и как угодно, лишь бы не в еврейском государстве» [Эльсони 1978: 377–378].

По своей интонации и содержанию доклад Эльсони полностью созвучен большинству докладов на симпозиуме: по своему жанру это не научные сообщения в конвенциональном понимании, а либо констатации фактов и своих соображений по их поводу, либо программы того, как эффективнее обратить советских евреев в сионизм и убедить репатриироваться в Израиль. Собственно религиозно-культурную тему вслед за Эльсони разрабатывал московский религиозный активист Илья Эссас[7] в докладе «Иудаизм или эллинизм? (Какая культура нужна советским евреям?)». Демонстрируя подход авторитарный, исключающий и конструктивистский, — докладчик сам определяет, какая культура потребна советским евреям, и таковую призывает строить, а все прочие варианты — элиминировать, — Эссас утверждал, что европейская, мировая культура — это эллинизм, чуждый евреям, от которого нужно тщательно дистанцироваться. Можно знать и любить европейскую культуру, «но как другую культуру»: «...мы <...> не должны создавать те формы культуры, которые откроют дверь эллинизму, не должны допускать идеи, которые могут толкнуть на губительные пути. <...> ...мы должны строить элементы подлинно еврейской жизни» [Эссас 1978: 381]. Эссас же, как вспоминает Михаил Членов, не допустил, чтобы оргкомитет симпозиума принял доклад иудеохристиан о христианстве как современной реализации сионизма в Советском Союзе [Членов 2004; Членов 2006: 251].

Примерно в то же время Эссас обращался к Брюссельской конференции «В защиту советского еврейства» (1976), сетуя на то, что духовные потребности советских евреев могут быть удовлетворены книгами по христианству, написанными или переведенными на понятный им русский язык, в то время как иудаизм с его текстами находится «практически вне сферы понимания русских евреев» — и это «трагично»: «...трагично думать, что потенциальные лидеры и активисты русского еврейства обращаются в христианство». В связи с этим он призывал принять соответствующие меры: переводить литературу по иудаизму, написанную ортодоксальными авторами, делать религиозные передачи на «Голосе Америки» и «Коль Исраэль» и активизировать очную пропаганду — повысить численность «ортодоксальных евреев, посещающих СССР в качестве туристов <...> не менее

---

[7] И. Эссас вел религиозный отдел в журнале «Евреи в СССР», а во второй половине 1970-х годов стал определять содержание «культурного приложения» к журналу — «Тарбут»; по словам первого редактора «Тарбут» Феликса Дектора, Эссас сделал журнал «абсолютно клерикальным» [Чарный 2018].

двух туристов в неделю» и обязать их «проводить встречи с советскими евреями и наставлять их касательно возможности вести жизнь ортодоксального еврея в современном обществе» [Essas 1980: 12–13].

Аналогичную программу срочного и массированного миссионерства среди советских евреев заявлял и Файнгольд, требуя

> резко поднять уровень религиозного воспитания еврейского народа в Государстве Израиль и в галуте. Что же касается русского еврейства, то, как мы видели, оно более, чем любая другая часть нашего народа, нуждается в неотложной духовной помощи, которая откроет ей доступ к священному наследию дома Израиля [Файнгольд 1977: 51].

Имели место попытки оказания «духовной помощи» в файнгольдовском понимании — в виде дискредитации христианства. В 1985 году Пинхас Гиль, сотрудник издательства «Шамир», детища того же Союза религиозной интеллигенции из Восточной Европы, который издал брошюру Файнгольда, выпустил свой перевод *Толдот Йешу*, раннесредневекового еврейского контревангелия, включающего талмудические и мидрашистские предания, где Иисус из Назарета предстает преступником и грешником, колдуном и лжемессией, который был ненавидим народом и плохо кончил[8]. В предисловии «От переводчика» Гиль солидаризируется со своим источником, экстраполируя его враждебность к основателю христианства на эту религию во всех ее проявлениях, более того — представляя эту враждебность как неотъемлемый компонент еврейской ментальности:

> ...еврейский народ всегда — с момента возникновения христианства и по сей день — с глубочайшим презрением относился к этой религии, рассматривая христианскую догму как нагромождение глупостей и несуразностей, а христианскую мораль — как лживую и лицемерную [Гиль 1985: 5].

---

8   Я благодарю Вениамина Лукина, обратившего мое внимание на это издание.

Задача же перевода — отвратить от христианства бывших соотечественников:

> Настоящий перевод предназначен в первую очередь для тех русскоязычных евреев, которые <...> совершенно незнакомы с великими духовными ценностями иудаизма <...>, но зато нередко с уважением <...> относятся к христианству <...>. Думается, что нашим читателям небезынтересно будет узнать, как относились их предки к Йешу и основанной им религии [Гиль 1985: 7].

Впоследствии, в начале 2000-х годов, когда угроза массового обращения в христианство, если она и ощущалась ранее, уже точно перестала быть актуальной, в интервью, проводимых бывшими активистами ради увековечивания истории движения, эту проблему вспоминали по-разному.

Есть примеры отношения совершенно спокойного. Преподаватель иврита Моше Палхан дружил с братом священника Александра Меня Павлом: они вместе служили на Кубе, вместе учили и начали преподавать иврит, только Мень — христианам. Об этом спокойно рассказывают в интервью Юлию Кошаровскому брат Палхана, Израиль Палхан, и Михаил Членов. Сам Кошаровский заявляет, что «каждый человек имеет право на свободу мировоззрения, и не это определяет его принадлежность к еврейству. Он может думать, как угодно. Важно, что внутри себя он считает себя евреем» [Зильберг б. д.]. Юлий Эдельштейн объясняет, что его отец стал священником не только потому, что не являлся галахическим евреем (хотя важно, что рассказчик ощущает потребность приводить это оправдание), но и потому, что встретил харизматичных, мужественных, глубоких священников, таких как А. Мень, Д. Дудко, Николай Эшлиман, а сам Юлий решил, что христианство — это не его, к тому же в его кругах, отказных кругах, уже были яркие и отважные люди, склоняющиеся к иудаизму; то есть он практически описывает выбор между христианством и иудаизмом, где христианство — вполне приемлемая альтернатива [Эдельштейн 2007]. Эйтан Финкельштейн, хотя и называет себя еще применительно к 1960-м годам «традиционным евреем», не обвиняет Меня за сам факт «выкрещивания» и священства, а критикует его как будто с объективных позиций. Он пренебрежительно характеризует Меня как «популяризатора» (а не «религиозного философа»), пользовавшегося любовью «неустроенных русско-еврейских интеллигентов, по большей части женщин», упрекает его в том, что ему не удалось изменить церковь, что он утверждал, будто в церкви нет антисемитизма, а это не соответствовало действительности[9], и в том, что в итоге многие его последователи ушли из христианства. В то же время он отмечает положительные стороны Меня (добрый и отзывчивый) и не осуждает всех евреев-христиан как категорию. Позиция Финкельштейна — это пример дистанцирования, лишенного, однако, полного отчуждения и превращения христиан во внутренних врагов [Финкельштейн 2004]. Но в той же серии интервью Ю. Кошаровского с бывшими отказниками и активистами встречаются и случаи безоговорочного осуждения:

> ...в то время нонконформист должен был быть религиозным. <...> ...многие из моих друзей, близких, и немало было среди них евреев, ушли тогда в христианство, ушли под влияние Мéня. И у меня возникло очень сильное неприятие того, что с моей точки зрения представлял собой этот нонконформистский конформизм. Более того, у меня произошло несколько прямых личных столкновений с «мéнями». <...> ...в России свой особый путь — там из нафталина извлекли доброго выкреста (Улицкая и т. п.). Им, очевидно, не сообщили, что это дитя производили на свет многократно, но оно всегда было мертворожденное. <...> Никогда у евреев выкрест не был евреем. Точка. Всегда в России и в самые тяжелые времена даже для нерелигиозных евреев выкрест был предателем. <...> Еврей — это тот, у кого дети евреи. Выкрест, это человек, у него нет ничего общего с евреями. Он может быть гениальным, как был Пастернак, и, к сожалению, с антисемитскими сентенциями, как в «Докторе Живаго» [Зильберг б. д.].

---

[9]   Миф о том, что церковь верна принципу «нет ни эллина, ни иудея» и свободна от антисемитизма, бытовал и помимо о. Александра Меня [Костырченко 2019: 25].

> ...Сережи Рузера, который в то время уже достаточно хоро-
> шо владел ивритом, получив тем самым доступ к иудаизму,
> <...> но предпочел христианство — религию освободивших-
> ся от заповедей Торы и еврейства, тем самым подрывающую
> самые основы сионизма. <...> Меня особенно поразило его
> идеологическое двуличие. <...> ...солдатский магендовид, на
> обратной стороне которого он выгравировал крест. <...>
> ...мне было трудно поверить Эссасу, говорившему, что он
> иудеохристианин и якобы занимается миссионерством.
> Были времена, когда евреи не предавали веру отцов даже
> под угрозой смерти — и это тысячи лет хранило наш народ.
> А те, кто из корыстных побуждений, и тем более доброволь-
> но, приняли другую религию — история стерла их имена из
> нашей Книги [Ханин 2009].

Будучи вполне объяснимым в традиционной еврейской среде, где оно передавалось из поколения в поколение и фиксировалось в литургических текстах, категорическое неприятие христианства у евреев ассимилированных, недавно осознавших себя евреями, причем далеко не всегда религиозными, требует объяснения. С евреями-христианами их роднили антисоветские настроения и духовные поиски; некоторые религиозные активисты и сами прошли через христианство. Часть гонителей видела в иудеохри-стианах угрозу создаваемой ими общине и движению, но неко-торые осуждали и осуждают их экзистенциально, вне политики. В чем причина? Если отсутствует ущерб или его угроза, другая наиболее очевидная причина социального конфликта и неприя-тия — зависть.

Немецкий социолог Гельмут Шёк, который в своей книге «Зависть: теория социального поведения» (1966) предлагает считать зависть универсальной эмоцией и мотивацией, стоящей за множеством социальных и культурных явлений от первобыт-ной религии до современной политики, от сиблингового сопер-ничества до преступлений на кампусах, утверждает, что зависть всегда «бескорыстна»: завистник не хочет присвоить себе те предметы или свойства, которым завидует, но хочет, чтобы объект зависти их лишился; вариант проявления зависти — обостренная забота о равенстве, в том числе обсессивное слежение внутри сообщества за тем, чтобы никто не выделялся.

Ненавистники выкрестов как будто ни в чем им не завидуют, более того, отмечают, что завидовать нечему: «Прагматически, на социальном уровне, прозелит <...> ничего не приобретает», — пишет Файнгольд, однако дальше выясняется, что как раз на социальном и приобретает, интегрируясь в «третий Рим», в «русскую духовную элиту», в «высший слой русской интеллигенции», из которого состоит паства «о. Александра М.» [Файнгольд 1977: 5–7]. «Барыш в иных сферах», как Файнгольд характеризует цель — или побочный продукт — крещения, принижая его дополнением «обретенные удобства», это, в терминологии П. Бурдье, «символический капитал». И хотя самим неофитам-иудеям, тем более уже покинувшим Россию, этот капитал, казалось бы, не мог пригодиться, обретение его другими представителями советской еврейской интеллигенции, «своими чужими», тревожило и возмущало.

Сила зависти пропорциональна близости к объекту зависти — совсем незнакомым людям не завидуют, и зависть чаще возникает при небольшом неравенстве, чем при масштабном, когда недосягаемость уже очевидна и завистник принимает ее как данность [Шёк 2008: 99]. Помимо Г. Шёка это наблюдение делали и другие тонкие аналитики социальной психологии, например Лидия Яковлевна Гинзбург, так комментировавшая в записных книжках услышанный разговор: «Для зависти разговаривающие слишком незначительны по положению. Зависть есть, но совершенно абстрактного порядка. Младший дворник конкретно завидовал старшему дворнику, но домовладельцу он завидовал абстрактно» [Гинзбург 1991: 60]. Более вероятная зависть к близким, «своим чужим», коррелирует с большей враждебностью к ним же. Катриона Келли, предлагая вместо попперовского «закрытого общества» описывать советское общество и сообщества внутри него с помощью четырехвариантной модели сильная/слабая группа (group, внешняя граница) и сильная/слабая решетка (grid, внутренняя иерархия или структура), разработанной антропологом Мэри Дуглас и другими [Mamadouh 1999][10], отмечает, что «замкнутые неформальные группы [внутри советского общества] являли собой классические примеры "анклавных" обществ (неиерархичные внутри, но ожесточенно ограждающие себя от чужаков)», при этом члены такой группы были скорее готовы «принять совершенно постороннего, чем того, кто является для них посторонним лишь отчасти (так называемый "свой чужой"). Относительная проницаемость советских диссидентских кружков для иностранцев (но не для чужаков из других советских городов) иллюстрирует эту особенность» [Келли 2009]. Отказное сообщество, чей «анклавный» характер (сильная группа / слабая решетка) требует отдельного обсуждения, будучи враждебно к «своим чужим», не просто открывало двери, но стремилось общаться с иностранцами (воспринимая их в том числе как ценный ресурс) и поддерживало контакты с совсем другими инакомыслящими — украинскими или русскими националистами[11]. Почти ту же мысль — что дальних приняли бы скорее, чем «своих чужих» — высказывали братья Григорий и Исай Гольдштейны, члены оргкомитета симпозиума «Еврейская культура в СССР», описывая вышеупомянутый скандал с недопущением доклада иудеохристиан; их критическое отношение к подобной

---

[10] «Такой способ понимания социальных отношений потенциально более продуктивен и, без сомнения, более "антропологичен", чем поляризация "открытое общество/закрытое общество"» [Келли 2009].

[11] В разных выпусках самиздатовского журнала «Евреи в СССР» выходили интервью с ведущими русскими националистами и другие их материалы (см., например, вып. 7–8 (1974), 14–15 (1977)). У этих материалов, по-видимому, была своя задача: пробудить национализм у своих читателей — либо по аналогии, либо от противного (страха перед русским национализмом), причем русские националисты, как и еврейские активисты, поддерживали отъезд евреев в Израиль. М. Скуратов в статье «Русский национализм и сионизм», републикованной в «Евреях в СССР», вып. 14–15, писал: «Большинство русских националистов приветствуют эмиграцию евреев в Израиль. Только еврей, с гордостью заявляющий о себе, что он еврей, и считающий Израиль своей родиной, заслуживает уважения. Тогда как еврей, маскирующийся под русского, ни на что иное, кроме презрения и подозрений, рассчитывать не может» [Скуратов 1978: 102].

политике, возможно, обусловлено их внеположностью московской отказной среде — Гольдштейны жили в Тбилиси[12]:

> ...вместо того, чтобы принять эффективные меры к восста-
> новлению и сохранению всех докладов, что практически
> означало переправку их в Израиль, члены оргкомитета
> жарко спорили о том, допускать ли к участию в симпозиуме
> иудо-христиан представить свои доклады. Если бы совет-
> ское министерство культуры вдруг пожелало прислать на
> симпозиум своих представителей с докладами, то вряд ли
> кто-либо из членов оргкомитета возразил бы. Пожалуй,
> даже кагебешников допустили бы при условии, что не будут
> мешать. А вот с иудо-христианами скандал получился.
> Постановили, что нет места советской иудо-христианской
> культуре в советской еврейской культуре. Как будто нашли
> место еврейской культуре в советской культуре![13]

Ко второй мысли, латентно выраженной в этом пассаже: что
опыт дискриминации (нет места еврейской культуре в советской
культуре) не способствует толерантности, а лишь дискриминации
к «своим чужим», — мы обратимся ниже.

2. О *ноширим*

То же чувство «бескорыстной зависти», трудноотделимое от
праведного гнева, диктовало многочисленные письма в осуждение и против оказания помощи так называемым *ноширим* — «от-
павшим», или «прямикам», то есть тем, кто выезжал из СССР по
израильской визе, но из пересадочного пункта в Вене направлял-
ся в Северную Америку или оставался в Европе. Эта практика
установилась в 1971–1972 годах, в Вене открылись офисы ХИАСа

---

[12] Сходное наблюдение об особенной, отличающейся от рижской, «фанатич-
ной» атмосфере в московских отказных кругах, полной «неприемлемости
и нетерпимости ко всему, что не было связано с Израилем», принадлежит
рижской отказнице Гесе Камайской [CAHJP. CEEJ. File 627. P. 2–3].

[13] CAHJP. CEEJ. File 1003. P. 2.

(Hebrew Immigration Aids Society) и Джойнта, организаций, оплачивавших желающим дорогу в США и помогавших с устройством на месте. Число тех, кто намеревался поменять страну назначения, скачкообразно росло, к середине 1970-х *нешира* сравнялась с *алией*, а к концу — превзошла ее в два раза. Год за годом в страны Запада попадали две трети всех евреев — эмигрантов из Советского Союза [Кошаровский 2007а]; статистика неширы, как и статистика еврейской эмиграции в целом, происходит из разных источников и зачастую противоречива [Ro'i 2012а: 7–10], но все же *ношрим*, безусловно, лучше поддаются учету, чем евреи-*ноцрим*. Впрочем, среди первых, вероятно, было некоторое количество вторых, возможно, с приставкой «лже-»; по крайней мере, израильские аналитики неширы предположили между ними неявную связь. Увидев в статистике ХИАСа некоторое число неевреев (например, в 1973 году 1284 человека), каким-то образом выехавших из СССР по израильскому вызову, авторы анатилического отчета заключили следующее: «Возможно, что среди 1284 "неевреев" есть и "кошерные" евреи, которые представились христианами чиновникам ХИАСа, с тем чтобы попасть в нееврейские миграционные лагеря и оттуда эмигрировать в Германию или другие европейские страны. То есть среди этих эмигрантов есть также евреи, которые намеренно ходят отмежеваться от своей еврейской идентичности»[14]. Даже не принятие христианства, а фиктивное отнесение себя к христианам воспринимается как отказ от еврейства, усугубляющий отказ от Израиля.

Рост *неширы*, как суммирует Г. В. Костырченко, свидетельствовал о том, что религиозный и идейный «моменты лишь поначалу превалировали в мотивации массового исхода евреев из СССР, тогда как затем он все больше подпитывался прагматическим стремлением многих из них попасть в самую экономически развитую, богатую, комфортную и безопасную западную страну» [Костырченко 2019: 170]. Первый тезис вызывает сомнения: скорее, идеологический и религиозный «моменты», по крайней

---

[14] CAHJP. CEEJ 1103. P. 110.

мере у младшего поколения, лишенного их с детства, появились уже позже, с развитием еврейского движения, и эмиграция на рубеже 1960–1970-х годов была мотивирована прагматическими стремлениями не меньше, чем впоследствии; разница состояла скорее в отсутствии очевидной возможности эмиграции в США или по крайней мере информации о таковой. Но нас будет интересовать не причина *неширы*, а реакция на нее.

У некоторых людей в отказных кругах массовая переориентация на Америку вызывала недоумение и сожаление: «Все же этот вопрос с неширой производит впечатление повального и заразного безумия», — писала в начале 1980-х годов корреспондентка Григория Фреймана: вокруг нее все учили иврит и Тору и клялись, что собираются только в Израиль, — и обманывали[15]. Активисты борьбы за эмиграцию занимали, как правило, более категоричную позицию в отношении *ношрим*. В осуждении *неширы* важную роль играли прагматические опасения компрометации движения и снижения шансов на выезд для новых желающих: «рост числа ношрим может привести к прекращению советскими властями еврейской эмиграции» [Ингерман 1980: 148], «советские власти пользуются неширой для закрытия дверей вообще», «прямик, едущий в США, закрывает своим родичам всякую возможность выехать из СССР»[16], — а также справедливое возмущение циничным использованием ресурсов движения в своих личных целях («мы в Израиле делаем вызовы от однофамильцев по просьбам прямиков, но не получаем ни слова благодарности» [Там же]) и тем, что *ношрим* занимают место *олим*, ведь квота на эмиграцию одна, и та невелика. Впоследствии выяснилось, что советскому руководству *нешира* не мешала, а наоборот, была удобна[17], однако непонятно, кто из активистов

---

15 CAHJP. ARS. Box 22. File 058–029.

16 Письмо Александра Воронеля Юлию Китаевичу, б. д. [Archiv FSO. F. 214. S. p.].

17 Лея Словина, работавшая в 1970-х годах в Сохнуте, утверждала в интервью Ю. Кошаровскому, что *нешира* никак не мешала алие, советским властям это было неважно (они выпускали определенное количество человек ради договоренностей с США) и даже выгодно — тем самым они успокаивали своих

считал так на тот момент (ведь в общении с ними власти говорили обратное); некоторые, как Ю. Кошаровский, и впоследствии продолжали думать, что *нешира*, а не Афганистан, виновна в резком сокращении выезда в первой половине 1980-х годов [Кошаровский 2007б]. Между лидерами движения и представителями помогающих им или курирующих их израильских структур (Сохнут, Лишкат га-кешер) с 1976 года развернулась полемика о том, нужно ли бороться с *неширой*, и если нужно, то каким образом. Подписывались открытые письма с требованиями закрыть отделение ХИАС в Вене и тем самым отобрать у эмигрантов практическую возможность ехать в Америку [Щаранский б. д.] или лишить будущих *ношрим* безвозмездной материальной помощи, выдаваемой в голландском посольстве [Ингерман 1980: 147–149]. Как фантастический, но желательный рассматривался план насильно загонять эмигрантов из СССР в Израиль («пломбированный вагон» до Израиля), а также труднодостижимая (поскольку оказывающие основную финансовую поддержку и движению, и абсорбирующим израильским структурам американские организации и отдельные доноры выступали за эмиграцию из Советского Союза в любом направлении с целью спасти евреев как евреев и не считали Америку, куда когда-то приехали из Восточной Европы их предки, второ-

---

арабских союзников, говоря, что на самом деле большинство едут не в Израиль [Словина 2005]. Яков Кедми, с 1978 года работавший в Лишкат га-кешер, высказался в том же ключе: «[Советские руководители] даже использовали это [неширу] в своих интересах. Мол, разговоры о национальном возрождении, национальном движении и исторической родине — это сказки. Речь идет просто об эмиграции. <...> КГБ использовал это для своих оперативных целей [то есть тем самым вывозил за рубеж своих агентов]. В целом такой порядок больше соответствовал интересам советских властей, нежели им противоречил» [Кедми 2004]. Подтвердил свои изначальные предположения и Натан Щаранский: «Я считал, что Советскому Союзу абсолютно безразлично, куда они едут. <...> ...известный советолог Барух Гур заявил недавно на встрече, посвященной сорокалетию алии, что теперь можно с определенностью сказать — в отличие от того, что они думали раньше, — что для Советского Союза это никогда не имело значения. <...> Во всех спорах <...> я говорил, что всё это ерунда, что для Советского Союза это не имеет никакого значения» [Щаранский б. д.].

сортным направлением) перспектива договоренностей с другими странами, чтобы те впускали советских эмигрантов не сразу
по их выезде из Союза, а лишь после пребывания в Израиле[18].
Выдвигались требования более мягких агитационных и воспи-
тательных мер — сионистского убеждения[19] и просвещения
[Ингерман 1980: 145–146][20], и предпринимались самостоятельные
усилия в направлении еврейского просвещения именно в связи
с проблемой *неширы*[21]. Были и письма против репрессивной
политики, в защиту «свободы выбора» эмигрантов, где утвер-

---

[18] Кузнецов Э. Психологические особенности неширы. Выступление на Второй
конференции израильской ассоциации по славянским и восточноевропей-
ским исследованиям. 29.06.1979 [Archiv FSO. F. 30.45. P. 330–331].

[19] См., например, брошюру Эйтана Финкельштейна «Как уехать из СССР»,
которая позиционирует себя как сборник практических советов для уже
решившихся на репатриацию («...брошюра предназначена не для того, чтобы
агитировать за выезд, она рассчитана на тех, кто уже принял решение выехать
из СССР в Израиль»), но на самом деле содержит агитацию за эмиграцию
из СССР вообще (с. 14–15) и именно в Израиль (чьи достоинства превозно-
сятся, в то время как другие страны описываются как более трудные для
абсорбции, с. 21) и призывы заниматься подобной агитацией среди своих
родных и близких [Финкельштейн 1984].

[20] Звучали требования улучшить качество пропагандистского вещания из
Израиля, чтобы оно было сопоставимо с американским. Параллельно Сохнут
разрабатывал план, инициированный Леей Словиной, организовать пропаганду уже в Вене, и с этой целью туда отправили целый штат сотрудников
Сохнута.

[21] Вениамин Файн, представитель «культурнического» крыла движения,
вспоминает, что стал заниматься переводами и самиздатом, чтобы оста-
новить неширу: «Для меня отправной точкой [в культурнической дея-
тельности] была "нешира". Вначале все было хорошо, шла алия, а потом
начало увеличиваться количество тех, которые оставались в Вене и ехали
в другую сторону. Я думал, что с этим надо что-то делать. Первым моим
побуждением было — объяснить: надо написать письмо и объяснить им,
что то, что происходит, — это безумие. И мы с Розенштейном написали
письмо-воззвание. Мы распространяли его в Москве, оно было опубликовано в Израиле. Письмо, нужно сказать, было довольно наивным.
Потом я понял, что этого недостаточно, что нужно делать что-то более
глубокое. Я вспомнил, что Эйнштейн писал что-то про сионизм. Мы
с Розенштейном встретились и перевели 15 его статей с английского на
русский» [Файн 2007].

ждалось, что главное — дать людям выбраться из Советского Союза, не следует никого загонять в Израиль насильно[22.]

Примечательно, что и авторы последних выказывают свое презрение к *ношрим*, умея подчеркнуть при этом собственное благородство. Так, в письме против закрытия ХИАС, то есть за продолжение поддержки евреев, едущих из Вены в США, содержатся соображения о причинах подобного эмиграционного выбора: он объясняется нравственной слабостью или низостью и противопоставляется другой, достойной, эмиграции: «...еврейская эмиграция весьма пестра по своему составу. Наряду с идейными и убежденными людьми много колеблющихся <...> имеются и неудачники, пытающиеся эмиграцией исправить свои обстоятельства, и откровенные хапуги». Призыв к великодушию подкрепляется вписыванием себя в еврейскую традицию: «Моисей не отмахивался от толпы рабов, выведенных им из Египта» [Ингерман 1980: 164].

Рассуждения о циничном прагматизме («они едут за длинным рублем, а мы за идеалами» [Чернобыльская 2011: 151], «те, для кого вопрос мяса и колбасы — главный жизненный вопрос»[23]) и сомнительном моральном облике *ношрим* («менее разборчивые не думают и не смущаются»[24]) зачастую подкрепляются политическими предостережениями о вреде *неширы* для еврейского движения и для Израиля и численно преобладают над высказываниями в защиту свободы выбора. Обличители *ношрим* возмущаются их цинизмом и обманом всех и вся. Эдуард Кузнецов в речи 1979 года обрисовывал пропасть между образом героических советских евреев-сионистов и 70 % «ношряков» с «хитрым блеском в глазах»[25]. Александр Воронель в переписке со своим

---

[22] Письмо А. Лунца, В. Слепака, Н. Щаранского: «Мы писали, что все собираемся ехать только в Израиль, что мы сионисты, но считаем, что еврейское государство не должно закрывать евреям какие-либо двери. Мы хотели бы, чтобы все приехали в Израиль по положительным причинам и т. д.» [Щаранский б. д.]

[23] CAHJP. ARS. Box 14B. S.n. [Gimelstein]. P. 119.

[24] CAHJP. CEEJ. File 864.

[25] Archiv FSO. F. 30.45. P. 330.

корреспондентом, находящимся как раз в США, по вопросам помощи Игорю Губерману комментировал проблему *неширы* так:

> Я не вижу никакой возможности предотвратить *обман, который является обычной манерой поведения в этой среде*, и я не вижу возможности помешать советским евреям обращаться в католицизм, православие, немецкую культуру (для визы в ФРГ) и даже к Организации Освобождения Палестины, поскольку по своим моральным качествам они на это способны. Если Вы так озабочены этой опасной возможностью, Вы должны признать, что Сохнут прав в своем стремлении загнать их всех в Израиль, ибо это, действительно, единственное средство удержать их от *морального падения*, но тогда вся эта нечисть сядет нам на голову в Израиле[26].

Отказавшихся от Израиля активисты движения осуждали ровно в той же риторике, в тех же категориях, в каких советская пресса осуждала их самих, — в категориях этических, как предателей и корыстолюбцев: «демонстрируют наплевательское отношение к нашим национальным задачам»[27], «...эти люди <...> вольные беглецы, променявшие свою национальную гордость на перспективу более высокого материального благополучия» [Ингерман 1980: 343], или, как впоследствии суммировал Юлий Кошаровский, сам категорический противник *неширы* и сторонник борьбы с ней,

> выезд по израильским документам на благополучный Запад выглядел в глазах многих сионистов как акт предательства национальных интересов и кощунственное посягательство на алию <...> Они беззастенчиво и с вредом для алии этой [проложенной нами] дорогой пользовались [Кошаровский 2007б].

Во многих случаях эти обличения несвободны от ревнивого воображения более привлекательных материальных и профессиональных перспектив абсорбции в странах Запада и требова-

---

[26] Письмо А. Воронеля Ю. Китаевичу. 8.3.1980. [Archiv FSO. F. 214. S. p.].

[27] Ю. Кошаровский цитирует свои собственные аргументы 1976 года из отчета о поездке в СССР Инид и Стюарта Вертман [Кошаровский 2007б].

ний перераспределить средства в свою пользу — в пользу «правильных» эмигрантов, активистов алии: «мы бы хотели привлечь ваше внимание к необходимости лишить *ношрим* материальной поддержки, получаемой ими еще в Советском Союзе», «мы также думаем, что было бы справедливо и морально оказывать большую материальную поддержку тем, кто выезжает в Израиль»[28], хватит «финансировать поиски ими комфортабельного и теплого местечка»[29]. «Неширу легко объяснить», — высказывает свое мнение репатриант из Киева Эммануил Диамант в интервью о собственной абсорбции, в котором вопросов о *нешире* и *йериде* не задавалось, то есть, по всей видимости, он сам решил затронуть эту тему.

> Сегодня в Израиле нелегко быть потребителем. Все места у кормушки заняты. Так зачем сюда ехать? Есть же более развитые страны, есть Америка — самая дорогая и самая теплая стенка. Уж там среди 200 миллионов найдешь себе место. И будешь шофером такси, зато будешь зарабатывать и будут две машины стоять возле дома [Дымерская-Цигельман 1978].

В разговоре о *нешире* в позднейших источниках — интервью и воспоминаниях 2000-х годов — негативные оценки даже непримиримых борцов с ней (таких как Ю. Кошаровский) смягчены прошедшим временем и переломом конца 1980-х годов, когда визовую политику изменили таким образом, чтобы эмигранты не могли из города, где делали пересадку, Будапешта или Бухаре-

---

[28] Письмо активистов Ю. Кошаровского, В. Лазариса и др. к еврейским лидерам и руководству ХИАС и Джойнта от 1976 года. Ю. Кошаровский цитирует его по статье: Активисты алии занимают позицию // Бюллетень Комитета ученых при израильском «Общественном совете в поддержку советских евреев». № 95. 15 октября 1976 года [Кошаровский 2007б]. Под заголовком «Отказники обеспокоены "неширой"» письмо было опубликовано в газете «Наша страна» 5 октября 1976 г.

[29] Письмо узников Сиона М. Дымшица, И. Менделевича, Д. Черноглаза и др., цитируется по статье «Активисты алии занимают позицию» [Кошаровский 2007б].

ста, отправиться не в Израиль (потом появились прямые рейсы в Израиль, и, наконец, США ввели квоту на въезд), а также утверждениями нескольких авторитетных участников событий о том, что *нешира* не влияла на эмиграционную политику советских властей и не угрожала прекращением алии[30]. И тем не менее такие определения, как «вонючие ношряки» или «позорище», в разговорах и текстах 2000-х годов сохраняются [Диамант 2011]. Теперь, когда нет необходимости бороться с *неширой* политически или даже риторически, есть возможность выразить свою толерантность, но при этом удержать символический капитал, осуждая «их» слабость, выгодно оттеняющую «нашу» стойкость. Михаил Бейзер в 2011 году в споре с Э. Диамантом даже эксплицировал это ощущение «морального превосходства»:

> Я совершенно не могу понять предельно завышенных моральных требований, которые Амик [Диамант] предъявляет к обычным людям, да еще советским, запуганным людям. <...> Понятно, что мы, сионисты, были и остаемся противниками «неширы». <...> ...такая оценка позволяет нам, живущим здесь, ощущать моральное превосходство над «новыми американцами», тем более что материальное превосходство над ними достичь труднее. <...> Диамант предъявляет высокие требования, которым удовлетворяли небольшие группы идейных бойцов. К обычным людям, которые просто ищут, где лучше, боятся за жизнь своих детей, у которых нет никакого жизненного опыта, кроме советского <...>, я бы повышенных требований применять не стал. <...> ...где вы видели народ, состоящий из одних святых и героев? Как в свое время выражался диссидент Владимир Альбрехт: «Если бы в Израиль ехали все, туда не стоило бы ехать» [Бейзер 2011].

Примечательная особенность и филиппик, и снисходительно-примирительных отзывов о *нешире* состоит в том, что их авторы характеризуют поведение *ношрим* как советское в самом плохом

---

[30] Н. Щаранский, Я. Кедми, Л. Словина в интервью Ю. Кошаровскому, см. выше.

смысле этого слова, как прискорбные пережитки советской ментальности. Для Бейзера *ношрим* — это «советские запуганные люди».

> В Риме и Вене сидят сотни интеллигентов, — рассказывает в письме из Израиля Воронель, — <...> и пишут нам меланхолические письма о том, как они жалеют, что мы не вместе и как им невыносимо жить среди всей той сволочи, которая в Риме и Вене собралась. Что это сволочь, я могу подтвердить — сам видел своими глазами, общался и ощутил то самое давно забытое чувство (что я среди блатных), которое помню только по лагерю. Но что они — высоколобые, благородные и такие свободолюбивые — делают среди этой сволочи (и не без успеха по части выманивания разных типов материальных благ от разных типов организаций), я понять не могу. Ясно вижу недвусмысленную победу советской власти, моральную и фактическую: интеллигенты, говорившие, что борются за свободу, теперь борются за материальные преимущества... [Воронель 1978: 205].

Он приводит и конкретный пример:

> Когда Чаплины [режиссеры Лина и Слава Чаплины] приехали в Вену, К. написал им из Рима, чтобы они заявили, что хотят ехать в США. «Тогда вас пошлют в Рим, вы погуляете по Италии, отдохнете, а через пару месяцев объявите, что передумали, и вас спокойно отправят в Израиль». Чаплины ответили, что в их возрасте уже поздно шарить по чужим карманам и они надеются съездить в Италию за свой счет, а не жульническим способом, но поразительно, что среди большинства это не рассматривается как низость. <...> Моральный уровень наших соотечественников так низок, что они даже не понимают, что в этом поступке вызывает мое возмущение [Воронель 1978: 208].

Активисты Григорий Розенштейн и Вениамин Файн в открытом письме «евреям и каждому, кто получил вызов из Израиля и намерен покинуть Советский Союз», саркастически описывают ухищрения *ношрим* в Америке и Европе, подчеркивая, что своими обманами они продолжают традицию советского поведения:

...выпущенные с сотней долларов на голову, мы будем распродавать на венских толкучках матрешек, а повезет — и икону из какой-нибудь вымершей вологодской деревеньки. С изображением юной еврейской Мириам. Чтобы досидеть на эти гроши до желанного разрешения на въезд. Продав Мириам, мы поедем за чужой счет в чужую страну <...> Эмигрировав в США или Австрию, евреи вынуждены притворяться бездомными, притворяться, что знают идиш, притворяться религиозными. О, как мы привыкли, как мы умеем притворяться, что работаем, притворяться, что аплодируем, притворяться, что не притворяемся [Ингерман 1979: 50].

Эдуард Кузнецов начинает свою речь о *нешире* с замечания о том, что установка, диктующая выбор *ношрим*: «урвать», поехать туда, куда не зовут, а то место, где ждут, счесть западней, — это пережиток советской психологии[31].

При этом они не замечают (хотя некоторые, как мы увидим дальше, отмечают подобное применительно к своим сподвижникам), что сами, ратуя за единство, призывая лишить людей свободы выбора ради высшего блага (блага Израиля, еврейского народа, движения) или ради сохранения их собственного морального облика, тоже демонстрируют советские коллективистские ценности и воспитательные установки.

3. Синат хинам?

В многочисленных обсуждениях проблемы *неширы* активистами, новыми репатриантами и израильскими структурами многие ратовали за разработку «положительных мер для уменьшения отсева» — в отличие от мер отрицательных, то есть противодействия выезду советских евреев в страны Запады, предположительно губительного как для советских евреев, так и для репутации Израиля[32]. «Положительные меры» подразумевали

---

[31] Archiv FSO. F. 30.45. P. 330–331.

[32] CAHJP. ARS. Box 10. File 087–029. P. 5–7.

еврейское просвещение и сионистскую пропаганду, причем «главным каналом» передачи информации считались письма от уже эмигрировавших родных и друзей с историями успешной абсорбции[33], и наоборот, письма из Израиля в СССР, написанные в начале периода адаптации и полные разочарования, упоминались среди основных причин *неширы*[34]. Аналитики из Еврейского университета резонно указывали, что «советские евреи считают неформальные источники информации наиболее надежными», поэтому информация об абсорбции должна доходить до них по «межличностным» каналам, и вещанию официальных СМИ необходимо придать «личный, неанонимный и достоверный характер», а для того передавать, подвергая их лишь минимальной редактуре, подлинные истории *олим*, которых узнают в их родных городах в Советском Союзе[35].

Важно было рассказать именно об успешном опыте, и собранный в рамках разных проектов материал цензурировался. Так, Венди Айзен, автор книги «Мы тоже в борьбе» (*Count Us in: The Struggle to Free Soviet Jews: A Canadian Perspective*), одна из лидеров канадской организации «35» в Монреале, рассказывает:

> Я помню, как мы, две молоденькие соплюшки, приехали в Израиль в семьдесят шестом году. Мы возомнили, что сможем остановить поток нэширы <...> записывали на магнитофон впечатления людей, которые успешно прошли абсорбцию, и отправляли записи в Советский Союз. За лето мы проинтервьюировали шестьдесят человек. Не все впечатления были положительными, двенадцать пленок пришлось выбросить. Потом мы пошли на радио «Свобода» в Нью-Йорке, они взяли наши записи и проигрывали эти пленки на Советский Союз [Кошаровский 2007б].

В 1976 году Центр документации и исследований восточноевропейского еврейства при Иерусалимском университете провел среди новых репатриантов конкурс эссе на тему «Мой путь в Из-

---

[33] Ibid. P. 6.

[34] CAHJP. CEEJ. File 1103. P. 106.

[35] CAHJP. CEEJ. File 1104. P. 18.

раиль». Тексты победителей вошли в одноименную книгу, изданную «Библиотекой-Алия» в 1977 году и, согласно предисловию «От издательства», призванную показать «широким читательским кругам», как каждый из авторов «увидел единственно возможный для себя путь в репатриации на историческую родину еврейского народа» [Мой путь 1977: 5–6]. На следующий год вышел сборник «Алия 70-х» с рассказами новых репатриантов о своей абсорбции, являющимися, по сути, нарративами успеха, построения с нуля новой счастливой жизни, включая еврейскую идентичность и сионистский патриотизм. Большинство признаются, что прежде мало задумывались о еврействе и уезжали скорее *из* СССР, чем *в* Израиль, однако на месте обрели чувство причастности еврейскому народу и государству; в этом слышится сигнал возможным советским читателям: не волнуйтесь, главное — приехать, дальше всё придет само. Помимо рассказов о личном опыте, некоторые авторы сборника, как мы уже видели на примере Э. Диаманта, охотно делились своими взглядами на других — тех, кому оказалось с ними не по пути. И эта категория других включала не только *ношрим*. Молодой репатриант Пинхас Гиль, будущий борец с христианством, посчитал нужным сообщить, что «крайне отрицательно» относится к *ношрим*, а кроме того

> …не очень положительно и к тем, кто никогда ниоткуда не уезжал, кто сидит в своих ленинградах, москвах, нью-йорках и т. д., потому что в данный момент место того, кто еврей и не стыдится называть себя евреем, — его место в Израиле, а не в Москве и не в Ленинграде. Галут — это явление трагическое. Когда есть государство Израиль, есть куда ехать, как понять тех, что едут неизвестно куда. Этих людей я не понимаю и презираю. С другой стороны, чтобы жить в Израиле, нужно быть не просто евреем, а несколько особым евреем. Не каждый в состоянии жить в Израиле и не каждому еврею место в Израиле. Большинство советских евреев — это слабые для еврейства люди [Дымерская-Цигельман 1978].

Нежелающих уезжать клеймили и активисты в Советском Союзе, авторы еврейского самиздата, тоже, разумеется, ставившего перед собой и просветительские, и пропагандистские задачи. Так, московский отказник, синолог Виталий Рубин в эссе «Перспективы русского еврейства» писал, что выбор эмиграции — это «выбор в пользу правды», выбор «наиболее активной, честной и решительной части еврейской молодежи», в то время как не собираются уезжать «люди уставшие от жизни», «внутренне опустошенные, утратившие уважение к себе», либо стремящиеся к продолжению карьеры и «материальному процветанию любой ценой», не желающие «видеть что-либо за пределами собственных эгоистических интересов», либо, наконец, опасающиеся не найти себе применения за рубежом «специалисты в области гуманитарных наук», каковые в советских условиях являются «профессиональными лжецами», занимающимися «духовной проституцией» [Рубин 1976: 39–41]. Двухмиллионное советское еврейство (ср.: в отказе находились сотни человек, уезжали в эти годы по 15–20 тысяч человек в год) Рубин делит на три равно неприглядных категории: подлецов-карьеристов, слабаков, «предпочитающих легкий путь», и глупцов, не понимающих, что в России перспектив у евреев нет, что «ясно каждому мыслящему еврею» [Рубин 1976: 42].

Другой видный московский отказник более позднего периода Иосиф Бегун в своих мемуарах обличает уже названных «отщепенцев» — ассимилянтов и *ношрим*, составивших «большинство советских граждан еврейской национальности», которые «безразличны к будущему своего народа», забыли библейскую истину «не хлебом единым жив человек» и под влиянием не духовных, а «материальных мотивов» «не помнящими родства Иванами» отправились в беспроблемную «благословенную» Америку [Бегун 2018: 412]. А кроме того — и здесь мы встречаем примечательный контрапункт к первой главке данной статьи — его возмущение вызывают сподвижники, «излишне» глубоко погрузившиеся в религию и в угоду ей жертвующие интересами коллектива, движения, нации:

> Говоря об этом феномене, религиозном возрождении, следует заметить, что некоторые из его особо ревностных адептов существенно снизили свою активность в собствен-

но еврейском движении. В частности, они перестали приходить в субботу к синагоге, где происходили важные встречи активистов с «широкими кругами» евреев, мотивируя это требованиями Галахи, запрещающей пользоваться транспортом в субботу. <…> Более того, в отказе появились приверженцы крайней ультраортодоксальной идеологии, не признающие современного еврейского государства [Бегун 2018: 169].

Не менее разнонаправленно осуждение, которому подвергает различные категории своих соплеменников Ури Белц (Юрий Остерфельд) в эссе «Моя алия»:

Активная ассимиляция — это сознательное стремление раствориться, приспособиться, исчезнуть <…> Не буду агитировать и возмущаться. Люди, как им кажется, умные, они только <…> не понимают, какого счастья лишают и на что обрекают своих детей <…> Столь же — если не более — омерзителен «американский вариант», разве только в котлах погуще. <…> Пассивная ассимиляция — это обреченное состояние людей, которые упорно придерживаются еврейства, но убеждены в бессмысленности и невозможности (для себя) выезда из СССР. <…> Но я осуждаю таких людей: не пойдя на смелый шаг, они перекладывают решение задачи на плечи своих детей. Те, конечно, рассудят по-своему, но скольких десятков и сотен тысяч мы лишимся еще[36].

Во всех случаях находится рациональная политическая мотивация нетерпимости к различным Другим, поскольку всех их можно было при желании счесть угрозой для движения или, как у Белца, для народа («скольких *мы* лишимся еще»): христиане отвращали других евреев от иудаизма и укореняли их в российской среде и культуре, удерживая от эмиграции, тому же служили примеры успешных ассимилянтов; *ноприм* дискредитировали «честных сионистов», а другим показывали соблазнительный пример, как можно иначе распорядиться добытой свободой

---

[36] CAHJP. ARS. File 100–003. P. 19–20.

и манкировать построением новой еврейской нации в Израиле; а ортодоксы доходили до отвержения сионизма не с практических, а с теоретических позиций.

В то же время подобная интерпретация представляется излишне функциональной, плохо применимой к выражениям неприязни в рассказах уже состоявшихся репатриантов или в позднейших воспоминаниях. Кроме того, встречаются и разнообразные другие проявления нетерпимости, например по географическому признаку — между евреями из разных республик — и социальному — между интеллигенцией и теми, кто «Пастернака не читал». «Неожиданную и неуместную заносчивость» прибалтийского еврея перед «одесситами» отмечает в своем очерке о репатриации в Израиль иммигрантка 1978 года Клара Пруслина и тут же комментирует, что с точки зрения московской интеллигенции «Прибалтика — отсталая мещанская провинция, жалкая в своем рабском подражании Европе»[37]. *Олим* из Ленинграда традиционно отстаивают превосходство своего города, называя его «колыбелью еврейского национального движения», традиционно же осуждают московских евреев уже в положении новых иммигрантов («москвичи приезжают сюда, надевают кипалэ и едят сосиски со сметаной») и одновременно обливают презрением *баалей тшува*, «вернувшихся» к иудаизму, полагая религиозное обращение следствием дефицита интеллекта, несовместимого с ленинградским происхождением:

> Верующие — неверующие это, по-моему, это вопрос — потому что я сам неверующий, — по-моему, это вопрос просто умственных способностей. <...> Это довольно примитивная группа, я говорю. <...> Этого не может быть в Ленинграде. Я не знаю, но потому, что больше люди привыкли, действительно, читать, больше культуры, что ли, человек не может всю жизнь воспитываясь в нерелигиозном плане и вдруг на каком-то этапе <...> прийти к идее бога[38].

---

37 CAHJP. CEEJ. File 1264. P. 5.
38 CAHJP. CEEJ. File 960-II.3. P. 1–2, 80, 81–82.

Нетерпимость родителей усваивали дети отказа, с презрением отзываясь о Других, о тех, кто не собирался эмигрировать: «мне жаль вас <...> мне стыдно за вас, пч вы имели возможность жить полнокровной жизнью, иметь идеалы и самостоятельно отвергли это...» Примечательно, что составительница этого сборника рассказов отказников об отказе высоко оценивает подобные клишированные и безапелляционные высказывания детей, интерпретируя их как большое достижение отказного воспитания — как «удивительную свободу»: «Смотрите, какие прекрасные, свободные и умные выросли у нас дети. Приходите к нам — у вас будут такие же»[39].

Во многих случаях мы наблюдаем примеры не столько политической борьбы, сколько нефункциональной, «бескорыстной» нетерпимости, вполне органичной для ее выразителей, своего рода *синат хинам*, «беспричинной ненависти», разрушившей Второй храм. Далее мы рассмотрим два контекста и возможные конкретно-исторические истоки этого явления.

4. О «евреях других народов»

В историографии еврейского движения конфликты с *ноцрим* и *ношрим* не то чтобы замалчиваются, но не становятся предметом подробного рассмотрения. Например, в 500-страничной коллективной монографии «Еврейское движение в Советском Союзе» под редакцией Яакова Рои [Ro'i 2012b], самом, пожалуй, полном и разностороннем научном описании ЕНД на данный момент, при наличии глав о самиздате и мемуарах активистов, изучении иврита и «сионистской семье», о взаимодействии отказников с диссидентами и о финансировании движения из-за рубежа, нет главы о противоречиях внутри движения или его конфликтах с другими группами еврейской интеллигенции. Марина Морозова в своем скрупулезном описании еврейского движения «Анатомия отказа» посвящает главу «группам отказников», выделяемым согласно

---

[39] CAHJP. ARS. Box 14B. S.n. [Gimelstein]. P. 77.

различным классификациям (участников движения, иностранных активистов, исследователей), где в том числе упоминает «израильтян» и «американцев» (то есть намеревавшихся уезжать соответственно в Израиль и в США) и описывает известный конфликт между «политиками», главной задачей видевшими борьбу с властью за разрешение на выезд, и «культурниками», сосредоточившимися на культуре и образовании — выпуске самиздата, изучении иврита и еврейской традиции, — призванных подготовить будущих репатриантов к жизни в Израиле. Морозова цитирует негативные отзывы своих информантов о борьбе за влияние и доступ к иностранным эмиссарам и отмечает, что «разногласия бывали весьма острыми», но в то же время стремится объяснить конфликты стрессом и нервными условиями существования в социальной изоляции и под гнетом КГБ и представить сообщество отказников единым и дружным: «В целом разногласия носили теоретический характер. В повседневной жизни участники этих групп были друзьями», «группы контактировали друг с другом», «разделение на группы было весьма условным», к 1980-м годам «антагонизм между группами сошел на нет» [Морозова 2011: 165–176].

Аналогичную склонность представлять еврейское общество как внутренне гармоничный и толерантный социум, жертву исключительно внешней агрессии, демонстрировала еврейская историография в эпоху Wissenschaft des Judenthums и поствисеншафта, стремясь доказать, что евреи были терпимее к «своим чужим» и к своим маргиналам в силу исходной своей гуманности, воспитанной Библией, и в силу того, что сами страдали как маргиналы в «большом» обществе. Но вопреки этому дискурсу еврейская история показывает, что опыт угнетения терпимости не учит.

Приведем лишь несколько примеров. Британский историк, преподаватель раввинистической литературы в Кембридже Израиль Абрахамс в своей, ставшей классической, книге «Еврейская жизнь в Средние века» (1896) идеализировал еврейское общество в самых разных аспектах, изображая его как нравственно безупречный целостный социальный организм, пронизанный любовью к ближнему и заботой о нем: «каждый еврей разделял радости и печали всех евреев», «община была в буквальном смысле слова единой семьей», «евреи были чисты от ужасных пороков, которые губили корни общественной жизни в европейских государствах» и т. д. [Abrahams 1993]. Даже если принять тезис о всепроникающей толерантности средневековой еврейской общины, не творящей себе внутренних врагов, остаются «невольные девианты» (прокаженные, душевнобольные, инвалиды), но, как утверждает исследователь этих групп и социального отношения к ним Эфраим Шохам-Штайнер, до него эта тема мало кого интересовала: «при наличии массы исследований о евреях как маргинальной группе, совсем иная картина предстает применительно к маргиналам внутри еврейского общества и коллективному отношению к ним» [Shocham-Steiner 2014: 11]. Верхом своеобразной апологетики можно назвать зиждущееся на скудости упоминаний о еврейских лепрозориях предположение Сало Барона, будто у евреев практически не было прокаженных — «они реже страдали от этой ужасной болезни, чем их соседи» [Baron 1965: 338n14]. Шохам-Штайнер рисует не полемически апологетическую, а гораздо более нюансированную картину, показывая, что еврейское сообщество не было идеально гармоничным, а, как и христианское, имело своих аутсайдеров, но при этом отношение к ним, возможно, было несколько толерантнее, чем у христиан, именно в силу того, что и большинство, и общинные лидеры осознавали себя — всех евреев — как аутсайдеров в христианском обществе, нуждающихся в терпимости.

С. М. Дубнов в «Истории евреев в Европе» (1936–1939) изображает известные конфликты внутри еврейского сообщества как бунт радикала, намеренно провоцирующего добропорядочное большинство, а не как подавление большинством инакомыслящих. Он либо не замечает конфликта, либо оправдывает преследующую сторону — иногда через апологетическое сравнение с христианскими пенитенциарными институциями, более жестокими — как в отношении евреев, так и в целом:

> Амстердам был взволнован появлением странного неофита [Уриэля да Косты], который <...> искал не покоя, а бури, простора для своей мятежной души. Человек с предвосхи-

щенными идеями <...> рационалистов XVIII века ворвался в среду страстно верующих, только что возвращенных в родное лоно иудаизма, и вызвал там ужас, навлек на себя жестокие преследования и сделался жертвой произведенного им переполоха [Дубнов 2003: 167].

Амстердамские сефарды <...> с ужасом видели, как молодой Спиноза открыто отвергает веру, за которую они и их предки перенесли столько мук. <...> Представители общины прибегли сначала к мерам увещания <...> Раскаяния, конечно, не последовало <...> Наложенная еврейской «инквизицией» кара была сурова, но все же далека от той жестокости, с которой искореняла еретиков католическая инквизиция. Для Спинозы исключение из еврейского общества было только формальным признанием фактического положения: он еще раньше ушел из общины и даже порвал связи с родными [Дубнов 2003: 172–173].

Почти снисходительное к своим маргиналам сефардское сообщество, согласно Дубнову, проявляло терпимость и даже оказывало поддержку «своим чужим», ашкеназам: «...сефардская колония в Гамбурге проложила туда путь и ашкеназам, которые постепенно проникали в запретный для них город...» [Дубнов 2003: 346]. Но как показывают новейшие исследования, общины западной сефардской диаспоры не только не «пролагали путь», а напротив, были совершенно нетолерантны к ашкеназам и другим единоверцам — не членам сефардской «нации» (к *тудеско* — германским — *полако* — польским евреям, к темнокожим герам), воспроизводя при этом принципы и механизмы маргинализации и дискриминации, сформировавшиеся на Пиренейском полуострове, от которых страдали их предки или соплеменники-марраны; исследователи расценивают нетерпимость западных сефардов как эхо испанских статутов «чистоты крови»[40].

---

[40] «...Отношение испанских и португальских евреев Западной Европы к своим ашкеназским собратьям, в том числе к эмигрантам из Польши и Литвы, примкнувшим к общине в течение XVII столетия, носило оттенок сепаратизма, отличавшегося по своей сути от традиций, прежде существовавших в еврейском мире. Этот особый сепаратизм сформировался в контексте

Здесь, разумеется, важна и прагматика: неплатежеспособность ашкеназов и страх сефардов за свое положение в городах проживания, — но сефардское неприятие «евреев других наций» с их чуждой «природой» и желание «отправить их [отсюда] на первом же попутном корабле»[41] было явлением более глубоким и не диктовалось исключительно потребностями момента. Можно осторожно предположить, что если сообщество угасающей традиции толерантно, то сообщество возрождающейся традиции и возрождающейся социально-административной структуры вместе с ними возрождает и нетерпимость.

Так и еврейские активисты в позднем СССР, люди гонимые, по меньшей мере — считающие себя таковыми как в прошлом (нацистский геноцид, позднесталинский и последующий советский антисемитизм), так и в настоящем (отказ в выезде, потеря работы, издевательства милиции, органов госбезопасности, соседей), едва создав собственную инфраструктуру: движение со своими лидерами, бюджетом (иностранной помощью), печатью (самиздат), — сразу начали требовать дискриминации инакомыслящих в распределении благ, обличать их на страницах своей прессы и планировать дальнейшие меры против них.

5. Традиции «взаимного надзора»

Бо́льший объяснительный потенциал видится у помещения этого сюжета в советский контекст.

Многие еврейские активисты — уже бывшие активисты — неоднократно критиковали нетерпимость своих сподвижников

теории сегрегации, усвоенной представителями Nação в то время, когда они еще были новыми христианами Пиренейского полуострова. Там они страдали от дискриминации как члены меньшинства, выделенного на основании происхождения, со стороны общества, навязавшего им доминирующую религию, но не готового принять их в качестве равных» [Kaplan 2000: 55]. См. также [Kaplan 1989: 324].

[41] Из письма Исаака Пинто Вольтеру и из постановлений совета лондонской сефардской общины. Цит. по: [Kaplan 2000: 72–73, 64–65].

и склонность к черно-белому восприятию социально-идеологической действительности: с нами или против нас. Александр Воронель в письмах из Израиля рассуждает о том, что в Союзе они не понимали, что такое демократия, и стремились всех привести к общему знаменателю, добиваясь обязательного единомыслия: либо все за, либо против, — в Израиле же смогли наблюдать подлинный плюрализм [Воронель 1978].

Бывший минский активист Эрнст Левин, уже находясь в Израиле, обсуждает в частном письме скандал в связи с возвращением в Советский Союз вдовы самого известного минского отказника, героя войны, полковника Ефима Ароновича Давидовича Марины Карповны Давидович, которую еще один минский активист Наум Альшанский публично обвинил в сговоре с КГБ:

> Ты пишешь, Овсищер возмущается: «Что вы, мол, разжигаете войну между минчанами?» <...> Меня огорчает, что он пока еще очень советский человек, а от этого не так уж легко излечиться. Советская идеология 70 лет вдалбливала в наши мозги, что «единство» — это положительное явление: единство земляков, «коллектива», партии и народа, <...> мнений, вкусов... Отсюда и убеждение, что любые конфликты неправомерны: надо только найти «возмутителя» и его наказать, чтобы всё было единогласно и единодушно. <...> Я ему [Альшанскому] лично и откровенно высказал свою точку зрения, он мог бы со мной спорить и отстаивать свою и мы остались бы приятелями. Но он решил по-советски. «Кто не с нами... если враг не сдается» и начал меня уничтожать подлыми методами. На х** мне такое «единство»? Создавать СССР в Израиле?[42]

Аналогичную оценку и интерпретацию авторитарности отказнического сознания мы встречаем и у представителей следующего поколения. Вспоминая свое детство, прошедшее в московской отказнической среде второй половины 1970-х — 1980-х годов, Геула Чернобыльская пишет:

---

[42] Archiv FSO. F. 30.45. P. 342.

В нашей отказнической общине было очень четкое разделение между нами, «израильтянами», и ими, «американцами» [т. е. *ношрим*]. Сейчас не то, что смешно об этом вспоминать, а просто оторопь берет. Тем более что все уже успели раз десять перераспределиться по земному шару, а многие и в Россию вернуться. Но тогда для нас было очевидно, что они едут за длинным рублем, а мы за идеалами. Причем родители, наверное, мыслили немного сложнее, но, в принципе, терпимость была не в чести, ведь все отказники выросли в Совке, и стать свободомыслящими и либеральными было не так-то легко [Чернобыльская 2011: 151].

Нетерпимость и коллективизм с принудительным консенсусом интерпретировали как пережиток советской ментальности и израильские наблюдатели. В 1978 году на семинаре об антисемитизме в советской пропаганде, устроенном Иерусалимским университетом с преимущественным участием новых репатриантов, физик Марк Азбель предложил не выпускать из Израиля в США высококлассных спортсменов и тем самым, через спорт, повысить престиж Израиля и заткнуть рот антисемитам. На эту идею председатель профессор Шмуэль Этингер отреагировал резкой отповедью:

Олим из Советского Союза во многих случаях от среднего израильтянина, которым я себя считаю, отличаются тем, что влияние советского воспитания, советской пропаганды на них очень сильно и это действительно немудрено. Факт жизни — другого нет. Но, по-моему, они должны были бы подумать, что стоит и это поставить как-то под контроль или критически проанализировать. Вот я возьму выступление профессора Азбеля. Он нам предлагает ряд средств, от которых, по-моему, так и несет тоталитарным духом. Конечно, чтобы бороться с антисемитизмом или с тоталитаризмом, можно предложить ввести такие тоталитарные условия в Израиле, которые переменят всю структуру Израиля. <...> я бы не желал переменить демократическое общество на тоталитарное, в котором будут заповедники для спортсменов и все прочие такие гитлеровские и советские штучки для того, чтобы таким образом бороться против антисемитизма. Извините, лекарство хуже болезни![43]

К обвинениям в зараженности советским тоталитаризмом нельзя относиться как к объективному вердикту, это частное мнение, однако чрезвычайно распространенное, присущее самим представителям этого круга и носителям этой же ментальности, внешним наблюдателям и потомкам.

Исследователи позднесоветской интеллектуальной и социальной истории отмечают влияние советских социальных идеалов и организационных моделей на альтернативные субкультуры 1960–1970-х годов: их члены писали манифесты и программы, собирали членские взносы, искали «правду», то есть действовали по модели комсомола. Юлианна Фюрст в своей работе о «последнем сталинском поколении» приходит к выводу, что их идеалы напоминали скорее коммунистическую утопию, чем западную демократию (что и неудивительно: у них не было достаточных знаний о западной демократии, чтобы на нее ориентироваться). Сходство состояло, среди прочего, в самом идеале единомыслия [Fürst 2010: 363].

Олег Хархордин в своем исследовании «генеалогии российской личности» и коллектива «Обличать и лицемерить» называет «взаимный надзор» в коллективе (начиная со школьного класса) самим основанием советской власти, сумевшей придать решающее значение оценке личности коллективом и самому коллективу статус субъекта истины (понятие «общественного мнения» вокруг человека; поступок хорош, только если он санкционирован коллективом; коллектив решает, кто виновен на производстве, кто исправился и проч.) [Хархордин 2002: 122–132]. При этом эпоху оттепели при определенной ее либеральности он рассматривает «как время окончательного укоренения системы взаимного надзора и коммунального контроля — системы более тщательной и надежной в своем функционировании, чем открыто

---

[43] CAHJP. CEEJ. File 1004. Д9–Д11.

репрессивная сталинская система...» [Хархордин 2002: 389].
И другие исследования социальной политики того времени
указывают, что «в эпоху хрущевских преобразований проблема
отклонения от нормы и их [нормы и аномалии] взаимосвязи,
несомненно, существовала», причем главная роль в борьбе с аномалиями отводилась общественности, мобилизация которой на
борьбу как с малозначительными преступлениями (дебоширство), так и новосконструированными властью аномалиями
(стиляжничество, тунеядство) была «частью общей программы
построения коммунизма» [Лебина 2008: 257; Фицпатрик 2008].

Возникавшие в это время в советском обществе неформальные
коллективы, прежде всего диссидентская среда, зиждились на
коммунистических идеях и тоже были пронизаны догматизмом
и практиками взаимного контроля [Хархордин 2002: 414–415].
Диссидентское сообщество до децентрализации, произошедшей
после появления стукача и волны арестов в 1973 году, Хархордин
называет «жестко интегрированным моральным сообществом»
[Хархордин 2002: 415], что соответствует определению его как
«анклавного» сообщества в категориях М. Дуглас. Даже аполитичные субкультуры, развивавшиеся с самого начала как децентрализованные сети (барды, туристы, альпинисты), со временем
подвергались институционализации: создавались «клубы», то
есть организованные коллективы со своим активом, планом
работы и проч. [Хархордин 2002: 416]. «Ирония позднего советского общества», по наблюдению Хархордина, заключалась в том,
что в неформальных и в каком-то смысле антисоветских сообществах воспроизводились те же, советские, практики вроде
«ленинского зачета» и культивировалось единство и единомыслие: в оценке членов сообщества (или друзей) лояльность коллективу и приверженность «своим» ценностям были важнее
достижений [Хархордин 2002: 443–444].

Представляется, что отказники, будучи, как и другие альтернативные сообщества, продуктом советской системы и в то же
время будучи сообществом, близким к диссидентскому, в полной
мере соответствовали портрету, описанному Хархординым. Еврейские активисты, конечно, боролись с советским коллективом

и единомыслием — но отнюдь не ради индивидуализма и плюрализма, а ради создания и укрепления другого коллектива, в котором стали воспроизводить практики принуждения к единогласию.

Жизненная траектория некоторых из них — как они сами ее осмысляли — это поиск себя и своего сообщества. Например, Иосиф Бегун в своих воспоминаниях фиксирует свое одиночество на разных этапах жизненного пути: он ощущал свою чуждость в детских играх во дворе и в позднейших коллективах, пока наконец не оказался среди своих — в «сплоченном коллективе» евреев-отказников, а затем и в Израиле, «своей стране», где «все мы будто члены одной большой семьи» [Бегун 2018: 161, 370]. В этом контексте естественно, что он и ему подобные были готовы всеми силами и средствами отстаивать единство и единомыслие этого коллектива и — за невозможностью запретить — бичевать словом тех, кто выделялся.

Еврейское движение, будучи, с одной стороны, сообществом возрождающейся еврейской традиции, а с другой — советской «альтернативной средой», выстраивало и оборонло свои границы, дистанцируясь от «своих чужих», своих инакомыслящих и инакодействующих, воевало с ними за ресурсы и за «символический капитал», соответствуя в этом как подходу еврейских общин прошлого, закономерно враждебных к христианам, маргинализирующих и преследующих «своих чужих», так и профилю позднесоветских диссидентских субкультур, заимствовавших коллективистские и тоталитарные установки режима.

Источники и литература

Агурский 1999 — *Агурский М. С.* Эпизоды воспоминаний // Иерусалимский журнал. № 2. 1999. URL: https://new.antho.net/wp/jj02-agursky (дата обращения: 1.06.2022).

Бегун 2018 — *Бегун И.* Скрепляя связь времен... Из воспоминаний активиста еврейского движения в СССР (1960–1980-е годы). М.: Книжники, 2018. 648 с.

Бейзер 2011 — *Бейзер М.* Мой ответ Диаманту // Исход советских евреев. Апрель 2011 г. URL: http://www.soviet-jews-exodus.com/JewishHistory_s/JH_Diamant.shtml (дата обращения: 1.06.2022).

Воронель 1978 — *Воронель А.* Письмо друзьям из Израиля // Евреи в СССР. Вып. 14–15. М., 1977. Перепечатано в: Еврейский самиздат / Под ред. Я. Ингермана. Т. 16. Иерусалим, 1978. С. 204–209.

Гиль 1985 — *Гиль П.* От переводчика // История о повешенном, или История Йешу из Нацрата. Иерусалим: Прогресс, 1985.

Гинзбург 1991 — *Гинзбург Л. Я.* Записки блокадного человека. Часть вторая // *Она же.* Претворение опыта. Рига: Авотс; Л.: Ассоциация «Новая литература», 1991.

Диамант 2011 — *Диамант Э.* Март надвигается... Слезою со щеки // Исход советских евреев. Апрель 2011 г. URL: http://www.soviet-jews-exodus.com/JewishHistory_s/JH_Diamant.shtml (дата обращения: 1.06.2022).

Дубнов 2003 — *Дубнов С. М.* История евреев в Европе: от начала их поселения до конца XVIII века. Том 3: Новое время (XVI–XVII век). Рассеяние сефардов и гегемония ашкеназов. Иерусалим: Гешарим; М.: Мосты культуры, 2003. 384 с.

Дымерская-Цигельман 1978 — [*Дымерская-Цигельман Л.*] Алия 1970-х / Под ред. Л. Дымерской-Цигельман и Л. Уманской. Иерусалим: Став, 1978. URL: https://royallib.com/book/dimerskayatsigelman_l/aliya_70_h.html (дата обращения: 1.06.2022).

Зеленина 2017 — *Зеленина Г. С.* «Гевалт, это же простые базарные люди!»: советские евреи на пути от местечковости к интеллигентности // Семиотика поведения и литературные стратегии: Лотмановские чтения — XXII / Ред.-сост. М. С. Неклюдова, Е. П. Шумилова. М.: РГГУ, 2017. С. 322–356.

Зильберг б. д. — [*Зильберг Ш.*] Интервью Юлия Кошаровского с Шмуэлем Зильбергом // Юлий Кошаровский. URL: http://kosharovsky.com/шмуэль-зильберг (дата обращения: 1.06.2022).

Ингерман 1979 — [*Ингерман Я.*] Евреи и еврейский народ. Петиции, письма и обращения евреев СССР. Т. 9 / Подг. к печати Я. Ингерман. Иерусалим, 1979.

Ингерман 1980 — [*Ингерман Я.*] Евреи и еврейский народ. Петиции, письма и обращения евреев СССР. Т. 10. 1976–77–78 / Подг. к печати Якова Ингермана. Иерусалим, 1980.

Кедми 2004 — [*Кедми Я.*] Интервью Юлия Кошаровского с Яковом Кедми // Юлий Кошаровский. 2004. URL: http://kosharovsky.com/интервью/яков-кедми (дата обращения: 1.06.2022).

Келли 2009 — *Келли К.* О решетках и группах: альтернативный взгляд на «открытые» и «закрытые» общества // Новое литературное обозрение. № 6. 2009. С. 45–54. URL: https://magazines.gorky.media/nlo/2009/6/o-reshetkah-i-gruppah-alternativnyj-vzglyad-na-otkrytye-i-zakrytye-obshhestva.html (дата обращения: 1.06.2022).

Костырченко 2019 — *Костырченко Г. В.* Тайная политика от Брежнева до Горбачева. М.: Международные отношения, 2019. Т. 2. 478 с.

Кошаровский 2007а — *Кошаровский Ю.* Мы снова евреи: очерки по истории сионистского движения в бывшем Советском Союзе. Т. 4. Иерусалим, 2007. URL: http://kosharovsky.com/книги/мы-снова-евреи-том-4/таблица-эмиграции (дата обращения: 1.06.2022).

Кошаровский 2007б — *Кошаровский Ю.* Мы снова евреи: очерки по истории сионистского движения в бывшем Советском Союзе. Т. 3. Иерусалим, 2007. http://kosharovsky.com/книги/том-3/часть-vi-в-спорах-и-борьбе/глава-36-нэшира/ (дата обращения: 1.06.2022).

Лебина 2008 — *Лебина Н. Б.* Антимиры: принципы конструирования аномалий. 1950–1960-е годы // Советская социальная политика: сцены и действующие лица, 1940–1985 / Под ред. Е. Ярской-Смирновой и П. Романова. М.: ООО «Вариант», ЦСПГИ, 2008. С. 255–265.

Меерсон-Аксенов 1972 — [*Меерсон-Аксенов М.*] Два завета: К проблеме иудеохристианского диалога в России / Сост. М. Меерсон-Аксенов. М., 1972.

Мень 1977 — [*Мень А.*] Евреи и христианство (интервью о. А. Меня сотруднику журнала «Евреи в СССР» А. Шойхету) // Евреи в СССР. 1975. № 11. Перепечатано в: Еврейский самиздат. Т. 12. Иерусалим, 1977. С. 209–210.

Мой путь 1977 — Мой путь в Израиль. Иерусалим: Библиотека-Алия, 1977. 397 с.

Морозова 2011 — *Морозова М. А.* Анатомия отказа. М.: РГГУ, 2011. 322 с.

Назарова 2021 — [*Назарова С.*] Письмо сорока трех: «израильская русскоязычная интеллигенция» против Закона о возвращении // Девятый канал. 27.10.2021. URL: https://www.9tv.co.il/item/35671 (дата обращения: 1.06.2022).

Нерлер 2015 — [*Нерлер П.*] «Посмотрим, кто кого переупрямит...»: Надежда Яковлевна Мандельштам в письмах, воспоминаниях, свидетельствах / Сост. П. Нерлер. М.: АСТ, Ред. Елены Шубиной, 2015. 796 с.

Рубин 1976 — *Рубин В.* Перспективы русского еврейства // Евреи в СССР. Вып. 9. Октябрь 1974 — март 1975. Перепечатано в: Еврейский самиздат. Т. 11. Иерусалим, 1976. С. 37–42.

Светов 1978 — *Светов Ф.* Отверзи ми двери. Paris: YMCA-Press, 1978. 560 с.

Светов 1985 — *Светов Ф.* Опыт биографии. Paris: YMCA-Press, 1985. 437 с.

Скуратов 1978 — *Скуратов М.* Русский национализм и сионизм // Евреи в СССР. Вып. 14–15. М., 1977. Перепечатано в: Еврейский самиздат / Под ред. Я. Ингермана. Том 16. Иерусалим, 1978.

Словина 2005 — [*Словина Л.*] Интервью Юлия Кошаровского с Леей Словиной // Юлий Кошаровский. 2005. URL: http://kosharovsky.com/интервью/лея-словина (дата обращения: 1.06.2022).

Солженицын 1991 — *Солженицын А. И.* Феликс Светов — «Отверзи ми двери. Из Литературной коллекции // Новый мир. 1999. № 1. С. 166–173.

Файн 2007 — [*Файн В.*] Интервью Юлия Кошаровского с Вениамином Файном // Юлий Кошаровский. 2007. URL: http://kosharovsky.com/интервью/вениамин-файн (дата обращения: 1.06.2022).

Файнгольд 1977 — *Файнгольд Н.* Диалог или миссионерство. Иерусалим, 1977.

Финкельштейн 1984 — *Финкельштейн Э.* Как уехать из СССР в Израиль. Тель-Авив, 1984. 82 с.

Финкельштейн 2004 — [*Финкельштейн Э.*] Интервью Юлия Кошаровского с Эйтаном Финкельштейном // Юлий Кошаровский. 2004. URL: http://kosharovsky.com/интервью/эйтан-финкельштейн (дата обращения: 1.06.2022).

Фицпатрик 2008 — *Фицпатрик Ш.* Паразиты общества: как бродяги, молодые бездельники и частные предприниматели мешали коммунизму в СССР // Советская социальная политика: сцены и действующие лица, 1940–1985 / Под ред. Е. Ярской-Смирновой и П. Романова. М.: ООО «Вариант», ЦСПГИ, 2008. С. 219–254.

Ханин 2009 — [*Ханин М.*] Интервью Юлия Кошаровского с Михаилом Ханиным // Юлий Кошаровский. 2009. URL: http://kosharovsky.com/интервью/4295-2 (дата обращения: 1.06.2022).

Хархордин 2002 — *Хархордин О. В.* Обличать и лицемерить. Генеалогия российской личности. СПб.: Издательство Европейского университета в С.-Петербурге; М.: Летний сад, 2002. 511 с.

Чарный 2018 — *Чарный С.* Самиздатский круг чтения позднесоветского религиозного еврея (по материалам Архива Ваада России) // Acta Samizdatica / Записки о самиздате: альманах. Вып. 4. М.: ГПИБ, Мемориал, 2018. С. 220–230.

Чернобыльская 2011 — *Чернобыльская Г.* Отказное детство // Дети советского отказа. Сб. ст. О подпольных детских садах и школах в Москве в 70–80-е гг. / Инициатор проекта и сост. Э. Матлина. Иерусалим: Маханаим, 2011. С. 138–168.

Членов 2004 — [*Членов М.*] Интервью Юлия Кошаровского с Михаилом Членовым // Юлий Кошаровский. 2004. URL: http://kosharovsky.com/интервью/михаил-членов (дата обращения: 1.06.2022).

Членов 2006 — *Членов М. А.* Баалей-тшува в независимом еврейском движении в Москве в 1970–1980-е гг. // Московская хоральная синагога. М., 2006. С. 241–273.

Шёк 2008 — *Шёк Г.* Зависть: теория социального поведения. М.: ИРИСЭН, 2008. 544 с.

Щаранский б. д. — [*Щаранский Н.*] Интервью Юлия Кошаровского с Натаном Щаранским // Юлий Кошаровский. URL: http://kosharovsky. com/интервью/натан-щаранский (дата обращения: 1.06.2022).

Эдельштейн 2007 — [*Эдельштейн Ю.*] Интервью Юлия Кошаровского с Юлием Эдельштейном // Юлий Кошаровский. 2007. URL: http://kosharovsky.com/интервью/юлий-эдельштейн (дата обращения: 1.06.2022).

Эльсони 1978 — *Эльсони А.* Религия и культурно-политический ренессанс советского еврейства // Книга вторая. Доклады, подготовленные к симпозиуму «Еврейская культура в СССР: состояние и перспективы». Перепечатано в: Еврейский самиздат. Т. 15. Иерусалим, 1978. С. 377–379.

Эссас 1978 — *Эссас И.* Иудаизм или эллинизм? (Какая культура нужна советским евреям?) // Книга вторая. Доклады, подготовленные к симпозиуму «Еврейская культура в СССР: состояние и перспективы». Перепечатано в: Еврейский самиздат. Т. 15. Иерусалим, 1978. С. 380–381.

Abrahams 1993 — *Abrahams I.* Jewish Life in the Middle Ages. Philadelphia: Jewish Publication Society, 1993. 452 p.

Archiv FSO. F. 214 — Archiv der Forschungsstelle Osteuropa. F. 214. Igor Guberman.

Archiv FSO. F. 30.45 — Archiv der Forschungsstelle Osteuropa. F. 30.45. Ernst Lewin.

Baron 1965 — *Baron S. W.* A Social and Religious History of the Jews. Vol. 9: Under Church and Empira, 1200–1650. New York: Columbia University Press, 1965. 350 p.

CAHJP. ARS — Central Archives for the History of Jewish People. Fond of the Association "Remember and Save."

Box 10. File 087–029 — Комитет действия по советскому еврейству (Реховот, Израиль). 10 октября 1976. Проблема прямиков.

File 100–003 — Ури Белц. Моя алия. Б.м., б.д.

Box 14B. S.n. [Gimelstein] — Маргарита Гимельштейн. Отказ и отказники. Ленинград, 1980-е гг.

CAHJP. CEEJ — Central Archives for the History of Jewish People. Fond of the Center for the Study and Documentation of East European Jewry.

File 627 — Геся Камайская. Пробуждение национального самосознания евреев г. Риги. Кон 50-х, 60-е и начало 70-х годов (Документальные воспоминания). 1975 г.

File 864 — Письмо Эйтана Финкельштейна Меиру Гельфонду от 16.11.1978.

File 960-I.1 — Simposium on the situation of Soviet Jewry and Jewsh Movement, personal biographical stories from all-over the USSR. 1974.

File 1003 — Григорий и Исай Гольдштейны. О еврейской культуре в СССР. 21 р.

File 1004 — Стенограмма семинара об антисемитизме в советской пропаганде и возможностях борьбы с ним, 2 часть, 8.4.1978.

File 1103 — Га-алия ми-Брит га-моацот ли-Исраэль бе-шаним 1968–1977 [Эмиграция из Советского Союза в Израиль в 1968–1977 гг.] 116 р.

File 1104 — Elazar Leshem, Yehudit Rosenbaum, Orit Kahanov. The "drop-out" phenomenon among Soviet Jews: Main findings and recommendations. Jerusalem: The Hebrew University in Jerusalem: The Center for research and documentation of East European Jewry. Oct 1979.

File 1264 — Клара Наумовна Пруслина. Еще раз о нешире (Впечатления новоприбывшей из СССР). 18 р.

Fürst 2010 — *Fürst J.* Stalin's Last Generation: Soviet Post-War Youth and the Emergence of Mature Socialism. Oxford & New York: Oxford University Press, 2010. 352 p.

Kaplan 1989 — *Kaplan Y.* From Christianity to Judaism: The Story of Isaac Orobio de Castro. Oxford, 1989. 531 p.

Kaplan 2000 — *Kaplan Y.* An Alternative Path to Modernity: The Sephardi Diaspora in Western Europe. Leiden-Boston-Köln: BRILL, 2000. 309 p.

Kornblatt 2004 — *Kornblatt J. D.* Doubly Chosen: Jewish Identity, the Soviet Intelligentsia, and the Russian Orthodox Church. The University of Wisconsin Press, 2004. 203 p.

Kuntsman 2009 — *Kuntsman A.* Figurations of Violence and Belonging. Queerness, Migranthood and Nationalism in Cyberspace and Beyond. Bern: Peter Land, 2009. 278 p.

Mamadouh 1999 — *Mamadouh V.* Grid-group cultural theory: an introduction // GeoJournal. 1999. Vol. 47. P. 395–409.

Pinkus 1991 — *Pinkus B.* The Hazara Bitshuva Phenomenon among Russian Jews in the Post-Stalin Era // Jews and Jewish Topics in the Soviet Union and Eastern Europe. Vol. 15, № 2. 1991. P. 15–30.

Ro'i 2012a — *Ro'i Y.* Introduction: From Disaffection to Political Opportunity and Activism // The Jewish Movement in the Soviet Union / Ed. by Yacov Ro'i. Washington, D.C.: Woodrow Wilson Center Press; Baltimore: Johns Hopkins University Press, 2012. P. 1–12.

Ro'i 2012b — [*Ro'i Y.*] The Jewish Movement in the Soviet Union / Ed. by Yacov Ro'i. Washington, D.C.: Woodrow Wilson Center Press; Baltimore: Johns Hopkins University Press, 2012. 450 p.

Shoham-Steiner 2014 — *Shoham-Steiner E.* On the Margins of a Minority: Leprosy, Madness, and Disability among the Jews of Medieval Europe. Wayne State University Press, 2014. 288 p.

"Preventing from Pernicious Ways": Jewish Movement in the late Soviet Union and the Reproduction of Intolerance

Galina Zelenina
Russian State University for the Humanities,
Moscow, Russia
The Russian Presidential Academy of National Economy
and Public Administration,
Moscow, Russia

ORCID: 0000–0001–9411–4102
Ph.D. in History, Associate Professor
Department of Jewish Theology, Biblical and Jewish Studies,
Russian State University for the Humanities
6 Miusskaya sq., bld. 1, office 605, 125993 GSP-3 Moscow, Russia
Tel.: +7 495 250 64 70
Senior Researcher
The School for the Advanced Studies in the Humanities, The Russian
Presidential Academy of National Economy and Public Administration
Prospekt Vernadskogo, 82, bld. 9, 119606 Moscow Russia
E-mail: galinazelenina@gmail.com

DOI: 10.31168/2658–3356.2022.9

Abstract. Drawing on ego-documents, samizdat, and oral histories, this article examines Soviet Jewish refuseniks' attitudes to two of their Jewish Others: Judeo-Christians and so-called noshrim — that is, Jews who used Israeli visas to emigrate to the USA or other Western countries. It describes how refusniks marginalized and transformed Judeo-Christians and noshrim into inner enemies, and discusses the probable patterns and reasons for this intolerance in the contexts of Jewish history, the sociology of envy, and studies on the Soviet personality and collective values.

Keywords: Jewish national movement, USSR, emigration, Refuseniks, Judeo-Christians, Jewish history, Soviet Jewry, Soviet collective

References

Abrahams, I., 1993, *Jewish Life in the Middle Ages*. Philadelphia, Jewish Publication Society, 452.

Baron, S. W., 1965, *A Social and Religious History of the Jews. Vol. 9: Under Church and Empire, 1200–1650*. New York, Columbia University Press, 350.

Charnyi, S., 2018, Samizdatskii krug chteniia pozdnesovetskogo religioznogo evreia (po materialam Arkhiva Vaada Rossii) [Samizdat reading of the late Soviet religious Jew]. *Acta Samizdatica / Zapiski o samizdate: al'manakh*, 4, 220–230.

Dubnov, S. M., 2003, *Istoriia evreev v Evrope: ot nachala ikh poseleniia do kontsa 18 veka. Vol. 3: Novoe vremia (16–17 vek). Rasseianie sefardov i gegemoniia ashkenazov* [History of the Jews in Europe. Vol. 3: Modernity (the 16th–17th centuries). Settlement of Sefardim and hegemony of Ashkenazim]. Jerusalem, Gesharim; Moscow, Mosty kul'tury, 384.

Fitspatrik, Sh., 2008, Parazity obshchestva: kak brodiagi, molodye bezdel'niki i chastnye predprinimateli meshali kommunizmu v SSSR [Social parasites. How tramps, idle youth, and busy entrepreneurs impeded the Soviet march to communism]. *Sovetskaia sotsial'naia politika: stseny i deistvuiushchie litsa, 1940–1985* [The Soviet Social policy: scenes and actors], eds. E. Iarskaia-Smirnova and P. Romanova, 219–254. Moscow, OOO «Variant», Center for Social Policy and Gender Studies, 376.

Fürst, J., 2010, *Stalin's Last Generation: Soviet Post-War Youth and the Emergence of Mature Socialism*. Oxford & New York, Oxford University Press, 352.

Kaplan, Y., 2000, *An Alternative Path to Modernity: The Sephardi Diaspora in Western Europe*. Leiden-Boston-Köln, BRILL, 309.

Kaplan, Y., 1989, *From Christianity to Judaism: The Story of Isaac Orobio de Castro*. Oxford, Littman Library, 531.

Kelli, K., 2009, O reshetkakh i gruppakh: al'ternativnyi vzgliad na «otkrytye» i «zakrytye» obshchestva [Of grids and groups. An alternative view of «open» and «closed» societies]. *Novoe literaturnoe obozrenie*, 6, 45–54. URL: https://magazines.gorky.media/nlo/2009/6/o-reshetkah-i-gruppah-alternativnyj-vzglyad-na-otkrytye-i-zakrytye-obshhestva.html (accessed: 1.06.2022).

Kharkhordin, O. V., 2002, *Oblichat' i litsemerit'. Genealogiia rossiiskoi lichnosti* [The Collective and the Individual in Russia]. St. Petersburg, Izdatel'stvo Evropeiskogo universiteta v St.-Peterburge; Moscow, Letnii sad, 511.

Kornblatt, J. D., 2004, *Doubly Chosen: Jewish Identity, the Soviet Intelligentsia, and the Russian Orthodox Church*. Madison, WI, The University of Wisconsin Press, 203.

Kostyrchenko, G. V., 2019. *Tainaia politika ot Brezhneva do Gorbacheva* [Secret politics from Brezhnev to Gorbachev]. Moscow, Mezhdunarodnye otnosheniia, 2, 478.

Kuntsman, A., 2009, *Figurations of Violence and Belonging. Queerness, Migranthood and Nationalism in Cyberspace and Beyond*. Bern, Peter Land, 278.

Lebina, N. B., 2008, Antimiry: printsipy konstruirovaniia anomalii. 1950–1960-e gody [Antiworlds: principles of constructing anomalies in the 1950–1960s]. *Sovetskaia sotsial'naia politika: stseny i deistvuiushchie litsa, 1940–1985* [The Soviet Social policy: scenes and actors], eds. E. Iarskaia-Smirnova and P. Romanova, 255–265. Moscow, OOO "Variant", Center for Social Policy and Gender Studies, 376.

Mamadouh, V., 1999, Grid-group cultural theory: an introduction. *GeoJournal*, 47, 395–409.

Morozova, M. A., 2011, *Anatomiia otkaza* [Anatomy of the Refuse]. Moscow, RGGU, 322.

Pinkus, B., 1991, The Hazara Bitshuva Phenomenon among Russian Jews in the Post-Stalin Era. *Jews and Jewish Topics in the Soviet Union and Eastern Europe*, 15, 2, 15–30.

Ro'i, Y., 2012, Introduction: From Disaffection to Political Opportunity and Activism. *The Jewish Movement in the Soviet Union*, ed. by Yacov Ro'i, 1–12. Washington, D.C.: Woodrow Wilson Center Press; Baltimore: Johns Hopkins University Press, 450.

[Ro'i, Y.], 2012, *The Jewish Movement in the Soviet Union*, ed. by Yacov Ro'i. Washington, D. C., Woodrow Wilson Center Press; Baltimore, Johns Hopkins University Press, 450.

Shoeck, H., 2008, *Zavist': teoriia sotsial'nogo povedeniia* [Envy: A Theory of Social Behaviour]. Moscow, IRISEN, 544.

Shoham-Steiner, E., 2014, *On the Margins of a Minority: Leprosy, Madness, and Disability among the Jews of Medieval Europe*. Wayne State University Press, 288.

Zelenina, G. S., 2017, "Gevalt, eto zhe prostye bazarnye liudi!": sovetskie evrei na puti ot mestechkovosti k intelligentnosti ["Gevalt! There are simple market folks": Soviet Jewry on the way from shtetl to intelligentsia]. *Semiotika povedeniia i literaturnye strategii: Lotmanovskie chteniia — 22*, eds. M. S. Nekliudova, E. P. Shumilova, 322–356. Moscow, RGGU, 429.

УДК 94(470)+94(=411.16)

Израильтяне в постсоветских странах: «профессионалы», «маргиналы» и другие

Владимир (Зеэв) Ханин

Университет Бар-Илан, Отделение политических наук,
г. Рамат Ган, Израиль
Ариэльский университет, Магистерская программа
по иудаике (израильское наследие), г. Ариэль, Израиль

ORCID: 0000–0001–5603–008X
Ph.D., professor
Bar-Ilan University Campus, 52900 Ramat Gan, Israel
Ariel University of Samaria,
40700 Ariel, Israel
E-mail: z.khanin@eajc.org

DOI 10.31168/2658–3356.2022.10

Аннотация. В последние 20–25 лет список стран, которые стали адресом эмиграции израильтян, пополнили и страны бывшего СССР, где по разным оценкам проживает от 45 до 70 тысяч таких лиц. Причем более 90 % из них составляют уроженцы постсоветского пространства, включающие, в свою очередь, как тех, кто переселился в Россию и другие страны бывшего СССР (либо живут на две или более стран), имея достаточно значимый опыт жизни в Израиле, так и так называемых «дарконников» — тех, которые взяли израильский заграничный паспорт (даркон), никогда реально в Израиле не живя. Анализируя данные официальной статистики и результаты опросов этих групп, проведенных с участием автора в 2009–2019/20 годах, представляется возможным констатировать, что ядром первой группы являются лица, мотивированные надеждами полнее реализовать свои профессиональные и деловые возможности в столичных и иных крупных индустриальных и культурных центрах бывшего СССР. К тому же профессионально-поведенческому типу принадлежит и основная масса «дарконников», главная причина чьей «отложенной» реальной репатриации связана с опасением потери наработанного профессионального статуса и привычного уровня жизни. Представители групп, которые перебрались или вернулись в регион первого исхода, мотивированные иными причинами, занимают в структуре разнородного сообщества «израильтян в бывшем СССР» в целом маргинальное положение. Как следствие, существенное ухудшение экономической ситуации и деловой конъюнктуры могут заставить израильтян, живущих в СНГ, вновь перебраться в Израиль — что сегодня частично и происходит.

Ключевые слова: трудовая миграция, русскоязычные израильтяне, социально-профессиональная структура

Введение

Хорошо известно, что во все периоды истории современного Израиля (а до его создания — организованной еврейской сионистской общины Палестины / Эрец Исраэль) евреи не только репатриировались на родину предков, но и по разным причинам, и временами — заметными группами — на время или навсегда покидали эту страну. В последние 20–25 лет адресом такой вторичной миграции стали и страны бывшего СССР, в первую очередь — их столичные и иные крупные индустриальные и культурные центры [Cohen-Kastro 2013: 42].

Точный ответ о числе израильских иммигрантов в СНГ дать невозможно — хотя бы потому, что большинство из них нигде не зарегистрированы в качестве «возвращенцев» — ни в израильских консульствах, ни в местных иммиграционных органах. В итоге, даже если оставить в стороне кочующие в популярных СМИ и социальных сетях утверждения о «100 тысячах израильтян, которые живут в Москве», «50 тысячах в Петербурге», «30 тысячах в Киеве» и т. д., и обратиться к экспертным оценкам разных лет, то и они варьируются в чрезвычайно широких пределах: от 14–28 тысяч во всех постсоветских странах до 45–70 тысяч в одной только России. (Об оценках численности израильских граждан в бывшем СССР и академической и публицистической полемике на этот счет см. [Khanin 2021: 95–99].)

Большая часть подсчетов базируется на экстраполяции той относительно небольшой, по сравнению с другими волнами, алии, доли репатриантов из СССР и постсоветских государств, которые впоследствии покинули Израиль — от 9 до 13 %, из которых, как считается, не менее половины вернулись в страны СНГ. Если это так, то общее число таких людей не должно превышать 60–70 тысяч человек, включая две категории лиц, которые реально эмигрантами не являются — «маятниковые мигранты», живущие на две (или больше) страны, и так называемые «дарконники» — попадающие под критерии израильского Закона о возвращении (ЗОВ) граждане стран СНГ и Балтии, которые взяли израильский заграничный паспорт (*даркон* на иврите) «на всякий случай», никогда реально в Израиле не живя.

Судя по доле оказавшихся в выборке проведенного в 2009 году У. Ревоном и И. Пупко масштабного интернет-опроса «израильской диаспоры за рубежом» уроженцев бывшего СССР, проживавших на момент опроса в постсоветских странах [Revhun, Pupko 2010: 5–6[, а также доли «русских» израильтян, оказавшихся в проанализированной Э. Коэн-Кастро базе данных ЦСБ Израиля об эмиграции из страны [Cohen-Castro 2013: 44], число «русских израильтян» в СНГ должно составлять порядка 45–47 тысяч человек.

В выборке евреев России в исследовании Е. Тартаковского и его соавторов [Tartakovsky et al. 2017] оказалось порядка 9 % «возвращенцев» из Израиля, что, экстраполируя эти данные на общую численность тамошней «расширенной еврейской популяции» (420–450 тысяч человек), позволяет определить численность израильтян, живущих в России, в 35–40 тысяч человек. Наконец, в репрезентативной, насколько это возможно, выборке нашего масштабного исследования еврейского населения пяти стран бывшего СССР 2019–2020 годов от 5 до 7 % во всех случаях были обладателями израильского гражданства. Соответственно, экстраполяция этих данных на общее число членов домохозяйств еврейского и смешанного происхождения стран постсоветской Евразии (от более 650 000 до 700 000 человек [DellaPergola 2018]) позволяет предположить, что общее число русскоязычных израильтян, постоянно живущих сегодня в этих странах, составляет 40–45 тысяч человек.

Сложности более точных оценок их числа связаны не только с неоднозначным определением самого статуса «израильтянина за границей», но и с целым рядом других факторов. Так, далеко не все реэмигранты (по оценкам — не более трети) регистрируются в качестве «возвращенцев» в местных иммиграционных органах. Да и среди тех русскоязычных израильтян, кто был учтен иммиграционными органами, есть немало лиц, которые вновь иммигрировали в Израиль. Общее число таких возвращенцев в Израиль из стран бывшего СССР в 1989–2018 годах составило более 8500 человек[1]. Кроме того, среди израильтян, с разной степенью постоянства пребывающих на территории СНГ и Балтии, имеются не только уроженцы этих стран, но и выходцы из других стран диаспоры, а также уроженцы Израиля (евреи и арабы) — хотя их доля в составе «израильского сообщества» бывшего СССР явно невелика (не более 3–5 %). Наконец, как уже было сказано, далеко не все израильтяне находятся в контакте с израильскими представительствами в СНГ, что затрудняет определение их численности.

При любом варианте число постоянно проживающих в СНГ и странах Балтии израильских граждан составляет многие десят-

---

[1] Данные израильского Министерства алии и интеграции, март 2015 года и май 2019 года.

ки тысяч человек (как отмечено, более 90 % из них — сами уроженцы бывшего СССР). Подобно основной массе израильтян в странах Запада, эмигранты из Израиля в России, Украине и ряде иных постсоветских стран сохраняют сравнительно устойчивую израильскую идентичность, в местах своей концентрации формируют собственные сети неформальных, а иногда и формализованных структур и в целом не растворяются ни в местном еврейском, ни тем более в нееврейском обществе, хотя и поддерживают с ними обширные и многоплановые контакты.

В частности, представители этой категории в последние годы довольно заметны как среди работников и активистов местных и действующих в России и СНГ зарубежных еврейских организаций, так и в профессиональных сообществах постсоветских стран. Следовательно, имеет смысл постараться ответить на логично возникающий в этой связи вопрос: имеем ли мы дело с маргинальным феноменом, либо с социологически важным, несмотря на сравнительно небольшую численность, компонентом постсоветского еврейского и общенационального ландшафта?

Профессиональная структура

Если судить по содержанию немалого числа публикаций в израильской и российской прессе, посвященных израильтянам, ведущим крупный бизнес в странах СНГ, то может сложиться ощущение, что группа израильтян в этих странах если и не целиком состоит из «олигархов», то, во всяком случае, в массе своей принадлежит к местному деловому сообществу. Отчасти это связано с тем, что авторы подобных статей, как правило, составляют свое впечатление об этой группе либо на основе интервью с работающими в России израильтянами — мульти- и просто миллионерами, инициирующими мегапроекты в сфере недвижимости, переработки полезных ископаемых и информационных технологий (см., например, [Page 2005]), либо освещая престижные «тусовки» израильтян в столичных городах, на которых действительно обычно непропорционально широко представлены обладатели израильских паспортов из числа крупных бизнесменов, топ-менеджеров крупных государственных и коммерческих фирм и высокооплачиваемых специалистов.

Не исключено, что не находящиеся глубоко в теме заезжие журналисты могли экстраполировать такие сюжеты на всю израильскую диаспору в России. Впрочем, и местные еврейские общинные деятели нередко оперируют подобными клише. Так, основатель «Комитета ивритоговорящих» при московской синагоге в Марьиной роще раввин движения «Хабад» Яков Фридман в свое время заявлял о «100 000 израильтян, живущих в Москве, приехавших туда, чтобы заниматься бизнесом»[2]. Пресс-секретарь одесской еврейской общины Берл (Болеслав) Капулкин также в 2008 году утверждал, что еще тогда, «помимо местных евреев, в Одессе проживали почти 1000 израильтян, вернувшихся в город и занимающихся там бизнесом»[3].

Однако этот чересчур стереотипный образ израильского иммигранта в России и СНГ явно не охватывает всю реальную картину. На практике представители упомянутых деловой, политической, журналистской и профессиональной элиты составляют не более 7–10 % от всех израильтян, работающих в России и Украине. По мнению профессора московской Высшей школы экономики Александра Шпунта,

> ...нужно разделять две вещи: бизнес и занятость в качестве специалиста. С предпринимательством все гораздо сложнее, и только энтузиасты, очень большие энтузиасты своего дела занимаются предпринимательством в России. С наемными работниками все гораздо проще. Они не связаны с неэффективностью российской государственной системы, с российскими налогами, коррупцией — это их не касается. Они приходят на работу, выполняют ее и получают зарплату. Именно специалистам в России зачастую, оказывается, реализоваться проще, чем в тех странах, где они родились. Здесь быстрее карьерный рост и выше финансовая компенсация [Шпунт 2013].

---

[2]   Цит. по: [Коган 2010].

[3]   Цит. по: [Бриман 2008].

И потому среди работающих в России и Украине израильтян намного больше представителей другой категории, которую можно отнести к среднему классу. Она состоит из бизнесменов средней руки, менеджеров среднего звена и высококвалифицированных инженеров, врачей, оплачиваемых по специальным расценкам официально приглашенных в Россию ученых и консультантов, а также других неплохо, по местным меркам, устроенных специалистов. Сюда же можно отнести и членов профессионального руководящего звена местных и международных еврейских организаций и общин.

Нелишним будет отметить, что израильтяне оказались среди первых, кто оценил не только деловую, но и новую профессионально-кадровую ситуацию в России и других странах бывшего СССР которая, по словам профессора Николая Волгина из Международного института государственной службы и управления РАНХИС при Президенте РФ, характеризуется «минимизированностью инженерного корпуса в связи с его невостребованностью в 90-е годы, что и стало причиной современного острого дефицита инженерных кадров в реальном секторе экономики» [Волгин 2013]. В итоге, по данным Шпунта и иных обозревателей, основную массу трудовых мигрантов из Израиля составляют инженеры и технические эксперты, которые заняты в строительном бизнесе, медицине, сельском хозяйстве и ряде других сфер производства.

Но среди живущих в СНГ израильтян достаточно много и тех, кто занимает позиции, имеющие более низкий социальный и профессиональный статус, с соответствующей этому статусу не слишком высокой оплатой труда. Среди них — учителя, «рядовые» инженеры и техники, квалифицированные рабочие, работники сферы обслуживания, журналисты и деятели культуры не из «первого ряда», офисные служащие, владельцы мелких бизнесов и т. д. Наконец, заметную долю *йордим* (эмигрантов из Израиля) составляют и те, доходы которых можно отнести к самым низким категориям — рабочие низкой квалификации, учащиеся и пенсионеры. Эта последняя группа шире, чем в столицах, представлена в провинции, например, по информированному свидетельству раввина Костромы Нисана Руппо, их немало в городах Поволжья[4].

Об основных параметрах социально-профессиональной структуры обладателей израильских паспортов в странах бывшего СССР можно, в частности, судить по данным трех исследований этой группы, проведенных под руководством и/или с участием автора этой статьи в 2009–2019 годах. Одно из них — исследование русскоязычных *йордим* в России и Украине, проведенное автором в партнерстве с А. Эпштейном и В. Черниным в 2009 году и дополнительный раунд опроса членов этой группы двумя годами позже. Кроме того, это проведенное в 2011 году исследование израильтян в Украине (в партнерстве с сотрудниками Киевского института иудаики), а также некоторые итоги инициированного Евро-Азиатским еврейским конгрессом и проведенного под руководством автора в 2019–2020 годах опроса еврейского населения пяти постсоветских республик (Беларуси, Казахстана, Молдовы, России и Украины), включая их израильский компонент[5].

Как можно заметить из приведенных ниже данных, среди «украинских израильтян» было заметно больше, чем в России, бизнесменов (явно за счет мелких и средних предпринимателей) и пенсионеров, вернувшихся в города, откуда они какое-то время назад и репатриировались в Израиль. Треть из опрошенных израильтян в Украине тогда планировали заниматься частным бизнесом или коммерческой деятельностью, каждый пятый собирался работать по найму, а почти половина (44 %) не смогла определиться с ответом. Показательно, что на момент проведения опроса не знали своих планов профессиональной социализации в Украине чаще других респонденты предпенсионного возраста — 55 лет и больше, с полным высшим образованием.

В России, принявшей не столько «возвратных мигрантов» в их родные города, сколько израильтян, совершивших вторую им-

---

4   Персональные интервью автора с равом Нисаном Руппо в июне 2015 и июле 2020 года.

5   Параметры выборки, методология и общие итоги этих исследований представлены в работе [Khanin 2021: 13–17].

миграцию в крупные индустриальные, деловые и культурные центры этой страны, намного больший по сравнению с Украиной удельный вес специалистов и менеджеров высокой квалификации, учащихся (особенно студентов, поступающих в престижные российские вузы), а также профессионалов, трудоустроенных в намного более мощных, чем в Украине, еврейских общинных, особенно «зонтичных», организациях и, что естественно, работников сферы культуры и искусства. Отметим, что, несмотря на ряд существенных изменений состава и мобильности сообщества израильских иммигрантов в бывшем СССР, аналогичные тенденции в целом фиксировались и в нашем исследовании 2019 года. (Похоже, что экономический кризис в обеих странах снизил потребность в управленцах высокого ранга и одновременно увеличил долю занятых в сфере услуг.)

В свете этих данных не вызывает удивления, что среди живущих и работающих в России израильтян доля тех, кто полностью удовлетворен и в целом удовлетворен своим нынешним материальным положением, была соответственно в полтора и в два раза выше доли тех, кто был полностью и в целом удовлетворен своим материальным положением в Израиле. Однако в среде возвращенцев в Украину доля этих категорий по сравнению с самооценкой их жизни в Израиле практически не изменилась.

Социально-экономический статус

Следует все же иметь в виду, что удовлетворенность экономическим положением фиксирует не столько объективный социально-материальный статус респондентов, сколько субъективную готовность оценить его как «лучший из возможных». А это, в свою очередь, чаще всего является следствием оценочного ответа на вопрос о целесообразности в свете прошлого и нынешнего опыта, их эмиграции или переноса «фокуса жизни» в Россию и иные страны СНГ. Все это — с точки зрения мотивов переезда и способности удовлетворять свои материальные и культурные

Таблица 1. Социально-профессиональная структура
израильских эмигрантов в России и Украине (опросы
2009–2011 и 2019–2020 годов, в % ко всем респондентам)

Профессиональные категории	Россия		Украина	
	2009–2011	2019	2009–2011	2019
Предприниматели, самозанятые	10,1	9 %	19,4	12 %
Старший специалист, менеджер, госслужащий	17,2	8	10,2	4
Инженер, техник	4,1	7 %	9,7	9 %
Медицинский работник	3,6	4	4,2	8
Исследователь, преподаватель вуза	7,1	1	4,2	—
Работник сферы образования, культуры и искусства	10,7	4	5,6	8
Рабочий, продавец, сфера обслуживания	6,9	13	8,3	15
Посланник израильских или зарубежных еврейских организаций	4,1	1	2,8	2
Сотрудник местных еврейских организаций и общин	11,2	7	6,3	9
Студент	16,0	12	6,9	6
Пенсионер, другая деятельность	10,2	23	20,8	28

Таблица 2. Степень удовлетворенности респондентов своим
материальным положением в Израиле и после (ре-)эмиграции
в Россию или Украину (опрос 2009–2011 годов)

Уровень удовлетворённости	Россия %	Украина %
в Израиле		
Вполне, удовлетворен	16,9	22,4
В целом, удовлетворен	38,1	46,9
Не удовлетворен	32,5	23,8
После эмиграции		
Вполне удовлетворен	31,3	20,5
В целом удовлетворен	51,9	49,3
Не удовлетворен	15,6	30,1

потребности, диктуемые принадлежностью респондентов к определенной социальной среде.

Это обстоятельство выпукло проявляется в сравнении свидетельств представителей шести типологических категорий израильтян в России и иных странах бывшего СССР, выделенных А. Эпштейном и автором этой статьи [Ханин, Эпштейн 2010]. Членов двух из них — «реэмигранты» и «экономические беженцы» — можно определить как «возвращенцев» в полном смысле этого слова. Причем если члены перовой категории нередко объясняют свой шаг стремлением вернуться в страну, которую они считают своей подлинной родиной и основным местом жительства, перечеркнув свой израильский опыт, то представители второй категории покинули Израиль в основном вследствие неустоявшегося финансового положения и в массе своей сохраняют устойчивую идентификацию со страной «второго исхода».

Следующие две группы — это «трудовые мигранты» (русскоязычные и иные израильтяне, намеренные определенный период времени провести в СНГ ради трудоустройства и бизнеса) и «маятниковые мигранты» (бизнесмены и иные израильтяне, живущие «на две страны»). Наконец, две последние категории — это «посланники» (приглашенные из-за рубежа профессиональные функционеры еврейских общин и командированные в бывший СССР сотрудники зарубежных еврейских и израильских организаций и транснациональных корпораций) и иммигранты, уехавшие из Израиля по личным или семейным обстоятельствам.

Так, в двух таких категориях российских респондентов, отъезд которых из Израиля не был в первую очередь мотивирован экономическими причинами — «реэмигранты» и те, кто покинул эту страну по личным и семейным соображениям, — половина и более 60 % опрошенных были вполне или в целом удовлетворены своим экономическим положением в Израиле. Если доля неудовлетворенных экономическим положением «сегодня» по сравнению с периодом жизни в Израиле в обеих категориях практически не изменилась, то доля тех, кто заявил, что они «вполне удовлетворены» своим материальным положением

Таблица 3. Насколько вы были удовлетворены своим
материальным положением в Израиле и насколько
удовлетворены теперь? (опрос 2009–2011 годов,
в % ко всем опрошенным)

Типологические группы

	Типологические группы					
	Реим-ми-гран-ты	Трудо-вые ми-гранты	По-слан-ники	Маят-нико-вые	По личным причи-нам	Эко-ном. бежен-цы	Всего
Был вполне удовлетворен	5	15,4	42,9	18,8	23,1	0	16,9
Сегодня вполне удовлетворен	35,0	32,7	42,9	31,3	28,2	20,0	31,3
Был в целом удовлетворен	45,0	40,4	14,3	46,9	38,5	0	38,1
Сегодня в целом удовлетворен	40,0	50,0	28,6	62,5	56,4	50,0	51,9
Не был удовлетворен	30,0	36,5	42,9	31,3	15,4	80,0	32,5
Не удовлетво-рен сегодня	25,0	15,4	28,6	6,3	12,8	30,0	15,6
Не могу оце-нить — тогда	20,0	7,7		3,1	23,1	20,0	12,5
Не могу теперь оценить		1,9			2,6		1,3
Всего	100 %	100 %	100 %	100 %	100 %	100 %	100 %

в России по сравнению с Израилем, среди реэмигрантов выросла
в целых семь раз. А вот среди «покинувших Израиль по личным
причинам» эта доля также осталась практически неизменной, что
трудно объяснить иначе, чем наличием в первом случае и отсут-
ствием во втором эмоционально-идеологического фона для
эмиграции из Израиля.

Столь же очевидны различия между категориями респондентов, в мотивах переезда которых доминировали экономические соображения — «трудовых» и «маятниковых» мигрантов и «экономических беженцев». Степень удовлетворенности своим материальным положением для членов этих групп является скорее фактором их личных профессионально-деловых амбиций и определенной для себя планки стандартов уровня и качества жизни — высоких в первых двух группах и относительно умеренных для членов третьей. И это понятно в свете того, что если две трети «трудовых» и «маятниковых мигрантов» и в Израиле были вполне или в целом удовлетворены своим экономическим положением, то среди «экономических беженцев», что логично, таких не было вообще.

Возможно, более объективным индикатором является оценка собственных доходов исходя из принятых в стране пребывания понятий и критериев. Так, в Украине, в соответствии с этими понятиями и критериями, к категории малообеспеченных себя отнесли более четверти израильтян-респондентов, среднего достатка — около половины, а выше среднего — около 16 % (вдвое меньше, чем в России).

Нечто подобное имело место и 8–10 лет спустя: израильтяне, которые были частью нашей российской и украинской выборки 2019 года, существенно чаще, чем не имеющие опыта жизни в Израиле местные евреи и члены их семей, говорили о том, что их материальное положение является вполне или в целом благополучным. Но вновь экономическое положение израильтян в России определялось ими как вполне или в целом благополучное почти в полтора (а москвичами — почти в два) раза чаще, чем их дважды соотечественниками в Украине.

Очевидно, что важным фактором подобных самооценок является динамика профессионального статуса респондентов до и после реиммиграции из Израиля в страну исхода или новой эмиграции в иные страны бывшего СССР (как правило, в Россию). В большинстве случаев, как было видно из контекста ответов респондентов, имело место позитивное ощущение этой динамики, причем не всегда подкрепляемое достижением ожидаемого уров-

Таблица 4. Как бы вы определили свое материальное положение (опрос членов «расширенной» еврейской популяции в России и Украине, 2019)

Оценка материального положения	Категории			
	Россия		Украина	
	Израиль-тяне	Местные евреи	Израиль-тяне	Местные евреи
Вполне благополучное	26 %	16 %	23 %	15 %
В целом хорошее	52 %	55 %	40 %	45 %
Неудовлетворительное	11 %	18 %	28 %	28 %
Сложно оценить	8 %	8 %	9 %	9 %
Не смогли ответить	3 %	3 %	—	4 %
Итого %	100 %	100 %	100 %	100 %
Итого Число	62	739	53	811

ня доходов. В этом смысле ситуация в России, где квалификация и опыт израильских эмигрантов оказались высоко востребованы, особенно в период местного экономического бума нулевых годов, нередко отличается от положения эмигрантов в других странах «русско-израильской диаспоры», например в Канаде [Soibelman 2008; Remennik 2006], где наблюдается наибольшая концентрация русскоязычных израильтян-эмигрантов за пределами бывшего СССР (по разным оценкам, 17–25 тысяч человек)[6].

Правовой статус, «укорененность» и миграционная динамика

Означает ли эта субъективная удовлетворенность израильских мигрантов своим материальным положением в России и иных постсоветских государствах то, что они осели в этих странах

---

[6] Данные Jewish Federation of Toronto, представлены автору посланником директора еврейской общины Торонто по работе с русскоязычными евреями Нелли Фельдшер (Торонто, май 2010 года); и [Brym et al. 2018: 73].

«всерьез и надолго»? Очевидно, что при поиске ответов на этот вопрос материальная удовлетворенность — критерий критически важный, но явно не единственный. Научная литература, посвященная проблемам мобильности (первичной и вторичной) мигрантов в принимающем обществе и разработке критериев их «укорененности», достаточно обширна[7]. Опираясь на эти наработки, в контексте интересующего нас вопроса — является ли сообщество израильтян в России долгосрочным или преходящим феноменом — следует говорить о двух категориях таких критериев — субъективных и объективных.

К первой группе следует отнести упоминаемые в академических исследованиях, а также не раз отмеченные респондентами, с которыми в ходе нашего исследования были проведены углубленные экспертные интервью, критерии «самоопределения» и «намерений»[8]. Очевидно, что при современных средствах связи и мобильности капитала, населения, товаров и идей место жительства человека не является столь же значимым, как раньше. Израиля как страны, имеющей мощное внешнее экономическое и идеологическое представительство, это касается едва ли не в первую очередь. Как полагал видный стартап-менеджер, журналист и общественный деятель Антон Носик (ныне покойный), Израиль в силу системных экономических и социальных факторов — это «страна путешественников», в которой люди, достигая определенного уровня, начинают ездить по миру, время от времени оставаясь в некоторых его частях надолго, отчего создается иллюзия *ериды* (отъезда из Израиля навсегда), часто не подкрепленная ничем, кроме штампа в паспорте о выезде из Израиля.

И потому как в России, так и в других странах за пределами Израиля имеется множество обладателей израильских паспортов, не живущих на постоянной основе в Израиле, по формальному критерию МВД Израиля являющихся *йордим*, но которые сами себя к таковым не относят, ибо они работают в израильских

---

[7] См., например, [Goodman 2010; Soysal 2010; Колосов, Вендина 2011].

[8] Автор признателен московскому социологу Евгению Варшаверу, который провел часть интервью, собранных в ходе исследования 2009 года.

фирмах, участвуют в экономике Израиля, пользуются ивритом как для общения, так и в качестве общиннообразующего и идентификационного символа и ежедневно просматривают израильские новостные сайты.

В итоге, по мнению А. Фейгина (на момент интервью — посланника Еврейского агентства «Сохнут» по еврейскому образованию), когда «в мобильном современном мире никакой стаж пребывания вне Израиля не превращает человека автоматически в *йордим* [sic]», на первый план выходит вопрос самоопределения. Иллюстрацией этому замечанию может служить высказывание гражданина России и Израиля, главы балтийского бюро международной русскоязычной телекомпании RTVi, в прошлом — журналиста израильских СМИ Евгения Эрлиха. В эфире русскоязычного радио израильской корпорации публичного вещания «Кан» Эрлих признал, что и по прошествии более чем трех лет, прожитых им в Риге на момент интервью, он все еще чувствует дискомфорт, когда его, по мировоззрению и по самоощущению израильтянина, называют «латвийским журналистом»[9].

Впрочем, оговаривается Фейгин, и это «не идеальный выбор критерия, потому что самоопределение редко рассказывает о человеке объективную правду». Показательно, что в ходе нашего опроса 2009 года лишь 4 и менее 6 % респондентов соответственно выбрали варианты ответов, говорящие об их «радикально антииммигрантской» самооценке. Иными словами, «я здесь в командировке — закончится срок пребывания, и тут же вернусь» или «я, в сущности, никуда и не переезжал — живу в Израиле, а здесь просто временно работаю». (Так заявили около трети «посланников» и менее пятой части «маятниковых мигрантов», в остальных категориях таких почти или вообще не было.) Правда, в 2019 году заверявших нас, что на самом деле они постоянно живут в Израиле, а в СНГ временно работают, учатся или решают свои личные вопросы, было уже 14 %, что вписывалось в общую динамику роста алии в Израиль, захватывающую и живущих в России и Украине израильтян.

---

[9] Радио «Голос Израиля» — КАН-РЕКА, 6 июня 2017 года.

Другой, также субъективный критерий оценки степени «укорененности» израильских иммигрантов в России связан с категорией «намерения», что подразумевает как «намерение жить в Израиле» в момент алии (речь, понятно, идет об уроженцах бывшего СССР, составляющих более 90 % этой группы), так и о «намерении жить вне Израиля» после отъезда из страны. Подобный подход позволяет выстроить «спектр укорененности» в соответствии с мотивацией переезда — от «старых дарконников», которые никогда не рассматривали Израиль как место постоянного жительства, и до «посланников» (*шлихтм*), для которых Россия и постсоветское пространство — лишь место командировки, и намерение поселиться вне Израиля у них отсутствует.

При этом очевидно, что целиком полагаться на субъективные намерения для оценки уровня оседлости израильских иммигрантов в России также нельзя. Бывший сотрудник израильского консульства в Москве Мария Русина приводит типичную модель трансформации таких приоритетов:

> Классическая история: папа работает в Израиле, пусть не в хайтеке, зарабатывает сравнительно неплохо, у него бизнес-жилка, он понимает, что в России меняется конъюнктура, семья переезжает и застревает. У него свой бизнес. Получилось ли у него улучшить положение — неизвестно, но повторный переезд — это новые опасности и риски, так что вся семья остается в России, хотя, может быть, планировался не переезд, а временное проживание в России с последующим возвращением.

Особенно быстрая смена жизненных планов, судя по нашим данным, имеет место среди «маятниковых мигрантов» и тех, кто покинул Израиль по личным и семейным причинам. Таким образом, оба субъективных параметра — самоидентификация и жизненные планы — являются весьма неустойчивыми факторами, строить на которых определение представляется почти невозможным, и потому они мало подходят для исследовательских и еще менее — для официальных целей.

В связи с этим на первый план выходят объективные критерии. Первым из них является определение респондентами своего местопребывания, которое, хотя и выглядит субъективным, все же базируется на вполне понятных физических параметрах, прежде всего времени, проводимом израильтянами в Израиле и России. Как видно из собранных нами данных, наиболее укорененными в этом смысле в России категориями израильтян являются «реиммигранты» и «трудовые мигранты». Первые, по крайней мере в момент интервью, были уверены, что вернулись в Россию навсегда, для вторых Россия являлась главным фокусом их экономической деятельности и, следовательно, — жизненных планов. Сюда также относятся «посланники», которых теоретически следовало бы обозначить как «временно сильно укорененных» в России израильтян, если не принимать во внимание еще одного важного обстоятельства: в последние 10–15 лет представители этой категории стали одним из важнейших «резервов» высших управленческих кадров для местных коммерческих и общественных организаций.

Самый, пожалуй, яркий, но далеко не единственный пример этого явления — бывший посол Израиля в Азербайджане, а потом в России Аркадий Мильман. По завершении посольской каденции в 2006 году около года он неофициально исполнял функции руководителя образовательного фонда «Genesis» российского миллиардера Михаила Фридмана и консультировал ряд крупных еврейских предпринимателей стран СНГ. В 2008 году Мильман представлял интересы бывшего российского банкира, мультимиллионера Игоря Линшица, а в феврале 2012 года стал президентом израильской дочерней компании российского государственного концерна «Роснано» — RUSNANO Israel, целью которой является отбор проектов, нацеленных на налаживание производства перспективных нанотехнологических продуктов на территории России.

В этом смысле с точки зрения жизненных планов «посланники», по мнению наблюдателей, представляют широчайший спектр моделей поведения — от тех, кто «буквально считает дни» до возвращения в Израиль, и до тех, которые «все время своей работы в России готовятся ко дню ухода с поста, налаживая необходимые связи» [IzRus 2008]. Не случайно только половина опрошенных в этой категории однозначно заявили, «что они вернутся в Израиль в любом случае». В целом же называют Россию страной своего основного местожительства 70 % опрошенных нами израильтян.

Следующим объективным критерием является наличие или отсутствие у израильтян за границей местного, в данном случае российского гражданства. Учитывая, что таковое имеется у примерно 69 % наших респондентов, этот факт следовало бы считать признаком высокой укорененности израильтян в России. (Среди прочего, оно есть у трети посланников, у 53 % «маятниковых мигрантов», у 70 % трудовых мигрантов и у 74 % респондентов, уехавших из Израиля по личным причинам.)

Дополнительным подтверждением этой тенденции можно считать стремление приобрести российское гражданство проживающими в РФ уроженцами Израиля (в подавляющем большинстве — рожденными в семьях выходцев из бывшего СССР). Согласно данным всероссийской переписи населения 2010 года, российское гражданство — по праву рождения, в порядке признания или после соответствующего обращения в органы власти — имели 85 % таких лиц [Чудиновских 2014: 101[. Учитывая, что такие лица также составляют абсолютное большинство получивших российское гражданство израильтян в возрасте до 18 лет, а те, в свою очередь, составляли, по данным ФМС России, более трети всех новых граждан РФ, назвавших Израиль страной своего прежнего проживания]Чудиновских 2014: 76], эти данные отражают общую картину по сообществу «российских израильтян» в целом.

Но в отличие от израильтян, живущих в странах Запада, у которых, как утверждается, стремление получить вид на жительство или гражданство страны пребывания обычно свидетельствует о намерении остаться там надолго или навсегда, в отношении израильтян в СНГ это совсем не так. Российский или украинский паспорт чаще всего воспринимается как не более чем инструмент решения прикладных вопросов — трудоустройства, открытия бизнесов, «оптимизации» налогообложения, решения юридических, организационных и бытовых проблем и т. д.

К тому же ни официально признающий двойное гражданство Израиль, ни официально не признающие такое гражданство, но закрывающие на это глаза российские власти не имеют проблем с наличием у «российских израильтян» обоих паспортов и не требуют отказаться от одного из них. Поэтому отказ от израильского гражданства иммигрантами из Израиля ради получения или восстановления местного паспорта либо по иным причинам является событием довольно редким. В большинстве подобных случаев речь идет о представителях двух групп. Это, во-первых, «дарконники» из числа крупных бизнесменов, управленцев или политиков, которые в тот момент, когда они, как это нередко бывает, получают назначение на высокий пост в госаппарате либо место в региональном или федеральном законодательном органе, вынуждены, согласно закону, отказаться от всех иностранных гражданств (резонансные примеры такого рода см. в [Khanin 2021: 133–135]). Второй случай — это глубоко разочарованные в Израиле «реиммигранты», отказывающиеся от израильского гражданства по идейным соображениям. (Таким нечастым примером была опрошенная Мариной Саприцкой «дважды одесситка», вернувшаяся в свой родной город Одессу после 11 лет, проведенных в Израиле [Sapritsky 2016: 74].)

Вряд ли эти люди составляли сколь угодно заметную часть тех респондентов нашего опроса 2019 года, которые заявили, что «раньше они имели израильское гражданство, но теперь его у них нет»: такие лица составили почти 20 % попавших в ту выборку иммигрантов из Израиля. В подавляющем большинстве подобных случаев, по свидетельству директора консульского управления израильского правительственного Бюро по связям с евреями Восточной Европы Геннадия Полищука, хорошо знакомого с этой темой, речь, скорее всего, идет о недоразумении. Многие из людей, эмигрировавших из Израиля достаточно давно, полагают, что вместе с истечением срока действия израильского заграничного паспорта («даркона») они теряют и израильское гражданство. Еще чаще так считали те, кто был вывезен из Израиля родителями в детском возрасте[10]. Понятно, что ментально такие люди себя считают «укорененными» в России, Украине, Молдове, Беларуси или другой постсоветской стране, гражданами которой они себя ощущают в первую очередь.

В целом же, за исключением редких случаев, большинство живущих в постсоветских странах израильтян, даже имея российское или иное постсоветское гражданство, не развивают в себе русскую идентичность, но сохраняют идентичность еврейско-израильскую. Таким образом, получение, восстановление или «активизация» такого гражданства в подавляющем большинстве случаев не является «якорем», привязывающим иммигранта к новой или «вновь обретенной» стране.

Третьим и четвертым объективными критериями стабилизации нахождения граждан Израиля в России является наличие недвижимой собственности в стране проживания, а также присутствие в ней семьи. В этих случаях, по мнению наших экспертов, можно предположить, что вне зависимости от первоначальных планов человек «осел» за пределами Израиля и в его ближайшие планы возвращение не входит. По мнению израильско-российского предпринимателя Авигдора Ярдени, именно «централизация жизни на данный момент» с теми же индикаторами — наличие собственности и наличие семьи рядом — является более релевантным параметром, чем значительно более расплывчатая категория «намерений» остаться или вернуться.

Итак, израильские эмигранты в России разделились на две примерно равные группы: у 47 % из них в Израиле остались те или иные близкие родственники, а семьи 53 % постоянно живут в России. В этом смысле вновь выделяются «маятниковые мигранты», две трети которых сообщили, что их семьи либо живут в Израиле, либо разорваны между Израилем и Россией. Это еще раз указывает на наиболее динамичный характер данной группы, которую в России кроме бизнеса мало что держит. И напротив, «реиммигранты» и «экономические беженцы», перебравшись, в своем подавляющем большинстве, в Россию целыми семейны-

---

[10] Интервью автора с Геннадием Полищуком, Иерусалим, июнь 2020 года.

Таблица 5. Определение своего постоянного
места жительства

	В Израиле	В СНГ	«И здесь, и там»	Затруднились ответить	Всего
В какой стране вы постоянно живете					
Российская выборка	1,9	70,4	21,4	6,3	100 %
Украинская выборка*	4,8	63,9	21,3		100 %
В какой стране постоянно живет ваша семья					
Российская выборка	14,6	53,2	32,3	-	100 %
Украинская выборка*	8,8	67,4	23,6		100 %

*В данных по украинской выборке не учтены респонденты, которые затруднились ответить.

ми кланами, вновь подтвердили свою репутацию групп, принявших решение связать свою судьбу в обозримом будущем с этой страной.

Для сравнения отметим, что «укорененность» израильских иммигрантов в Украине оказалась существенно выше, чем в России: лишь у менее чем 9 % израильтян, живущих в Украине, семьи живут в Израиле (против 15 % израильтян, живущих в России), и менее чем у четверти (против трети у израильтян в России) семьи разделены между Израилем и СНГ.

Начиная примерно с 2014 года наблюдатели стали отмечать, что, параллельно оживлению алии из России и Украины, в то же время имеет место сокращение времени, которое «маятниковые» и «трудовые мигранты» проводят в этих странах. Кроме того, часть мужчин из этих групп предпочла вернуть в Израиль детей и, в некоторых случаях, также жен. Однако на момент написания этих строк данная сравнительно новая тенденция еще не слишком влияет на вышеописанную картину.

Основные выводы

Очевидно, что существующие формальные критерии явно недостаточны для описания всего многообразия групп населения, так или иначе подпадающих под те или иные определения понятия «израильтяне за границей». «Расширенная популяция» израильтян в СНГ, как, впрочем, и в США и Европе, включает в себя широчайший спектр обладателей израильских паспортов. Диапазон этого спектра — от уроженцев Израиля, общающихся в семье исключительно на иврите и слабо владеющих русским, и до местных уроженцев смешанного происхождения, никогда, по сути, не проживавших в Израиле и совершенно не владеющих ивритом, но взявших израильский загранпаспорт (*даркон*) или *теудат маавар* (travel document) «на всякий случай». Равно как и неочевидно включение в одну группу тех, кто прельстился статусом гражданина Израиля ради свободы перемещения или ведения дел в странах Запада, и *шлихим* — посланников зарубежных еврейских организаций и коммерческих компаний, рассматривающих свое пребывание в России и СНГ просто как более или менее длительную командировку. Это, однако, не исключает и наличия, в случае выбора конкретного типологического параметра, общего знаменателя для сравнения всех указанных подгрупп.

С точки зрения темы, заявленной в этой статье, таким параметром является социально-профессиональная мотивация (professional commitment) обеих категорий обладателей израильского гражданства, «фокус жизни» которых находится на постсоветском пространстве. Во-первых, это те, кто имеет достаточно значимый (от 5 до более чем 20 лет) опыт жизни в Израиле или родился там. Во-вторых, те (назовем их «новые израильтяне в России и СНГ» — соответствующие критериям ЗОВ граждане постсоветских стран, статистически значимое число которых появилось в последние 5–6 лет), кто провел в Израиле менее года или обзавелся израильским паспортом, никогда там реально не проживая. (По нашим оценкам, по состоянию на май 2020 года порядка 22–30 тысяч человек.)

Судя по приведенным здесь данным наших и иных исследований, можно заключить, что ядром первой группы являются «экономические» и «маятниковые» мигранты, а также «посланники» — то есть лица, которым в целом было неплохо и в Израиле, но кто в какой-то период своей жизни принял решение полнее реализовать свои профессиональные и деловые перспективы в России, Украине или, реже, иных странах бывшего СССР. Данный вывод вполне согласуется с оценками тех экспертов, кто, подобно А. Шпунту, полагает, что большая часть постоянно проживающих в России израильтян —

> ...это отнюдь не пенсионеры, которые уехали в Израиль, а затем почему-то вернулись в Россию <...> а люди, которые приехали сюда зарабатывать деньги. Они находят себе применение в экономике <...> [поскольку] в России до сих пор есть серьезный дефицит специалистов. <...> Это приводит к тому, что израильский программист в Москве будет получать значительно больше, чем он получает в Израиле при примерно равной занятости и равной позиции. Это и вытягивает квалифицированных специалистов, особенно тех, у кого есть либо приобретенный, либо родной русский язык — в Россию [Шпунт 2013].

К тому же профессионально-поведенческому типу, насколько можно судить, принадлежит и основная масса «новых дарконников», которые в подавляющем большинстве случаев так же, как и мигранты из Израиля, преимущественно проживают в крупных деловых, культурных и политических центрах постсоветских государств. Главная причина их «отложенной» реальной репатриации, по почти коллективному мнению опрошенных нами представителей этой среды и иных наблюдателей, — опасения потери наработанного профессионального статуса, обеспечивающего этим людям сохранение привычного уровня жизни. С учетом всех этих обстоятельств весьма разнородное сообщество «израильтян в бывшем СССР» можно рассматривать как общину, или «общины профессионалов»; представители же групп, которые перебрались или вернулись в регион первого исхода, будучи мотивированы иными причинами, занимают в этой структуре в целом маргинальное положение.

Из всего сказанного может следовать и дополнительный вывод: существенное ухудшение экономической ситуации и, как следствие, деловой конъюнктуры могут заставить израильтян, живущих в СНГ, вновь перебраться в Израиль. Заметим, что именно такой мотив своего возможного возвращения выбрали 25 % наших респондентов в России, причем, как и следовало ожидать, среди «трудовых мигрантов», в свое время отправившихся в Россию на заработки, таких оказалось в полтора раза больше, чем в среднем по выборке. Политические катаклизмы, экономический кризис и как следствие — возможный рост антисемитизма на фоне социальных конфликтов могут стать необязательным, но возможным антуражем этого основного фактора.

В целом пятая часть респондентов нашего российского исследования 2009–2011 годов была уверена в своем будущем возвращении в Израиль, почти половина серьезно рассматривала такую возможность, в то время как 20 % видели в ней вариант на случай экстренной ситуации. Именно такие тенденции некоторые наблюдатели отмечают в последние несколько лет. В конце 1990-х и в начале 2000-х годов, замечает хорошо знакомый с ситуацией в России глава русскоязычной адвокатской коллегии Израиля Эли Гервиц,

> …Израиль <…> «проиграл России» очень много людей очень определенного социально-экономического среза. Это были молодые 30-летние ребята с отличным западным израильским образованием, с хорошим английским, с, безусловно, не забытым русским, которые понимали, что в России потенциал всегда будет больше, чем в Израиле. В 2010-е [этот вектор] поменял направление на противоположное. [Сегодня] возвращаются в Израиль удачливые 40-летние бизнесмены и топ-менеджеры, которые 10 лет назад переехали из Израиля в Москву. Некоторых тянут семьи — жизнь в Москве очевидно более требовательна, чем в Израиле. Может быть, потому что <…> обеспечение комфорта граждан не сильно уживается с имперскими амбициями. Ко-

го-то вытолкнул дорогой доллар или [перспективы стать клиентами] «бесплатной» [российской] медицины и российского социального обеспечения [Гервиц 2016[.

Заметим, что подобные настроения значительно усилились в последние несколько лет, причем частью того же тренда становятся и «новые дарконники», среди которых активизируется динамика реального переезда на ПМЖ в Израиль, а израильская общественная повестка дня становится все более заметным компонентом их мировоззрения [Khanin 2021: 283–295].

Итак, израильтяне в России и в некоторой степени также и в Украине в большинстве своем (за вычетом «реиммигрантов» и части «экономических беженцев») представляют собой своеобразную группу профессионалов, одновременно укорененных в местном обществе и обладающих высокой потенциальной динамикой.

Источники

Бриман 2008 — *Бриман Ш.* Израильский ХАБАД берет Одессу под контроль // IzRus, 03.08.2008. URL: http://izrus.co.il/diasporaIL/article/2008–08–03/1520.html#ixzz2ZxqX4fZ0 (в настоящий момент ресурс не доступен).

Волгин 2010 — *Волгин Н.* В Россию едут потому, что здесь интересно // Московский Центр политического анализа, 15.07.2013. URL: http://tass-analytics.com/opinions/387 (в настоящий момент ресурс не доступен).

Гервиц 2016 — *Гервиц Э.* «Путинская» алия и ее отличие от алии 90-х: от хорошего к лучшему // *Сноб*, 14.06.2016. URL: https://snob.ru/profile/28934/blog/109621

Коган 2010 — *Коган А.* Как в Москве объединились израильские бизнесмены // IzRus, 01.03.2010. (дата обращения: январь 2010 года).

Колосов, Вендина 2011 — *Колосов В., Вендина О.* Повседневная жизнь и миграции населения (на примере белгородско-харьковского участка границы) // Российско-украинское пограничье: двадцать лет разделенного единства / Под ред. В. А. Колосова и О. И. Вендиной. М.: «Новый Хронограф», 2011. С. 162–180.

Ханин, Эпштейн 2010 — *Ханин В. (З.), Эпштейн А.* Возвращение на Родину или трудовая эмиграция? Русскоязычные израильтяне в России // Диаспоры. 2010. № 1. С. 101–128.

Чудиновских — *Чудиновских О.* О политике и тенденциях приобретения гражданства Российской Федерации в период с 1992 по 2013 гг. // Демографическое обозрение (Москва). 2014. № 3. С. 65–126.

Шпунт 2013 — *Шпунт А.* Несколько отраслей российской экономики держатся на труде экспатов // Московский Центр политического анализа, 15.07.2013. URL: http://tass-analytics.com/opinions/384 (дата обращения: май 2015 года).

Brym et al. 2018 — *Brym R., Neuman K., and Lenton R.* Survey of Jews in Canada: Final Report. Toronto: Environics Institute for Survey Research, University of Toronto, and the York University, 2018.

Cohen-Castro 2013 — *Cohen-Castro E.* Emigrating Israeli Families: Who Goes Where? Characteristics of Families of Israelis Who Immigrated to Three Destinations: the United States; Central and Western Europe; and the former Soviet Republics and Eastern Europe. Working Paper Series, № 74. Jerusalem: Israeli Central Bureau of Statistics (CBS) — Demography and Census Department. January 2013.

Della Pergola 2018 — *Della Pergola S.* World Jewish Population, 2018 // The American Jewish Year Book, 2018. Vol. 118 / Eds. A. Dashefsky and I. M. Sheskin. Dordrecht: Springer, 2018. P. 361–452.

Goodman 2010 — *Goodman S. W.* Integration Requirements for Integration's Sake? Identifying, Categorizing and Comparing Civic Integration Policies // Journal of Ethnic and Migration Studies. Vol. 36. № 5. 2010. P. 753–772. DOI: 10.1080/13691831003764300

IzRus 2008 — Еврейский олигарх Линшиц и его «личный работник МИДа» // IzRus, 09.05.2008 (дата обращения: январь 2010 года).

Khanin 2021 — *Khanin V. (Z.).* From Russia to Israel — and Back? Transnational Russian Israeli Diaspora. Berlin and Boston: De Gruyter, 2021. 334 p.

Page 2005 — *Page J.* Once desperate to leave, now Jews are returning to Russia, land of opportunity // The Times. 2005. April 28.

Remennik 2006 — *Remennik L.* Russian Jews in the Global City of Toronto: A Pilot Study of Identity and Social Integration // ESPACE, POPULATIONS, SOCIETES. № 1. 2006. P. 61–81. URL: https://doi.org/10.4000/eps.1235 (дата обращения: 14.08.2022).

Revhun, Pupko 2010 — *Revhun U., Pupko I.* Krovim-Rehokim: hagira, Zehut Yehudit ve-Zika le Moledet ba'kerev ha-israelim ba-hu'l [Distant Close Ones: Emigration, Jewish Identity and Vision of the Motherland of Israelis

Abroad]. Research Report. Jerusalem: Hartman Institute of Contemporary Jewry, The Hebrew University of Jerusalem, 2010 [in Hebrew].

Sapritsky 2016 — *Sapritsky M.* Home in the Diaspora? Jewish Returnees and Trans-migrants in Ukraine // The New Jewish Diaspora: Russian-Speaking Immigrants in the United States, Israel, and Germany / Ed. Z. Gitelman. New Brunswick, NJ.: Rutgers University Press, 2016. P. 60–74.

Soibelman 2008 — *Soibelman L.* Moving around the world: Russian Jews from Israel in Toronto. MA Thesis. Toronto: Ryerson University, the Program of Immigration and Settlement Studies, 2008.

Soysal 2010 — *Soysal Y. N.* Limits of Citizenship: Migrants and Post-national Membership in Europe. Chicago: University of Chicago Press, 2010. 251 p.

Tartakovsky et al. 2017 — *Tartakovsky E., Patrakov E., and Nikulina M.* Motivational goals, group identifications, and psychosocial adjustment of returning migrants: The case of Jews returning to Russia // International Journal of Psychology. № 52 (Suppl. 1). 2017. P. 78–86. URL: https://doi.org/10.1002/ijop.12291 (дата обращения: 14.08.2022).

Israelis in Post-Soviet Countries: "Professionals," "Marginals," and Others

Vladimir (Ze'ev) Khanin
Bar-Ilan University,
Ramat Gan, Israel
Ariel University, Ariel, Israel

ORCID: 0000–0001–5603–008X
Ph.D., associate professor, Department of Political Studies,
Bar-Ilan University, 52900 Ramat Gan, Israel
Graduate Program in Jewish Studies (Israel Heritage), Ariel
University, 40700 Ariel, Israel
E-mail: z.khanin@eajc.org

DOI 10.31168/2658–3356.2022.10

Abstract. According to various estimates, between forty-five thousand to seventy thousand Israeli citizens currently live in former USSR states; and more than 90% of them are natives of these states. This community includes both those who left Israel for the FSU, or share their time between their two countries having lived for a substantial number of years in Israel, and the significant number of persons who obtained an Israeli passport (darkon) but never lived for long in Israel. Drawing on available official statistical data, as well as data produced by sociological studies of these groups conducted in 2009–2019 under my supervision, I conclude that the Israeli Diaspora in the FSU can be defined as a "community of professionals." People's migration or, in the overwhelming majority of cases, their decision to refrain from full Aliya to Israel was motivated by a wish to better use their professional and business skills in large former USSR industrial, commercial, and culture centers. People who (re-)immigrated to the FSU for other reasons occupy a marginal position in their Jewish communities. As a result, continued economic deline in Russia and the CIS may stimulate a new resettlement of these Israelis in Israel.

Keywords: Labor migration; Russian-speaking Israelis; socio-professional structure

References
Chudinovskikh, O., 2014, O politike i tendentsiyakh priobreteniya grazhdantstva Rossiiskoi Federatsii v period s 1992 po 2013 [On policy and trends in obtaining of the Russian Federation citizenship between 1992 and 2013]. *Demograficheskoye obozreniye* (Moscow) 3, 65–126.

Della Pergola, S., 2018, World Jewish Population. *The American Jewish Year Book*, 118, eds. A. Dashefsky and I. M. Sheskin, 361–452. Dordrecht, Springer, 955.

Goodman, S. W., 2010, Integration Requirements for Integration's Sake? Identifying, Categorizing and Comparing Civic Integration Policies. *Journal of Ethnic and Migration Studies*, 36 (5), 753–772. DOI: 10.1080/13691831003764300

Khanin, V. (Z). and A. Epstein, 2010, Vozvrascheniye na Rodinu ili trudovaya emigratsiya? Russkoyazychny'e Izrail'tyane v Rossii [Return to the Homeland or Work Emigration? Russian-speaking Israelis in Russia]. *DiasporasDiaspory*, 1, 101–128.

Khanin, V. (Z.), 2021, From Russia to Israel — and Back? Transnational Russian Israeli Diaspora. Berlin and Boston, De Gruyter, 334.

Kolosov, V. and O. Vendina, 2011, Povsennevnaya zhizn' i migratsii naseleniya (na primere belgorodsko-kharkovskogo uchastka granitsy) [Daily life and the population migration (the case of Belgorod-Kharkov chapter of the border]. *Rossiysko-Ukrainskoye pogranichye: 20 let razdelennogo yedinsnva* [Russian-Ukrainian Borderlan: 20 Years of the divided unity], eds. Kolosov, V. and O. I. Vendina, 162–180. Moscow, Novyi khronograph, 352.

Remennik, L., 2006, Russian Jews in the Global City of Toronto: A Pilot Study of Identity and Social Integration. *ESPACE, POPULATIONS, SOCIETES*, 1. 61–81, https://doi.org/10.4000/eps.1235

Revhun, U. and I. Pupko, 2010, Krovim-Rehokim: hagira, Zehut Yehudit ve-Zika le Moledet ba'kerev ha-israelim ba-hu'l [Distant Close Ones: Emigration, Jewish Identity and Vision of the Motherland of Israelis Abroad]. Research Report. Jerusalem: Hartman Institute of Contemporary Jewry, The Hebrew University of Jerusalem, 5–6 (in Hebrew).

Sapritsky, M., 2016, Home in the Diaspora? Jewish Returnees and Transmigrants in Ukraine. *The New Jewish Diaspora: Russian-Speaking Immigrants in the United States, Israel, and Germany*, ed. Z. Gitelman, 60–74. New Brunswick, NJ.: Rutgers University Press, 2016, 338.

Soysal, Y. N., 2010, *Limits of Citizenship: Migrants and Post-national Membership in Europe*. Chicago, University of Chicago Press, 2010, 251.

Tartakovsky, E., E. Patrakov and M. Nikulina, 2017, Motivational goals, group identifications, and psychosocial adjustment of returning migrants: The case of Jews returning to Russia. International *Journal of Psychology*, 52 (1). 78–86, https://doi.org/10.1002/ijop.12291

УДК 392.143

«Маргинальное имя»: Особенности советского еврейского именника

Светлана Николаевна Амосова
Институт славяноведения РАН, Москва, Россия

ORCID 0000–0001–7614–6549
Младший научный сотрудник
Центр славяно-иудаики Института славяноведения РАН
119991 Москва, Ленинский проспект, д. 32-А
Телефон: +7(495) 938–17–80 Факс: +7(495) 938–00–96
e-mail: sveta.amosova@gmail.com

DOI: 10.31168/2658–3356.2022.11

Аннотация. В статье рассматриваются механизмы и стратегии выбора имени у евреев в 1920–1930-е годы для новорожденных, а также механизмы смены имени у взрослых. Законы первых лет советской власти позволили гражданам СССР свободно менять имена, а также лишили религиозные институции контроля над выбором имени для детей. Все это привело к формированию новых практик и нового именника. Традиция давать новорожденному имя в честь умершего родственника сохранялась в ряде семей, однако подверглась трансформации. Материалы интервью, проанализированные в статье, были записаны в экспедициях в 2000–2022 годах в Украине, Молдове и России. Также были проанализированы объявления о смене имен в «Вестнике Ленинградского областного исполкома и Ленинградского совета» за 1924–1932 годы.

Ключевые слова: имянаречение, выбор имени, советские имена, еврейский именник, русско-еврейская антропонимика

Известный этнограф Владимир Богораз-Тан в предисловии к сборнику 1926 года «Еврейское местечко в революции»[1], характеризуя изменения, которые принесла «новая жизнь» в еврейский мир, написал следующее:

> В Рогачеве деды — талмудисты, сыновья — коммунисты, а дети у них трефные — не освященные еврейским обрезанием. И дедушка берет такую необрезанную контрабанду вместе с собой в синагогу и сажает ее на стол рядом с фолиантом в кожаной обложке, пахнущим мышами и тлением.
> — Чем будешь, Берка?
> И Берка возражает значительно и важно:
> — Во-первых, я не Берка, а совсем Лентрозин[2], а буду — я буду чекистом [Тан 1926: 25].

Богораз в этом примере отметил два существенных изменения, которые касались строительства нового мира, и это был не отказ от традиционного образования или праздников, не нарушение кашрута, а в первую очередь отказ от обрезания мальчиков и традиционных еврейских имен, причем не в пользу «русского» или еще какого-то имени, которое мог дать ассимилированный еврей еще до революции, а именно в пользу совершенно нового имени, которого ранее не существовало. Этот ребенок выбирает себе и совершенно новую профессию — чекист. При этом автор показывает, что старики обращаются к мальчику, называя его традиционным еврейским именем — Берка. Вся эта ситуация кажется этнографу уникальной, сам этнограф отмечает местечко, где была зафиксирована данная сцена. Пример начинается словами: «В каждом местечке особый вариант вероотступлений, —

---

[1] Сборник «Еврейское местечко в революции» стал результатом студенческих экспедиций-экскурсий студентов этнографического факультета Ленинградского географического института летом 1924 года. См. подробнее [Михайлова 2004: 24].

[2] Имя Лентозин образовано от фамилий Ленин, Троцкий, Зиновьев.

один необычнее другого». Однако, как показывают наши немногочисленные, но, как нам кажется, репрезентативные материалы, именно такого типа изменения в жизни, уход от традиций были очень типичными как для местечек, так и для больших городов в 1920–1930-е годы.

Мы рассмотрим выбор имен в этот период в двух случаях (двух возрастных группах) — выбор имен для новорожденных и выбор нового имени, когда уже совершеннолетний человек решал изменить свое имя.

Выбор имени новорожденному

В число первых законов советской власти вошли декреты о гражданском браке, о детях и о ведении книг актов гражданского состояния от 12 декабря 1917 года, по которому регистрация рождения детей передавалась органам ЗАГСа. Как отмечает Анна Соколова, этот декрет «создавал возможность для совершения любых семейных обрядов вне какой бы то ни было религиозной организации», что до этого времени было совершенно невозможно [Соколова 2022: 29–30]. Соответственно, регистрация рождения ребенка передается в органы ЗАГСа, разрушается контроль над имянаречением религиозных организаций. Кроме того, идет активное формирование нового именника и предпринимается попытка создания новых форм родильной обрядности [Байбурин 2017: 386–387]. Лев Троцкий призывал создать круг новых имен и новые формы имянаречения и выбора имени:

У нас уже есть первые революционные имена. Для девушек наиболее распространены: *Октябрина, Нинель, Звездочка*. Для мальчиков: *Ким, Вил, Красарм*. Количество таких имен перевалило уже за сотню. Наша задача, как комсомольцев, отразить в именах коммунистическую жизнь. Чем плохи такие имена? — *Ким, Мюд, Юнкор* — для мальчиков и *Смена, Учеба* — для девочек. Они полны смысла и созвучны. На фабрике «Скороход» так и сделали: новорожденному дали имя *Либкнехт* [Троцкий 1924: 5].

Подобные формы выбора имени характерны для христианской традиции — имя выбирается в честь святого, день памяти которого приходится на день рождения или день крещения ребенка. В еврейской традиции имя выбирается в честь умершего родственника. Однако в формировании нового мира и нового человека предлагался общий круг имен и традиций, который не связан с национальной принадлежностью. Довольно подробно круг этих новых послереволюционных имен был проанализирован в статье Бориса Колоницкого и монографии Александры Суперанской. Очень много имен было образовано от разного рода аббревиатур [Kolonitskii 1993; Суперанская 2007: 66–71]. Эти имена становились «интернациональными».

Мы рассмотрим несколько ситуаций, когда ребенку давали нетипичное новое имя. Выбор такого нового имени зачастую вызывал столкновение в семье и споры, что приводило к конфликтам со старшим поколением.

В одном из наших интервью, записанном от женщины, родившейся в Киеве в 1924 году, был рассказ о выборе для нее отцом — красным командиром имени *Ленúна* после смерти В. И. Ленина (в целом интересно отметить, что эта история укладывается в традиционное представление о выборе имени у евреев — в честь умершего; чаще всего выбиралось имя родственника, но, однако, могли назвать и в честь, например, великого раввина или цадика). Однако бабушка не приняла это имя и назвала ребенка в честь умершей родственницы — Ася. Интересно, что в результате женщина прожила всю жизнь с двумя именами: дома для родственников и соседей она была Асей, а официально по документам и на работе — Лениной[3]. Сама информантка отмечает, что некоторые продолжают ее называть Асей, но сейчас используют отчество:

---

[3] Л. К. Байбурин отмечает, что в целом подобные практики были довольно распространены: «Можно сказать, что имя, используемое в повседневном общении, так и не породнилось с документом. В документе присутствует его особая, официальная версия. В результате сам носитель имени не всегда принимает документную версию и даже не всегда считает ее своим именем» [Байбурин 2017: 207].

[А почему вас назвали, у вас такое имя — Ленина?] Потому что в 1924 году умер Ленин, а папа мой был. Ой, я же карточки не достала! Он был такой Красной армии, шо то был, и он Ленина, тогда Ленин, и он в честь Ленина назвал меня Ленина. Причём он не сказал сразу, пошёл, записал меня «Ленина». <...> И это, когда они пришли домой, когда папа пришёл домой, ещё в этом, я ж в Киеве родилась, и сказал маме и маминой маме — бабушке, так они: «Ох, ах! Ах! Ах! Что за Ленина?» Тогда таких имён не было. Так бабушка моя стала вспоминать, что её бабушка или какая-то ещё бабушка была Хася. Так меня назвали Ася. «Х» выбросили, назвали Ася. Так я вот Ася дома, Ленина по документам. [Так вы Ася?] Да! Вот невестка называет меня Ася Абрамовна, так. И вообще здесь во дворе, я такая старая стала, меня называют тётя Ася, не говорят бабушка Ася, тётя Ася. А вот, когда я работать пошла — Ленина, по паспорту. Вот так. [Почему бабушка постаралась другое имя подобрать?] Потому что тогда, действительно, в 1924 году, таких имён не было — Ленина. Что за имя Ленина? Таких не было, потому уже появились Сталина, которые относились к революции, Индустрия даже, какие-то такие дикие имена, и мальчиков тоже называли. «Что это за имя Ленина? В жизни не слыхали. Нет, мы будем звать её Асей, Асенькой», была Асенька, Ася. [А вот вы сказали, что вашу бабушку звали Хася, Ася?] Не бабушку мою, а бабушкину какую-то родственницу[4].

Рассказывая о своих именах, наша информантка подчеркнула, что «модное» имя ей выбрал отец, а имя традиционное — бабушка. Обычно подобные новые имена не передавались следующему поколению, так как в целом, с одной стороны, происходило изменение традиции, а с другой — эти имена выходили из моды. Однако встречаются и исключения. Например, в 1952 году мальчика назвали в честь погибшего на войне брата матери Кармием (от «Красная армия») — именем, которое было популярно в 1920-е, но вышло из употребления к 1950-м. Здесь важно отметить, что у детей, которые получали «новые» имена, почти всегда было и традиционное имя, которое помнили старшие родственники (о чем как раз говорят несколько приведенных

---

4   ЦБИ, Chern_oct_09_06.

выше примеров[5]), поэтому в случае передачи имени ребенку использовали обычно именно традиционное имя (или же его варианты). В случае же с Кармием новорожденному дали «героическое» имя из советского именника в честь умершего родственника, а о традиционном еврейском имени речь даже не шла:

> Инф.: У меня брат родной погиб во время войны. Двоюродные были, но в основном это родство в Херсоне.
> Соб.: А как брата звали?
> Инф.: Брата звали Кармий.
> Соб.: Почему его так назвали?
> Инф.: (смеется) Странное имя. Это имя носит и мой старший сын в память о моем старшем брате. Поскольку отец мой был военным, и он служил в Красной Армии, и он придумал это имя. Красная Армия — Кармий.
> Соб.: А как вы назвали сына в честь брата?
> Инф.: Кармий. И когда родился у меня старший сын. А брат погиб под Харьковом, и мама просила, чтобы дали моему сыну имя.
> Соб.: А его в точности так же зовут?
> Инф.: Его зовут Кармий. <...>
> Соб.: А вы детям обрезание не делали?
> Инф.: Нет, притом, что был такой парадоксальный случай. Я не знаю, откуда узнали. В общем, когда у меня родился старший сын, я еще не успела даже прийти домой с сыном, а уже пришел из синагоги человек делать обрезание. И так получилось, что папа открывал дверь. Ну а так как был папа старый коммунист. С восемнадцатого года. Он: «Вы что, — говорит, — какое обрезание?» В общем, не разрешил. Да, ну и по правде говоря, мы об этом и не думали. А уж когда второй сын родился...
> Соб.: А как он узнал?
> Инф.: Вот не знаю. Это был 52 год. Тогда уже синагога, которая сейчас — уже и тогда работала[6].

---

[5] Вероятно, именно такую ситуацию описывает Богораз-Тан в своем примере, который я привожу в начале статьи, когда родители называют новорожденного модным именем Лентрозин, а старшее поколение использует традиционное имя Берка (возможно, по умершему родственнику).

[6] ЦБИ, Chern_oct_2010_06.

Здесь информантка подчеркивает, что ее сын не только получил нетрадиционное имя, но и не был обрезан. От обрезания отказался дед мальчика, который как раз и выбрал новое имя для сына, порывая с еврейскими традициями. Конструируя в самом начале 1920-х годов совершенно новую идентичность своему сыну, отец отказался от двух самых главных ритуалов еврейского родильного обряда — выбора традиционного имени, которое было бы связано с умершим родственником, и обрезания.

Еще один пример выбора имени в 1920-е годы, который может служить примером компромисса. Гершон Смолицкий — отец ребенка — был заметным общественным деятелем, но для ребенка он выбирает не имя из новояза, а имя, которое уже есть в традиционном именнике, но которое, однако, толкуется как революционное и новое. Опять же, здесь подчеркивается не только то, что человек получает имя, которого нет в еврейской традиции, но и то, что мальчика не обрезали:

> Меня назвали Виктор, что значит «победитель», потому что отец говорил, что я победитель предрассудков, я необрезанный. А моя мама сказала: «Хорошо-хорошо, я с тобой не спорила», — но в это время у меня умер дядя Велвл [ПАА, СВГ].

В этом примере семья находится в ситуации некоторого компромисса, где отец выбирает ребенку новое имя, а мать при этом пытается сохранить традицию — назвать сына в честь умершего родственника, пусть и не тем же самым именем, но сохранив хотя бы первую букву. Это совершенно стандартная практика замены традиционного имени в советское время в ассимилированных семьях[7]. Б. Мюнитц обращает внимание на то, что как раз новые революционные имена были редкостью, а более модными были имена иностранного происхождения, например французские, немецкие, английские, потому что «интернациональное» имя было предпочтительнее русского

---

7 См. подробно [Амосова, Николаева 2010: 267–268].

православного. Родители хоть и отвергали традиционные еврейские имена, но не хотели выглядеть новообращенными в христианство [Munitz 1972: 67]. В данном случае имя Виктор звучит именно как иностранное, а не имя из традиционного православного именника; в конце 1920-х — 1930-х можно отметить рост популярности этого имени в городской среде. Еще важно отметить, что, выбирая для ребенка имя, евреи в 1920–1930-е годы, с одной стороны, ориентировались на то, чтобы имя не звучало как «очень русское» (то есть православное)[8], а с другой стороны, происходит включение модных в тот момент имен в городской еврейский именник.

Так, например, там оказывается имя *Валерий*, которое становится популярным в 1930-е и последующие годы в связи с Валерием Чкаловым. При этом, как отмечает Александра Суперанская, это имя появилось в православных календарях гораздо раньше, но оно не было распространенным [Суперанская 2007: 75]. Поэтому оно легко попало в советский еврейский именник:

> Соб: Как вы сына назвали?
> Инф: Валера.
> Соб: Это была чья?
> Инф: Чкалова.
> Соб: В честь Чкалова.
> Инф: Да. Мы были преданы. Мы были, как говорится, евреи видели, всё-таки в Советском Союзе до войны евреи жили на равных правах, даже, я бы сказал, больше прав, чем другие имели, понятно. Больше прав [АИИК, МК][9].

Второй пример еще более интересный и показательный, он вписывается в общую концепцию выбора имен советскими евреями. Здесь, с одной стороны, выбирается новое советское имя, а с другой стороны, сохраняется традиция — в честь умершего, и опять же подчеркивается, что этот человек был не обрезан:

---

[8]   См. об этом подробнее [Амосова 2021: 181–183].

[9]   Большое спасибо за предоставление этого и следующего интервью Галине Зелениной.

А потом был Валера. Между прочим, с Валерой это целая история. Она его родила, мама, в то время, когда умер Чкалов, на Новый год, в 39-м году. Ему обрезание не делали, потому что там настояли эти врачи и все это настояли, чтоб... И ему дали имя Чкалова. Это у нас единственный был без обрезания [АИИК, БКП].

Еще одно новое имя, которое появляется в советском именнике в 1930-е, это *Светлана*. Несмотря на представление о том, что это имя имеет славянские корни и его популярность восходит к балладе В. А. Жуковского «Светлана», оно стало популярным лишь в советское время. Е. А. Душечкина в монографии, посвященной культурной истории этого имени, показывает, что именно в конце 1920-х — в 1930-е оно обретает популярность; как отмечает исследовательница, имя «получило дополнительную "советскую" окраску, согласуясь с дополнительной символикой слова *светлый* и ассоциируясь с новым спектром значений слова *свет* (*свет коммунизма, светлый путь, светлое будущее, светлое царство социализма* и пр.)» [Душечкина 2007: 77]. Кроме того, имя стало очень распространенным среди детей советской элиты. Самая известная Светлана — Светлана Алилуева (дочь Сталина), но кроме нее Светланами звали дочерей Н. И. Бухарина, В. М. Молотова, маршала М. Н. Тухачевского и ряда других партийных и военных деятелей [Душечкина 2007: 80–98]. Именно так решил назвать свою дочь красный командир Борис Голодько, который прислал телеграмму жене, где написал это имя. При этом, как и во многих других примерах, старшее поколение не понимало значения этого имени. Кроме того, здесь не было никакой семантической связи с именами умерших родственников, то есть это абсолютно новое имя, никак не связанное с традицией:

Мама так рассказывала, родила в Муркуриловцах, а папа был на службе в Белой Церкви, где-то он там служил, и дал телеграмму: «Поздравляю с дочкой Светланой». А так как бабушки наши говорили только на идиш, а по-русски не говорили, она прошамкала: «Что это за имя Шотландка?» Шотландка, если вы знаете, ткань такая была. Она говорит:

«Ткань есть шотландка, а имени такого нет». Я думаю, что тогда все называли в честь дочки Сталина. Наверное, так оно пошло[10].

Как отмечают исследователи, имя Светлана среди множества новых и популярных имен, возникших в 1920–1930-е в результате антропонимического взрыва, является одним из немногих, которые прочно вошли в послевоенный именник. В. А. Новиков отметил, что уже в 1960-е годы была «неощутима разнородность между латинским именем Татьяна и новым, вошедшим в послереволюционные года именем Светлана» [Новиков 1974: 76]. Это имя стало довольно популярным и среди евреев; так, Борис Винер, анализируя имена новорожденных в 1980 году в Ленинграде, показал, что имя Светлана у евреев входит в первую десятку и делит 7–8-е места с именем Ольга (при этом у русских оно занимает 10-е место, у украинцев и белорусов этого имени вообще нет в первой десятке) [Винер 2000: 146–151]. Популярность этого имени можно как раз объяснить тем, что с ним не было связано никаких христианских коннотаций. Кроме того, имя *Светлана* могло заменить ряд традиционных имен — *Сура* (*Сора*), *Сруль* и др. [Амосова, Николаева 2010: 276].

В 1940-е почти не появляется новых имен в еврейском именнике. Однако после победы СССР во Второй мировой войне «модным» именем в еврейской среде становится *Виктория*. Это имя характерно в большей степени для девочек, которые родились в больших города. Виктория Мочалова, родившаяся в мае 1945 г., подчеркивает, что другого варианта имени просто даже быть не могло:

Со мной ведь всё просто: родители были на фронте, где меня и зачали, а поскольку я родилась в День победы, то вариантов особенно не было — ПОБЕДА![11] [ПАА, МВВ].

---

[10] АЦС, Isr 15 30.

[11] Ср. еще один пример: «Я родилась здесь, в Пятигорске, в 1945 году. Меня зовут Виктория в честь победы. <…> У нас тогда была легенда, что мама с папой лежали на железной кровати, объявили победу, он ей сказал: «Хая, теперь можешь рожать». Вот я родилась, меня назвали Виктория» (ЕМЦТ, Pyat_22_26).

Кроме символичного значения, имя опять же не имеет никаких христианских коннотаций, оно не было распространено в дореволюционной православной среде, поэтому легко было воспринято евреями, которые его выбирали без какой-либо связи с традиционным имянаречением. При этом оно звучало как даже несколько иностранное имя. Виктория Лановая, родившаяся в Кисловодске в 1947 году, описывает это имя как редкое, несколько странно звучащее:

> Так как я ребенок послевоенный, я родилась в 1947 г. Папа участвовал в двух войнах — Финская и Вторая мировая, он решил, раз победа, значит, Виктория. Я, кстати, очень не любила свое имя в детстве, потому что это было очень не обычно, редко. Все были Тани, Мани, Наташи, Нади — все, кто угодно, конечно, выделялась. Это сейчас каждая третья Вика[12].

Во всех этих примерах носителями новой идеологии выступают мужчины. Именно они выбирают новые имена для своих детей, зачастую даже не спрашивая не только своих старших родственников, но и жен: «Причем он не сказал сразу, пошёл, записал меня "Ленина"», прислал телеграмму и поздравил с дочкой Светланой и т. д. Женщины в этих ситуациях в большинстве случаев являются теми, кто пытается сохранить традицию передачи имени, даже если это абсолютно новые имена. Бабушка или мама ребенка называют его вторым именем, которое может использоваться дома, или же сохраняют память о традиционном имени через первую букву имени, просят назвать в честь умершего родственника и пр. То есть еврейская традиция в своем минимальном виде сохраняется в данном случае дома, в семейной памяти, в частности при выборе имени на уровне памяти об умершем родственнике и традиционном еврейском имени.

Все-таки следует отметить, что изменение традиции и появление новых имен в еврейском именнике не является исключительно советской традицией. Изменения происходили в разное время,

---

[12] ЕМЦТ, Pyat_22_31.

так как традиция в целом была довольно гибкой. Так, одна из историй была записана в Кишиневе от человека, который родился в румынском городе Галата в 1937 году:

Инф. 1: Мама [имеется в виду свекровь] мне рассказала такую историю [смеются]. Он [муж] когда родился, это был 1937 год, и кесарево сечение было редчайшей операцией. Да. Сейчас это сплошь и рядом, а тогда кесарево сечение в Галатах была редкая операция. Ей сделали кесарево сечение, он был крупным, плотным, она не могла родить.
Инф. 2: Я шёл ногами, главное.
Инф. 1: Да. И когда этот врач, его звали Константин, румынский врач, который принимал роды, он, значит, это, говорит: «Домна[13] Ройтбург, вот у вас есть сын», — у него есть очень интересная румынская бумажка. Поздравляла мэрия города Галат, что он родился, вы должны. «Как мне вас отблагодарить, — его отец говорит, — за золотые ваши руки?» Он говорит: «Если хотите, назовите его моим именем». На что моя свекровь, его мама, сказала, что у нас, у евреев, не положено называть ребёнка в честь живущих. «Вы живы и должны жить очень долго». — «Назовите тогда его в честь операции». А это называется чезо...
Инф. 2: Операция называется «чезорян».
Инф. 1: И он стал Чезар. Он стал Чезар.
Инф. 2: А Чезорян — женское имя.
Инф. 1: Да. Чезаре. А в Советском Союзе его все зовут Цезарь.
Инф. 2: Я не как жена, не менял ни имени, ни отчества.
Инф. 1: Еще бы! Тебя все знают как Цезарь, а не как Чезар. Дети у нас Чезаровичи, а его зовут Цезарь[14].

Замена имени у совершеннолетнего

Второй кейс появления новых имен, который мы бы хотели рассмотреть, — смсна имсни человеком в 1920-х — начале 1930-х годов у взрослых людей. В этот период и далее происходит смена

[13] Рум. «госпожа».
[14] ЦБИ, Kish_010_013.

еврейских имен (данных при рождении) людьми, которые живут в больших городах или туда переезжают. До 1918 года смена имени и отчества была возможна только в том случае, если человек менял вероисповедание, то есть крестился. Итальянский славист Лаура Салмон подробно рассматривает полемику вокруг еврейских имен в Российской империи во второй половине XIX века, возможности их замены, потому что в повседневной жизни многие ассимилированные евреи использовали «христианские» имена. Государственная комиссия 1888 года постановила, что евреи могут пользоваться только тем именем, которое было указано в метрических списках, и изменять его не имеют права [Салмон 1996: 184–186]. Несмотря на то что многие ассимилированные евреи, жившие вне черты оседлости, известны нам по «новым» именам, например Шломо-Занвл Аронович Раппопорт / Семен Акимович Ан-ский, Шимон Дубнов / Семен Дубнов, Евно Фишелевич Азеф / Евгений Филиппович Азеф и другие, однако это не было официальной сменой имен.

В марте 1918 года выходит декрет Совета народных комиссаров РСФСР «О праве граждан изменять свои фамилии и прозвища», в котором ничего не говорится об именах; право изменять личные данные распространяется только на фамилии. Но уже в июле 1924 года выходит новый декрет «О праве граждан изменять свои фамилии (родовые прозвища) и имена», по которому гражданам, достигшим 18-летнего возраста, разрешено менять личные имена. Согласно пункту три этого декрета, о смене фамилии или имени необходимо было сделать заявление в местной официальной газете и газете «Известия»[15].

Я проанализировала газету «Вестник Ленинградского областного исполкома и Ленинградского совета» с 1924 по 1932 год, в которой регулярно появлялись объявления о перемене имен

---

[15] После 1924 года закон изменялся в течение советского времени еще два раза. В 1940 и 1971 годах пункт об изменении отчества появляется только в положении 1971 года, по которому «при перемене имени отцом отчество его несовершеннолетних детей исправляется в соответствии с измененным именем отца. Отчество совершеннолетних детей изменяется только по их ходатайству на общих основаниях».

и фамилий[16]. Если говорить о возрастном составе тех, кто сообщил о смене своего имени на страницах этой газеты, то самому младшему меняющему имя — 19 лет, самому старшему — 42 года, однако 90 % всех меняющих имя находились в возрасте от 20 до 30 лет. По большей части они переехали в Ленинград из разных мест, только у четырех — двух женщин и двух мужчин — место рождения обозначено как Ленинград (несмотря на то что они все ровесники и родились в 1907 и 1908 годах). В основном все меняющие имя происходят из разных мест черты оседлости, но есть и другие места рождения (Париж, Томск, Новгород и др.)[17]. Мужчин, которые меняли свое имя, значительно больше, чем женщин. Имена меняли чаще, чем фамилии; несмотря на то что об отчестве ничего не было сказано, встречается пара изменений отчества, но вместе с именем[18] (см. подробнее Приложение).

Мне было интересно проследить связь старого имени и нового: выбирал ли человек принципиально новое имя, не связанное с прошлым традиционным, или же была какая-то связь. Так, в наших прошлых статьях было отмечено, что, например, в ситуации крещения люди почти всегда выбирали совершенно новое

---

16 В объявлениях, естественно, уже не указывалось вероисповедание, но еще не указывалась национальность, поэтому выбор материала осуществлялся с опорой на традиционный ашкеназский именник. Надо отметить, что евреи / иудеи являются второй по численности группой, которая меняет имена или фамилии в Ленинграде. Первой являются русские / православные. Надо отметить, что евреи гораздо реже меняют фамилии, чем русские. Что касается других групп, то имеются буквально единичные свидетельства о смене имен или фамилий немцами, финнами и татарами (например, в 1929 году Шабаев Каюм становится Бархатовым Василием).

17 Существует расхожее мнение, что большинство переехавших в 1920-е годы в Ленинград евреев были из Белоруссии, а в Москву переезжали украинские евреи. Однако если посмотреть места рождения, которые указаны у лиц, меняющих имена, то заметно, что количество евреев из Белоруссии совсем незначительно превышает число украинских евреев.

18 В группе русских количество женщин чуть больше, чаще всего меняют такие имена, как *Матрена, Акилина / Акулина, Марфа* и пр. В целом видна тенденция к замене деревенских устаревших имен на более модные городские, но следует отметить, что никаких новых революционных имен в этих списках не встречается.

имя, которое не было связано с прошлым еврейским [Амосова 2021: 187]. В ситуации же смены имени в 1950–1970-е годы в местечках или выбора имени для новорожденного в честь умершего действовали специальные правила — сохранение первой буквы имени, перевод и т. п. [Амосова, Николаева 2010].

Ряд правил и соответствий, которые мы отметили в хронологически более поздних материалах, уже встречается и здесь, но все-таки в 1920–1930-е можно отметить гораздо большую вариативность. Так, например, на материале газет мы видим, что часть людей (это всегда мужчины) меняют идишские варианты имен на литературные формы: *Мовша — Моисей, Ицко — Исаак, Сруль — Израиль, Шлема — Соломон*. Эти имена в такой форме выглядят как еврейские, но уже лишены «местечковости» и неправильности. Такое не встречается в 1960–1970-е годы, когда отчетливо отказываются от еврейских имен, меняя их на русские. Вторая тенденция — большое количество иностранных имен — *Адольф, Арнольд, Рустэм, Юзеф, Роберт, Иоган* и другие; интересно, что для женщин это более устойчивая тенденция, хотя подборка женских имен у нас меньше — *Элеонора, Регина, Фрида* и т. д.

Рассмотрим наиболее часто встречающиеся имена. Например, имя *Абрам / Авраам* встречается девять раз, из них только четыре раза оно заменяется на имя, которое также начинается на букву «А» (в трех случаях *Александр*, в одном — *Адольф*), в двух случаях появляется имя *Борис*. Можно предположить, что это связано со второй буквой имени. А вот еще в трех случаях имена кажутся вообще никак не связанными — *Рустэм, Леонид, Юрий*. Имя *Израиль / Сроль / Сруль* встречается семь раз, пять из которых в варианте Израиль. В одном случае человек изменяет имя *Сруль* на *Израиль*, в двух случаях на *Леонид*, по одному случаю — *Григорий, Александр, Николай, Виктор*. Имя *Моисей / Мовша*, встречающееся пять раз, заменяется в варианте *Мовша* на *Моисей*, в двух случаях на *Михаил*, а также на *Владимир* и *Наум*. Еще одно популярное имя — *Хаим* — встречается семь раз. В одном варианте оно заменяется на *Виталий*, что является переводом имени («хай» — иврит «жизнь», «вита» — лат. «жизнь»), в трех случаях меняется на *Ефим*, еще две замены — *Григорий* и *Эмма-*

нуил. Как мы можем увидеть, устойчивые связи между именами еще только формируются, хотя в ряде случаев они уже заметны. В материалах, которые были записаны в экспедициях, уже есть более устойчивые связи: имя *Абрам* меняется на *Аркадий*, *Сруль* на *Александр*, *Мойше* на *Михаил*, *Хаим* на *Ефим* [Амосова, Николаева 2010: 265]. В нашей же подборке из газет, пожалуй, можно выделить только одну устойчивую пару *Иегуда / Иуда / Юда — Юрий / Юлий*, где имя меняется с сохранением первой буквы.

Мы можем отметить, что женские имена — более «экзотичные» и иностранные. Мужские, несмотря на то что встречаются отдельные иностранные имена, более ориентированы на русскую городскую традицию. В ряде случаев люди выбирали имя, близкое по звучанию, на ту же букву, литературную форму или же перевод имени, а в ряде случаев никакой связи с прошлым именем нет. Количество тех и других вариантов примерно одинаковое. Важно отметить, что «новые» имена давались новорожденным, а если человек сам менял имя во взрослом возрасте, то у нас нет ни одного примера смены имени на какое-либо новое, даже имя *Светлана* не появляется в этом именнике. Надо отметить, что «модные» в 1920-е — начале 1930-х годов имена *Владимир*, *Лев*, *Зиновий* не появляются в списке новых имен (так, Борис Колоницкий отмечает, что в 1920-е популярность этих имен сильно выросла, например, частотность выбора имени *Владимир* вырастает в 1920-е с 1,6 до 12 % [Kolonitskii 1993: 211]). В нашем же списке имя *Владимир* появляется только один раз, но высока популярность имен *Николай* и *Александр*. Популярность имени *Александр* в еврейской среде понятна (в Талмуде есть легенда об Александре Македонском и наречении в честь него еврейских детей, имя *Александр* было распространено в еврейской среде и в начале XX века[19]), а вот имя *Николай* и имеет ярко выражен-

---

[19] См., например:

ДБ: Вот Александр у евреев сейчас распространено. Александр, Саша, Шломо. Вот. Александр. А появилось оно от Александра Македонского. Когда он пришел, он ничего там не разрушил, ему понравился еврейский храм и религия. И в честь того, что он лояльно вот, они сказали, что все мальчики в этот год, которые родятся, будут Александрами.

ные христианские коннотации, и является именем последнего императора[20], который не пользовался в еврейской среде популярностью[21]. Кроме того, было зафиксировано свидетельство, что такое имя воспринималось как неподходящее для евреев [Амосова 2021: 184].

В целом новые / модные имена появляются не только у евреев, такая тенденция характерна в целом для всех, кто менял имена в этот период[22]. Целью был выбор имени, которое было бы благозвучным и не выдавало в нем жителя деревни или местечка; имя из «новояза» или нового именника не воспринималось как органичное и подходящее взрослому человеку. Как мне кажется, в этой ситуации мы можем говорить о том, что традиция замены имени у евреев еще только формируется. Вероятно, у большинства людей нет задачи сохранить связь со своей прежней жизнью, переезд в большой город формирует новую идентичность, которая напрямую не связана с революционными преобразованиями и новоязом, имена выбираются из устоявшегося именника и должны быть приемлемы для среды большого города. К сожа-

ИК: Сандерами, Сандер, да, да, да. Сандер.
ДБ: Сандер. От него пошло, все мальчики в тот год были Александры, а потом пошло, пошло (ЦБИ, Chern08_35).

[20] Если говорить о замене имени на Владимира и Николая у неевреев, то оба имени появляются примерно с одинаковой частотностью. Их выбирают в качестве нового имени люди с совершенно разными именами.

[21] Лаура Салмон отмечает, что имя Николай никогда не принадлежало к русско-еврейскому коду и потому, по ее мнению, было безопасным [Салмон 1996: 195–196].

[22] Несколько интереснее обстоят дела с фамилиями. С одной стороны, есть замены неблагозвучных фамилий, например, *Кособрюхов* на *Штит*, *Голопузовы* на *Савины*, *Подхалимовы* на *Юрьевы*, *Навозников* на *Дмитриев* и т. д. С другой стороны, есть тенденция к замене на звучные «современные» фамилии, например, замена фамилии *Иллиодоров* на *Антиверов*, но это единичный случай. Еще к этому же кругу можно отнести популярную фамилию *Ленский* (вероятно, из-за созвучия с Лениным), на которую в том числе поменял свою фамилию *Гандельман* курсант пехотной школы Зуся Моисеевич в июле 1928 года. Это одна из немногих замен евреями фамилий. Имена они меняли чаще.

лению, у нас нет интервью с этими людьми или более подробных документов, чтобы мы могли интерпретировать тот или иной выбор.

* * *

Вслед за израильским исследователем Бенционом Мюнитцем мы можем сказать, что евреи использовали после 1917 года при выборе имени ребенку три основные стратегии — изменение на русифицированный вариант еврейского имени, использование традиционного имени и выбор совершенно нового «революционного» имени:

> После революции многие евреи воспользовались либерализацией законов об именах и изменили свои имена на «менее типичные», чтобы приспосабливаться к своему вновь обретенному равенству. Большинство имен были изменены, однако по существующей схеме сходства в звучании или значении. Соблюдающие евреи продолжали давать своим потомкам традиционные имена, и таковых осталось большинство. Было несколько экстремальных «коммунистов» и «интернационалистов», следивших за модой. Среди партийного актива всех национальностей было принято «дарить» своим детям новоизобретенные имена, такие как *Владлен* (сокращение от Владимира Ленина), *Ленстав* (Ленин, Сталин, Ворошилов), имена девочек *Революция, Ленина, Сталина* [Munitz 1972: 67].

Однако, как мы видим из проанализированных материалов, эти стратегии оказываются несколько сложнее. Так, среди «новоизобретенных» имен могут появляться привычные для русского человека имена Виктор или Валерий, а замена имен не всегда происходит по сходству звучания или значения. Именно стратегия выбора имени показывает то, какую идентичность / роль в обществе выбирает человек себе или своему ребенку — новое революционное имя и отказ от всех еврейских традиций, традиционное имя или же нечто среднее — выбор нейтрального, скорее городского имени и отказ не от еврейских традиций, а именно от «местечковости» (в этой ситуации имя может быть даже еврейским, но в литературном варианте — *Израиль*, а не идишском — *Сруль*).

В 1920–1930-е начинается складываться то, что Лаура Салмон называет *русско-еврейским антропонимическим кодом*, то есть набор имен, которые евреи будут активно использовать при замене традиционного имени на русское или более «городское»[23] [Салмон 1996: 195–196]. Однако мы видим, что в этот период еврейская антропонимика более вариативна и неустойчива, при переименовании появляются самые разные имена. В более поздний период еврейский именник становится значительно меньше: маргинальными становятся и традиционные еврейские имена, и новые имена, возникшие после революции (они за редким исключением не передаются следующим поколениям, да и зачастую сами дети меняют их при получении паспорта), еще ряд имен (например, Николай) начинают восприниматься как неподходящие для евреев.

---

[23] Исследовательница отмечает, что ряд имен (и сочетаний имен и отчеств) начинают восприниматься как отчетливо еврейские, например Лев Борисович. Во время обсуждения моего доклада на конференции в декабре 2020 года «Смех и юмор в славянской и еврейской культурной традиции» профессор Дов-Бер Керлер высказал замечание, что в 1960–1970-е годы имя Ефим воспринималось как исключительно еврейское, хотя оно заменяло традиционное еврейское имя Хаим.

Приложение

Имя	Новое имя	Год смены имени	Год рождения	Место рождения[1]
Абрам	Александр	1930	1900	Хотин
Абрам	Александр	1930	1908	Париж
Абрам	Александр	1927	1900	Новгород
Абрам	Адольф	1931		Симферополь
Абрам	Борис	1931		Могилев
Абрам	Борис	1931		Мариуполь
Абрам	Рустэм	1932		Николаев
Авраам	Леонид	1930		Киев
Авраам	Юрий	1931		Киев
Арон	Александр	1930	1909	Черея, Черейского района, Борисовского округа, БССР
Арон	Арнольд	1932		Херсонск. губ., Александрийский у., г. Новогеоргиевск
Аарон	Аркадий	1928	1886	Киев
Гавриил	Григорий	1930	1903	Невель
Гамшей	Наум	1929	1898	Быхово, Быховский уезд, Могилевская губ.
Герш	Григорий	1930	1907	Подольской губ., Винницкого округа, Жмеринского уезда, м. Браилов
Давид	Виктор	1929	1907	д. Каптокузинка, Одесская губ., Перво-майский округ, Доманевский р-н
Ехиель[2]	Михаил	1929	1892	Константиноград

---

[1] Место рождения указано не столь подробно, как оно было прописано в объявлении.

[2] Здесь человек поменял имя и отчество: Ехиель Вольфович — Михаил Владимирович.

Имя	Новое имя	Год смены имени	Год рождения	Место рождения
Залман	Евгений	1930		г. Новоржев, Псковская губ.
Залман	Александр	1930		Самара
Зелик	Сергей	1931		Гомель
Зима[3]	Олег	1931	1912	Витебск
Зуся	Леонид	1928	1903	Бессарабия
Зусман	Александр	1931		Новгородская губ. и уезд, Медведская вол., дер. Межник
Израиль	Григорий	1930		Черкассы
Израиль	Леонид	1929	1903	Пропойск, Гомельская губ.
Израиль	Леонид	1931		Полоцк
Израиль	Николай	1929	1909	Екатеринослав
Израиль	Александр	1931		Витебск
Сроль	Виктор	1929	1896	Дисна
Сруль	Израиль	1929	1906	Лучина, Волынская губ., Овручский уезд
Исаак	Александр	1929	1902	Одесса
Исаак	Михаил	1931		Невель
Исаак	Яков	1928		м. Жагоры, Ковенская губ., Шавельский у-д
Исак	Николай	1932		Белорусская ССР Чашнинский р-он. Яванский с/совет
Ицхок	Игорь	1929	1905	Пирятин, Полтавская губ.
Ицхок	Александр	1931		Невель
Ицко	Исаак	1931		Махновка, Киевская губ., Бердичевский у-д
Ицка	Исаак	1932		Конотопского округа, Сосницк. р-на, д. Бабы
Идель	Юзеф	1930	1910	Витебск

---

[3]   Зима Меерович — Олег Михайлович.

Имя	Новое имя	Год смены имени	Год рождения	Место рождения
Иегуда	Юлий	1929	1910	Херсон
Иегуда	Юрий	1932		Николаев
Иуда	Юлий	1930		Днепропетровск
Иуда	Юрий	1927		Гомельская губ., Стародубский у-д, Воронковская вол.
Юда	Юрий	1928	1906	Витебская губ., Невельский у-д, м. Островна
Ийно-сон (Иона-Носон?)	Евгений	1928	1895	Одесса
Иосиф	Александр	1931		Томск
Калман	Николай	1930	1906	Новозыбков
Кусиель-Юда	Роберт	1930	1909	Прилуки, Полтавская губ.
Лазарь-Ицко-Фроим	Игорь	1929	1906	Велиж
Лазарь	Леонид	1932		Яссы
Матус	Борис	1927	1900	М. Деражня, Летичевский у-д, Подольская губ.
Мовша	Моисей	1930		дер. Козловичи, Слуцкий р-н
Моисей	Наум	1929	1903	Могилев
Моисей	Михаил	1929	1908	Гомель
Моисей	Михаил	1928	1908	Ленинград
Моисей	Владимир	1932		Кишинев
Морду-хай-Герш	Марк	1930		Плисково, Киевская губ. Бердичевский округ
Мордух	Максим	1928	1895	Варшава

Имя	Новое имя	Год смены имени	Год рождения	Место рождения
Морду-хай	Матвей	1928	1910	Елизаветград
Наум	Николай	1929	1907	Херсон
Нисон	Николай	1930	1908	Рига
Нусон-Лейба	Натан	1929	1891	Зиновьевск (Елизавет-град), бывш. Херсон-ская губ.
Нотан	Валентин	1932		М. Цебулево, Киевская губ.
Пейсах	Павел	1931		Двинск
Песах	Петр	1927	1902	с. Рубановки, Мелито-польский у-д, Таври-ческая губ.
Садек	Анатолий	1930	1892	Вильно
Самуил	Михаил	1930	1905	Витебск
Самуил	Сергей	1928	1910	Витебск
Симон	Семен	1927	1898	Витебская губ., Дриссенский у-д, м. Освея
Шмуэль-Лейба	Эмиль	1929	1908	Одесса
Соломон	Александр	1930	1898	Херсон
Соломон	Леонид	1930	1903	Витебск
Соломон	Семен	1930	1909	Вильно
Шлема	Семен	1929	1906	—
Шлема	Соломон	1928	1906	Бердичев
Шлема	Леонид	1928		Василькова, Киевск. губ.
Шлема-Гилель	Александр	1927	1907	Ленинград
Хаим	Виталий	1930	1902	Прилуки, Полтавская губ.
Хаим	Ефим	1929	1887	Сквиры, Киевская губ.

Имя	Новое имя	Год смены имени	Год рождения	Место рождения
Хаим	Ефим	1931		Мачулы, Смоленск. губ., Ельнинский у., Уваровская вол.
Хаим	Ефим	1932	1912	Полоцк
Хаим	Григорий	1932		Чита
Хаим	Эммануил	1932	1903	Житомир
Хацкель	Сергей	1932		Режица
Хонан	Иоган	1930		Круглое, Оршанский окр.
Ханон	Борис	1929	1898	Стародуб, Брянской губ.
Кона	Александр	1931		Бердичев
Цалель	Александр	1927	1907	Ковно
Цухок	Виктор	1929	1895	Витебская губ., Невельский у., с. Ледова
Шепше	Александр	1931		Глубокое, Дисненский у-д, Виленской губ.
Шмер	Семен	1930		Рогачев, Гомельская губ.
Шраге	Федор	1928	1882	Кронштадт
Элия-Мейше	Михаил	1928	1894	Виленская губ., Гелванская вол.
Элья	Георгий	1928	1906	Минского округа, Холопеничского р-на, Холопеничи
Янкель-Арон	Аркадий	1929	1897	Минская губ., Игуменский у-д, Погостская вол., д. Кукарево
Доба	Элеонора	1931	1903	Мелитополь
Ента	Елена	1928	1907	Ленинград
Матля	Рина	1928	1904	Витебская губ., Режицкий у-д, м. Рыбинишки
Матля	Марта	1924	1881	Белосток

Имя	Новое имя	Год смены имени	Год рождения	Место рождения
Михля	Эмилия	1930	1909	Сураж, Черниговская губ.
Песя	Сюта	1930	1903	Бердичев
Ривка	Регина	1928	1899	Ленинград
Тауба	Татьяна	1930	1906	Сувалкск. губ., Сейненского у., с. Копциово. Польша
Хая	Клара	1931		Бердичев
Хая	Фрида	1932	1912	Жлобино
Хая-Сарра	София	1931		Бобруйск
Шифра	Анна	1929	1905	Ковенская губ., Вилкомирский у., м. Уцяны
Эйдля	Ида	1927	1887	Могилев
Элька-Лея	Елизавета	1930		Двинск

Архивные источники

АИИК, МК — Архив Института иудаики, Киев. Коллекция интервью «Свидетели еврейского века». Интервью с Менделем Креймером, 1921 г. р., Кишинев. Интервьюер Наталья Фомина. Дата интервью: май, 2004.

АИИК, БКП — Архив Института иудаики, Киев. Коллекция интервью «Свидетели еврейского века». Интервью с Константином Петровичем Белоусовым (урожд. Пинзавецкий Лев Борисович), 1929 г. р., Киев.

АЦС, Isr_15_30 — Полевой архив Центра научных работников и преподавателей иудаики в вузах «Сэфер», зап. в Иерусалиме от Светланы Борисовны Бергельсон (Голодько), 1938 г. р., род. в Мурованых Куриловцах Винницкой обл., Украина. Соб. С. Амосова, С. Николаева.

ЕМЦТ, Pyat_22_31 — Медиа-архив Исследовательского центра Еврейского музея и центра толерантности, зап. в Кисловодске от Виктории Лановой, 1947 г. р., род. в Кисловодске. Соб. С. Амосова, С. Белянин, С. Падалко.

ЕМЦТ, Pyat_22_26 — Медиа-архив Исследовательского центра Еврейского музея и центра толерантности, зап. в Пятигорске от Виктории Эдуардовны Шелковой, 1945 г. р., род. в Пятигорске. Соб. С. Белянин, В. Дымшиц.

ПАА, МВВ — Полевой архив автора, зап. от Виктории Валентиновны Мочаловой, 1945 г. р., Москва. Соб. С. Амосова.

ПАА, СВГ — Полевой архив автора, зап. от Виктора Григорьевича (Гершоновича) Смолицкого, 1926 г. р., Москва. Соб. С. Амосова.

ЦБИ, Chern08_35 — Архив центра библеистики и иудаики РГГУ, зап. в г. Черновцы от Давида Аароновича Букчина, 1945 г. р., род. в Черновцах, и Ицика Клеймана. Соб. И. Гордон.

ЦБИ, Chern_oct_09_06 — Архив центра библеистики и иудаики РГГУ, зап. в г. Черновцы, Украина, от Ленины (Аси) Абрамовны Авербух, 1924 г. р., род. в Киеве. Соб. С. Амосова, С. Николаева.

ЦБИ, Chern_oct_2010_06 — Архив центра библеистики и иудаики РГГУ, зап. в г. Черновцы, Украина, от Цнаймер Элеоноры Борисовны, 1926 г. р., род. в Херсоне, в Черновцах с 1946. Соб. М. Каспина, А. Полян.

ЦБИ, Kish_010_013 — Архив центра библеистики и иудаики РГГУ, зап. в г. Кишинев, Молдова, от Эммы Михайловны Зборовской, 1937 г. р., г. Кишинев; Чезара Иосифовича Ройтбурга, 1937 г. р., г. Галата. Соб. С. Амосова, Е. Лазарева.

Вестник Ленинградского областного исполкома и Ленинградского совета. 1924–1932.

Литература и источники

Амосова 2021 — *Амосова С. Н.* Как Копл стал Филаретом: Шутки про смену имен в еврейской традиции // Смех и юмор в славянской и еврейской культурной традиции / Отв. ред. О. В. Белова. М.: Институт славяноведения РАН, 2021. С. 178–191. DOI: 10.31168/2658-3356.2021.11

Амосова, Николаева 2010 — *Амосова С. Н., Николаева С. В.* Практики перемены имен у евреев Подолии и Буковины в советский период // Диалог поколений в славянской и еврейской культурной традиции / Отв. ред. О. В. Белова. М.: Институт славяноведения РАН, 2010. С. 259–280.

Байбурин 2017 — *Байбурин А. К.* Советский паспорт: история — структура — практики. СПб.: Издательство Европейского университета в Санкт-Петербурге, 2017. 488 с.

Винер 2000 — *Винер Б. Е.* Выбор имен детей в этнически смешанных и несмешанных семьях в Ленинграде // Журнал социологии и социальной антропологии. 2000. Т. III. № 3. С. 142–157.

Душечкина 2007 — *Душечкина Е. А.* Светлана: Культурная история имени. СПб.: Издательство Европейского университета в Санкт-Петербурге, 2007. 277 с.

Михайлова 2004 — *Михайлова Е. А.* Владимир Германович Богораз: Ученый, писатель, общественный деятель // Выдающиеся отечественные этнографы и антропологи XX века / Отв. ред. В. А. Тишков, Д. Д. Тумаркин. М.: Наука, 2004. 716 с. http://web1.kunstkamera.ru/siberia/AboutFull/Bogoraz.pdf (дата обращения: 16.04.2022).

Никонов 1974 — *Никонов В. А.* Имя и общество. М.: Наука, 1974. 278 с.

Салмон 1996 — *Салмон Л.* Русско-еврейская антропонимика: от ономастики к истории // Russian Studies: Ежеквартальник русской филологии и культуры. СПб., 1996. Vol. II. № 3. С. 175–203.

Соколова 2022 — *Соколова А.* Новому человеку — новая смерть? Похоронная культура раннего СССР. М.: Новое литературное обозрение, 2022. 456 с.

Суперанская 2007 — *Суперанская А. В.* Имя — через страны и века. М: Издательство ЛКИ, 2007. 192 с.

Тан 1926 — *Тан В. Г.* Еврейское местечко в революции // Еврейское местечко в революции / Ред. В. Г. Богораз-Тан. М.; Л.: Государственное издательство, 1926. С. 7–26.

Троцкий 1924 — *Троцкий Л.* Вопросы быта // Юный пролетарий. 1924. № 1. С. 5.

Kolonitskii 1993 — *Kolonitskii B.* «Revolutionary Names»: Russian Personal Names and Political Consciousness in the 1920s and 1930s // Revolutionary Russia. 1993. Vol. 6. № 2. P. 210–228.

Munitz 1972 — *Munitz B.* Identifying Jewish names in Russia // Soviet Jewish Affairs. 1972. Vol. 2. № 1. P. 66–75. DOI: 10.1080/13501677208577114

"Marginal Name": Peculiarity of the Soviet Jewish Names

Svetlana Amosova
Institute of Slavic Studies, RAS, Moscow, Russia
Researcher
ORCID: 0000–0001–7614–6549
Center Judea-Slavic Institute for Slavic Studies, RAS,
119991 Moscow Leninsky pr., Build. 32-A
Phone: +7(495) 938–17–80 Fax: +7(495) 938–00–96
E-mail: sveta.amosova@gmail.com

DOI: 10.31168/2658–3356.2022.11

Abstract. This article discusses the mechanisms and strategies for choosing names that were adopted by Jews in the 1920s and 1930s. It draws upon material recorded during field work in 2000–2022 in Ukraine, Moldova, and Russia, as well analysis of announcements about changes of names in the *Bulletin of the Leningrad Regional Executive Committee and the Leningrad Council* from 1924 to 1932. Soviet laws in the first years after the revolution allowed citizens to freely change their names; as a consequence, religious institutions lost their previous control over the matter. This led to the development of new practices for naming, as well as the use of new names entirely. Not only was the tradition of giving names in honor of a deceased relative preserved, it was transformed.

Keywords: naming, choice of personal name, Soviet name, Jewish name, Russian-Jewish anthroponymy

References

Amosova, S. N., 2021, Kak Kopl stal Filaretom: Shutki pro smenu imen v evreiskoi traditsii [How Kopl Became Filaret: Jokes about Changing Names in Jewish Tradition]. *Smekh i iumor v slavianskoi i evreiskoi kul'turnoi traditsii* [Laughter and Humor in the Slavic and Jewish Cultural Traditions], ed. O. V. Belova, 178–191. DOI: 10.31168/2658–3356.2021.11 Moscow, Institut slavianovedeniia RAN, 294. DOI: 10.31168/2658–3356.2021

Amosova, S. N., and S. V. Nikolaeva, 2010, Praktiki peremeny imen u evreev Podolii i Bukoviny v sovetskii period [The practice of changing names among the Jews of Podolia and Bukovina during the Soviet period]. *Dialog pokolenii v slavianskoi i evreiskoi kul'turnoi traditsii* [Dialogue of Generations in Slavic and Jewish Cultural Tradition], ed. O. V. Belova, 259–280. Moscow, Institut slavianovedeniia RAN, 430.

Baiburin, A. K., 2017, *Sovetskii pasport: istoriia — struktura — praktiki* [The Soviet Passport: The History, Nature and Uses of the Internal Passport in the USSR]. St. Petersburg, Izdatel'stvo Evropeiskogo universiteta v Sankt-Peterburge, 488.

Dushechkina, E. A., 2007, *Svetlana: Kul'turnaia istoriia imeni* [Svetlana: The cultural history of name]. St. Petersburg, Izdatel'stvo Evropeiskogo universiteta v Sankt-Peterburge. 277.

Kolonitskii, B., 1993, 'Revolutionary Names': Russian Personal Names and Political Consciousness in the 1920s and 1930s. *Revolutionary Russia,* 6, 2, 210–228.

Mikhailova, E. A., 2004, Vladimir Germanovich Bogoraz: Uchenyi, pisatel', obshchestvennyi deiatel' [Vladimir Germanovich Bogoraz: Teacher, writer, public figure]. *Vydaiushchiesia otechestvennye etnografy i antropologi XX veka* [Outstanding Russian ethnographers and anthropologists of the 20th century], eds. V. Tishkov, D. Tumarkin. Moscow, Nauka, 716.

Munitz, B., 1972, Identifying Jewish names in Russia. *Soviet Jewish Affairs,* 66–75. 2:1. DOI: 10.1080/13501677208577114

Nikonov, V. A., 1974, *Imia i obshchestvo* [Name and society]. Moscow, Nauka, 278.

Salmon, L., 1996, Russko-evreiskaia antroponimika: ot onomastiki k istorii [Russian-Jewish anthroponymy: from onomastics to history]. *Russian Studies,* 175–203. St. Petersburg, II, 3.

Sokolova, A., 2022, *Novomu cheloveku — novaia smert'? Pokhoronnaia kul'tura rannego SSSR* [A new man — a new death? Funeral culture of the early USSR]. Moscow, Novoe literaturnoe obozrenie, 456.

Superanskaia, A., 2007, *Imia — cherez strany i veka* [Name through countries and ages]. Moscow, Izdatel'stvo LKI, 192.

Viner, B. E., 2000, Vybor imen detei v etnicheski smeshannykh i nesmeshannykh sem'iakh v Leningrade [Choosing the names of children in ethnically mixed and unmixed families in Leningrad]. *Zhurnal sotsiologii i sotsial'noi antropologii,* 3, 3, 142–157.

УДК 392.12

«Там бабка спала, а доктор в этой камере»: Осколки института повитух в памяти современных старообрядцев[1]

Наталья Сергеевна Душакова

Российская академия народного хозяйства и государственной службы при Президенте Российской Федерации, Москва, Россия

ORCID: 0000–0003–4486–5367
Scopus Author ID: 55925533400
Кандидат исторических наук, старший научный сотрудник
Школа актуальных гуманитарных исследований
Российской академии народного хозяйства и государственной службы при Президенте Российской Федерации
119571, Москва, проспект Вернадского, д. 82
Тел.: +7(499) 956–96–47
E-mail: dushakova@list.ru

DOI: 10.31168/2658–3356.2022.12

Аннотация. В статье рассматриваются воспоминания старообрядцев Республики Молдова и Румынии о практиках деторождения при помощи сельских ритуальных специалистов — по-

---

[1] Статья подготовлена в рамках выполнения научно-исследовательской работы государственного задания РАНХиГС.

витух. На основе полевых материалов, записанных в 2008–2018 годах, прослеживается, как во взаимодействии с официальной медициной происходила трансформация института повитушества и какие функции повитухи продолжали быть востребованными среди местных жительниц после появления родильных домов.

Ключевые слова: старообрядцы, практики деторождения, ритуальный специалист, повитуха, память, Республика Молдова, Румыния

В настоящее время традиционные практики родовспоможения, уступившие место квалифицированной медицинской помощи, сохраняются в основном в памяти старшего поколения. С появлением в селах родильных домов институт повитух начала вытеснять официальная медицина. Тем не менее, даже несмотря на борьбу властей с сельскими повитухами, в течение длительного времени они пользовались большим авторитетом: нередко женщины предпочитали рожать при помощи повитух, а не обращаться в роддома. Во время экспедиций в старообрядческие села Республики Молдова (с. Кунича, с. Старая Добруджа) и Румынии (с. Сарикей, с. Журиловка) в 2008–2018 годах мне удалось пообщаться с местными жительницами, которые сами выступали в качестве повивальных бабок (*бабили*) или обращались к ним за помощью еще до появления родильных домов в соответствующих поселениях в 1960-х годах и позже, когда звать повитух уже было официально запрещено. Материалы этих интервью легли в основу данной статьи[2].

---

[2] Взаимодействие повитушества и акушерства как двух легитимных систем знания в старообрядческой среде также рассматривалось в статье: Dushakova N. A local midwife or a doctor? Two systems of knowledge in birthing practices of Russian Old Believers // Folklore: Electronic Journal of Folklore. 2020. № 80. P. 169–190. URL: https://www.folklore.ee/folklore/vol80/dushakova.pdf (дата обращения: 15.08.2022).

«Тогда бабка была, не было докторов»

До появления больниц в обследованных поселениях женщины рожали (*приносили детей*) в бане или в отдельной комнате (*в хате*) с помощью повитухи. В Республике Молдова и Румынии старообрядцы называли повитуху *бабкой*, *бабушкой*, реже *повитухой* или *повивухой*.

[А называли их как-то, «повитуха» или просто «бабка»?] Бабка. Так говорили: «Бабка». А после уже, когда трошки модернизались, почали «моаша» говорить тогда. [По-румынски.] Да, а так «бабка» говорили, «бабила»: «Где ты была?» — «Да вот, бабила, Татьяна принесла хлопчика чи девочку». Так говорили. [Бабила?] Бабила, ага [ПМА: РЕЯ].

А у нас было две бабки-повивухи. Ну и она (соседка. — *Н. Д.*) уже после рассказывала. Она пошла сюда к этой ближней, ей нема дома. Она к другей — а другая на поле, на бураках [ПМА: ИЕР].

ШАИ: Бабки. Раньше не было роддомов. А бабушка Анисья, вот, папина мама, бабушка Анисья — бабка, была как это... акушерка, но не... ну, бабила ходила. ПСВ: Бабила. [А говорили «повитуха» или нет?] Нет, у нас «бабила», да? ШАИ: Бабила, она бабила ходила [ПМА: ШАИ, ПСВ].

По воспоминаниям местных жительниц, женщины нередко рожали во время полевых работ. В таких случаях тоже обращались к бабкам:

Теперь же у шпитале (от рум. *spital* — больница. — *Н. Д.*), а тогда бабки вязали (завязывали пуповину. — *Н. Д.*), да, бабки все делали. Тогда бабка была, не было докторов. Доктора — они были, где-то были, а наше селение им — одно, что не было у нас шпиталя, а другое — не было, на чем доехать, как тогда не было, чем ездить, а в повозку если беременную бабу покладешь, она принесет на бобы. И так что, где попало ее, там она... и на степях родили, и у тех родили, у капицах, и в солому родили. На степи работает, и ее... тутотка ей плохо сделалось, и бабка какая-нибудь, которая понимала, — и момент туды воды, и она принесла. Завернули в ее шальку детенка. Вот так было [ПМА: РЕЯ].

Как правило, при приближении родов звать бабку шел муж роженицы или соседка:

Первого родила в 1948 году. Сын первый родился. Ну, успела чи... Пошел муж мой, бабку привел — повитуха. Вот. Привел бабку, бабка эта принимала роды. Вот. А вторую уже девочку тоже бабка, но главное то, что уже поздно было. <...> Ой... Пришла, а муж пьяный был, спал. Я стучу, стучу, стучу — никак не можу достучаться, насилу достучалась, покамест он открыл... И тут у меня уже схватки. Я его прошу: «Иди за бабкой!» А он как... (смеется): «Какая тебе бабка, ничего тебе не будет!» Не хочет идти. И потом пошел. Пока тая бабка, я — пола не было деревянного, земляной пол — я на том... не было клепки, чтоб постелить что-нибудь, чи что. Я так на полу, на земе, на сыром. Пока тая бабка пришла, я застыла чисто [ПМА: ИЕР].

[Бабку когда звали, когда она уже... схватки начались или как?] Да, да. Уже побегла соседка, она страшно мучилась, кричала, никого дома не было. [И соседка пришла?] И соседка услыхала, пришла и... это самое... побежала. Бабка недалеко жила. И она пришла и уже приняла роды. Это так рожали [ПМА: ХТА].

Иногда бабка принимала роды сама, но чаще ей помогали старшие родственницы или соседка роженицы. Присутствие детей, мужа и других родственников-мужчин было строго запрещено:

[Кто-то мог присутствовать при родах? Муж мог быть при родах или кто-то еще? Или только бабка?] Бабка и какие-нибудь женщины, что все-таки трошки понимали. Мужа они не, мужа не подпущали. Мужа, детей — это не пущали. А бабка тая, что бабила, и какие-нибудь женщины, что понимали трошки, помочь ей [ПМА: РЕЯ].

[Только бабка и роженица, или кто-то из родных мог присутствовать?] Ну, допустим, сестра или соседка, но только не мужики [ПМА: XTA].

«Не всякий человек мог эти сделать дела...»

В селах, где проводились полевые исследования, судя по воспоминаниям, было по несколько повитух. Часто местные жительницы подчеркивали, что в этой роли могла оказаться не каждая: предпочтительнее были вдова или пожилая *знающая* женщина:

[Сама бабка учила молодую, да?] Да, да. Рассказывала, как, что. [А какая могла быть, были... не все ж подряд могли быть повивухами?] Ну, конечно, не могли быть. Она же знала, кто может. Болею часть вдов брали. [Вдов брали?] Да, вдова чтоб была [ПМА: ИЕР].

Это были спечиал (рум. — специальные. — Н. Д.) такие старые люди, старые бабки, которые были наместо врача. Как за врача считали их. И с ними и приносили беременные <...>. Это где попало: и на дворе, и на огороде, и в хате — где попало приносили. И в бане, и кругом. И спечиал была бабка, как моаша (рум. — Н. Д.), называлась *бабка* такая. Она... не всякий человек мог эти сделать дела, а старые люди это делали, которые служили как за доктора. [ПМА: РЕЯ].

А раньше они прямо учили, показывали, они знали, как живот поднимать, они знали все... Вот она покладет руку и чувствует, что вот тут, че тут болит, как доктор. Чи когда вот руку сломает кто-нибудь, чи выбьет, чи чего, она пришла, пощупала и говорит: «Ой, это не на месте, чи это там так надо делать, чи так». Увязывали, делали, все как одни доктора были, все понимали, все от Бога имели этот талант. И много учили. Есть, бывало, много так, что бабка мает дочку в доме помоложе, и учила. Много так было, что матка померла, а дочка ее дальше идет. Много так бывало. А сейчас уже нема [ПМА: РЕЯ].

Как видно из интервью, передача знания осуществлялась или от матери к дочери, или от знающей женщины (бабки) к более молодой, но подходящей для этой роли женщине. Правила выбора повивальной бабки основывались на особых требованиях, предъявляемых к чистоте женщины, которые во многих славянских традициях включали запрет на контакты со смертью / покойниками: «...строго запрещалось их обмывать, так как те же самые жесты в отношении новорожденного оказались бы для него роковыми: смерть заразна» [Кабакова 2001: 112–113]. Контакт со смертью среди славян рассматривается как «особый случай ритуальной нечистоты» [Кабакова 2009а: 82]. Однако в селе Куничя (Республика Молдова) бабка-повитуха также обмывала покойников — к ней относились как к авторитетному ритуальному специалисту. Сохранившихся представлений о том, что это могло запрещаться, зафиксировано не было.

Бабка владела особыми техниками массажа, которые применялись для облегчения родов:

> [А вот когда вас звали бабить, вы... и плохо было ей, и сильно тяжело рожала, мучилась с родами, что вы делали, чтобы помочь ей?] СЕО: Это надо знать технику, пальчиками работать, пальчиками работать, надо помогать ей. <...> А полотенцем сколько тискали. МЕА: И простынями, не только полотенцами. СЕО: Полотенце большое, одна с одной стороны, другая — с другой стороны [ПМА: СЕО, МЕА].

> [А как бабушка могла помочь? Она что, массировала?] Ну, помочь. Она от тут от брала полотенцем и потискивала, потискивала, а как головка вышла, она стала головку чуть ворочать, а как ручки стали, она тогда за ручки взяла и... вынула [ПМА: САЕ].

> [Бабка что-то знала там свое?] Ничто, абсолютно. Лишь массаж вроде бы делает, и все, больше ничего. Живот гладит тамотка, ноги растирает, руки. Но чтоб серьги не были, чтоб в серьгах не была, чтоб кольца на руке не было или браслета какого [ПМА: ИЕР].

Как посредник между роженицей и высшими силами повитуха читала специальные молитвы во время родов. В обследованных поселениях распространено представление о том, что для облегчения родов необходимо читать канон Богородице Федоровской. Бабка могла взять на себя и функции священника — если ребенок рождался слабым, она могла погрузить ребенка, чтобы он не умер некрещеным:

МУН: Называлось *погружала бабка*. Когда приносили, и детенок плохой, вот... ДВВ: Да, да, да. МУН: <...> глядит, что он помрет, и она прямо в ведре, и говорит: «Во имя Отца и Сына и Святаго Духа». ДВВ: Да, да, и он считался крещеным. МУН: Да, да. ДВВ: Потом, значит, пойдут до священника, и он какие-то там молитвы довершал, а это он не повторял. Не погружал, что значит, он погруженный во имя Святой Троицы. Да, это есть [ПМА: МУН, ДВВ].

[Чтоб не помер некрещеный, вот, бабка могла как-то сама окунуть в воду?] ПСВ: Да, да, да. Да, я тоже что-то слышал. ШАИ: Да, да, в ведро. Новое ведро воды и «Верую», прочитать три раза «Верую», «Святый Боже», «Верую»... Вот Наташа была, дьячиха-покойница, она ходила. Она ходила, *погружала* называется, погружала. ПСВ: Погружение. ШАИ: И потом, если ты, вот, не успели покрестить, погрузили детенка, уже хоронят, все. [Три раза погрузила?] Три раза, да. А Наташа ходила, такие, достойные женщины, кто молится Богу. Да, она погружала. А если не успели, то тогда уже не хороним. [А так можно похоронить, как будто крещеный?] Да. Потом отец молитвы прибавит, вычитает все. Как крещеный. [А говорили на него *полукрещеный*?] Не, нет. [А если он выживал, то его потом докрещивали?] Да. Отец, там, чуть-чуть довершает там. Ну, в воду не окунают, это считается [ПМА: ШАИ, ПСВ].

Как отмечала Г. И. Кабакова, «эта мера предосторожности приветствуется и семьей, и церковью, так как окрещенный повитухой младенец даже в случае ранней смерти имел право на христианское погребение. Если же он выживал, священник завершал крещение» [Кабакова 2001: 117]. Из приведенных фраг-

ментов интервью видно, что повторное погружение старообряд-
ческий священник не проводил.

К послеродовым процедурам, которые также осуществляла
повитуха, относились особые действия с *пуповиной* и *детским
местом*.

Бабка перерезала пуповину (кусочек которой матери часто
хранили в доме):

> [А чем она (бабка. — *Н. Д.*) перерезала пуповину?] Ножня-
> ми прямо. [Ножницами?] Ножницами, ножницами. Нож-
> ницы, что шьют, что режут товар [ПМА: РЕЯ].

> [А пуповину бабка чем перерезала?] Ниткой. [Ниткой?] Да.
> Затянет нитку, и она потом сама отпадает [ПМА: САЕ].

> [А пуповину кто перерезал, бабка?] Бабка. [А чем?] Ну чем она
> перевязала? Я не знаю, чем она перевязывала. Потом пупочек
> заматывала специально там. Я помню, мама ж... Бабушка
> Анисья принимала все. Вот пупочек не отпал еще, детенка
> пупочек. Помню, завязывала бинтиком, она мазала какими-то
> травками там, ложила... ну, она знала это [ПМА: ШАИ].

После завершения родов важным считалось закопать в землю,
символически «похоронить» *детское место* (плаценту, послед),
которое среди славян традиционно воспринималось как двойник
ребенка и / или матери[3]. Согласно данным Т. Листовой, среди
русских

> ...существовало представление о том, что через послед, как
> и через пуповину, можно нанести вред роженице и ребенку.
> Даже неумышленное уничтожение его могло оказать пагуб-
> ное воздействие. Поэтому зарыть послед повитуха должна
> была так, чтобы никто — ни человек, ни какое-либо живот-
> ное не могли добраться до него [Листова 1997: 508].

> Место, так и называли — *место*. Да, очищалась. Вот бабка
> ждет, когда уже она знала, там, уже чтобы очистить роже-
> ницу, прибрать, место выходило. *Место* называется. [А что

---

[3] См. подробнее [Кабакова 2009б: 200].

потом с ним делали?] Зарывала бабушка. [В землю?] Да, в землю. [А где: во дворе или подальше?] Ну, там, где никто не ходит, зарывали [ПМА: ШАИ].

Бабушка брала тая, что принимала роды, а в роддоме я уже была — не знаю, что они сделали, а это вот, как мне с поля... Она... вышло место, и она говорит: «Выкопайте ямку большую и закопать, чтобы собаки его не съели». Вот, это место. Вот это-то я помню [ПМА: БАТ].

[Плацента, детское место хранили или закапывали, как делали?] Закапывала бабка где-то, не знаю, где. [Закапывала, да?] Закапывала, да. [Говорила, что нельзя хранить?] Да. «Нельзя, — говорила, — хранить». Закапывала. Где она закапывала? Бог их знает, не знаю [ПМА: ИЕР].

Важной функцией повитухи был послеродовой уход за женщиной и новорожденным, обычно в течение восьми дней (реже — трех), который включал купание, растирание, а при необходимости лечение роженицы и младенца:

Родихе сразу после родов давали большой стакан вина, чтоб она набиралась крови. [Красного вина?] Красного вина, и потом момент ее в баню, растирали. [Сразу?] Как принесет, и она же грязная как той, и она трошки отдохнет. И момент ее — дадут ей стакан вина большой, чтоб она выпила, и после бабка в баню, и бабка растирала, восемь ден ходила, в бане ее мыла. Восемь дней подряд, ее и детенка, да. Считали как это, чтоб, как она поганая [ПМА: РЕЯ].

[А когда первый раз купали ребенка, в водичку что-то клали?] ШАИ: Травки, там, в чугунчике наварится тая травка, под голову травочки те берешь, а тут водичку и поливаешь кружечкой, купали. [А крестик не клали в эту воду?] ПСВ: Нет, нет. ШАИ: А так бабка причитывает, с молитвой купает. [Бабка первый раз купала, да?] Да, да. ПСВ: Ну, с молитвой, конечно, с молитвой делается тихонько [ПМА: ШАИ, ПСВ].

> Все было в хате (роды. — *Н. Д.*), а потом делали баню. А я же доче сказала, что раньше баню три раза топили <...> и бабка придет, потопит и... Бабка! Домашний кто топит, бабка придет, в баню пойдет, детеночка помоет и... И родиху помоет [ПМА: СПИ].

> [Купала ребенка первый раз бабка?] Да. [А что клали в воду? Клали какие-то деньги, крестик или что-то такое?] Крестик клали, клали... ой, постой, че еще? Такие есть бубочки, я не знаю, от какой-то травы были бубочки, говорили, чтоб сербучка не была, чтоб не сербело тело у детенка, чтоб чистое тело была. Такое клали. А деньги не клали, деньги — тогда в тое время это не было. Не было [ПМА: РЕЯ].

Некоторые из моих собеседниц среди других функций бабки-повитухи называли лечение матери и младенца от сглаза, изготовление оберегов от сглаза для беременных женщин.

Будучи авторитетным специалистом, бабка в то же время должна была регулярно проходить обряд очищения от нечистоты («погани»). Местные жительницы рассказывали о том, что после принятия каждых родов бабка должна была «брать молитву»:

> [А говорили, что бабка-повитуха нечистая, раз с роженицей имела дело?] Да, она берет молитву у батюшки. [Бабка?] Да. [Когда?] Ну, она может и на третий день взять. И вот. Когда уже... она же... считается, что она как с роженицей была, значит, должна молитву. Батюшка вычитывает молитву. «Батюшка, вот я была около роженицы, молитву вычитайте» [ПМА: САЕ].

На противоречивое восприятие повитухи указывала и Г. И. Кабакова: с одной стороны, ремесло повитухи было почетным, с другой — нечистым и даже грешным [Кабакова 2009a: 180].

«Я была бабка, но врача кликала»

В 1960-х годах в изученных поселениях появляются родильные дома, распространяется более квалифицированная медицинская помощь. Тем не менее институт повитух не уходит в прошлое, а начинает конкурировать с официальной медициной. Это явление было широко распространенным, характерным далеко не только для Молдовы и Румынии. С. Адоньева и Л. Олсон обращали внимание на то, что

> женщины воспринимали роддома как отчуждающие, обезличивающие учреждения <...>, признавая необходимость медицинского вмешательства, продолжали обращаться за помощью к старшим родственницам в поисках знаний об уходе за собой и младенцем. В деревне женщины могли ходить к местным старухам, известным своими знаниями (бабкам) [Олсон, Адоньева 2016: 233].

В старообрядческих селах женщины в большей степени доверяли местным ритуальным специалистам, поскольку они не только владели техниками родовспоможения, но и знали, какие молитвы необходимо читать при родах, могли при необходимости погрузить ребенка и т. д., иными словами, владели «традицией».

Признавая достижения медицины и вместе с тем не желая отказываться от услуг повитух, женщины обращались одновременно и к докторам, и к бабкам:

> [А вы застали еще то время, когда бабка принимала роды? Не в больнице, а, вот, бабку звали, чтобы она детей принимала?] Да-а. Был уже... Была бабка у нас, как называется... больница, бабка была, и доктор был. И бабка нас... [Что делала?] Бабка принимала младенца. А доктор уже потом как лечил, когда... если больной ребенок. Были бабки, еще я захватила, бабки. У меня девочка, в шестьдесят третьем, в январю, Татьяна. Здесь... по той был Браила, у ней два сына. [Ее бабка принимала?] Да. [Да?] А эту, уже вторую дочь, что тут построилась, Ирина, тут это уже в больнице в Бабадаге, доктор уже... [А бабки что делали? Они только... они как, приходили, когда роды начинались? Или как?] Да. И там бывали, там сидели — в больнице, где рожают. Там бабка спала, а доктор в этой камере (рум. — комната. — Н. Д.), где были [ПМА: МХ].

Я, вот, была бабка, но врача, я была бабка, но врача кликала. А это, наоборот, звали к врачу бабку. Пришла женщина с Пояны, и Галины Ивановны нету, на обеде была, аж в лес итить надо было. А зубной у нас врач был мужчина. Ну и что — женщина рожать будет. Девчата... Были девчата тамотка, дежурные медсестры и санитарки. Все были девчата. И говорит так: «Бабушка Елена, иди в свой роддом». А я говорю. Там как раз санитарки не было на дежурстве, санитарки там были лишь две. Лишь две были, а те заболели и не было дежурства и не было санитарок. И мы это вот, еще до тех пор. И нет тамотка вообще совсем санитарки. Иду я. Иду к Семену, говорю: «Мне надо помощь, потому что, — говорю, — я...» А он вышел, на пороге стоит, вот так вот на меня глядит: «Тетя Лена, честное слово, я не знаю. Ну, вы меня простите, я врач-стоматолог, а это нас не практиковали, нас не водили, нам ничего не показывали. Я, честное слово, не знаю». Я говорю: «Как хотите, я одна за то не возьмусь. Женщина уже рожает, воды уже отошли». Побегла я, не разговариваю с ним долго, потому что уже это ж... и уже приходит он. И одел халат и говорит: «Тетя Лена, если вы знаете, понимаете — делайте. Я вам только, если, не дай Бог что-нибудь, я вам могу помочь: уколы дать, еще что-то. А я там. Что надо делать?» И вот так встал передо мной: «А что там надо делать?» На столе... А я говорю: «Вы стойте возле меня, я буду вам что говорить, а вы будете мне подавать». Так потомотка утром он пришел и говорит: «Тетя Лена, я домой пришел, я глаза не сомкнул. Только у меня все в глазах так и стояло» [ПМА: СЕО].

Последний фрагмент интервью показывает, как повитушество и официальная медицина некоторое время дополняли друг друга. В приведенном интервью бабка принимает роды в больнице вместе с врачом-стоматологом в то время, когда на работе отсутствуют акушерки и санитарки. С другой стороны, сами сельские повитухи признают необходимость более квалифицированной медицинской помощи. Как видно, в это время два института существуют как «параллельные легитимные системы знания, и люди легко лавируют между ними, используя их последовательно или параллельно для конкретных целей» [Jordan 1997:

56]. В результате постепенно происходит распределение ролей: роды принимает обученный медицинский персонал, а уход за роженицей и младенцем, а также лечение новорожденного остаются в ведении бабки (в редких случаях — наоборот: бабка принимает роды, а потом доктор лечит роженицу и ребенка, см. пример выше [ПМА: МХ]):

Ходили, вот она, вот я... у меня была бабушка Ульяна, бабка было звать. Она принимала там у кого и после родов терла. Трет же, когда принесешь и выйдешь из дому рождения, тогда топишь баню неделю, шесть ден, четыре — как кто хочет, и она растирает все чисто, тая женщина. И я ходила и к ей. Она меня осматривала [ПМА: МУН].

И она после восемь ден ходила и в бане мыла ее, детенка мыла. Платили ей как доктору. Приходила проверяла, глядела пупочек тамотка как [ПМА: РЕЯ].

[Помните ли вы, когда бабки принимали?] Нет, это меня уже... [Это вы уже не застали?] Нет, да, в больнице только. [В больнице] Это наши бабки, матери... [А вы когда в больнице, ну вот, когда рожали, бабку как-то тоже звали или только с врачом?] Нет, только с врачом. [Только с врачом, да?] Я... когда вышла, у моего ребенка была сухота. И вот ходили, я ходила по речкам, по бабкам, как бы спасала его, вот это было после родов... у него... сухоты были [ПМА: ДОЕ].

Аналогичную практику деторождения при помощи повитух и врачей зафиксировала Е. А. Арсланова среди старообрядцев Астраханской области, реэмигрировавших из Румынии:

За роженицами ухаживали вместе акушерки и повитухи, каждая соответственно своим знаниям: «врачка принимала дитенка, бабушка вхаживала». «Мое дело, — рассказывает Т. А. Голанова, — было принять роды и уходить. Я, например, приму роды, уйду, они приходили, топили баню по-черному. Им [роженицам. — Е. А.] там мазали, правили, парили их, жарили». В задачи акушерки входило:

принять ребенка, снять с него мерки, зафиксировать вес. В послеродовый период она наведывалась в дом роженицы с целью проверить: не мокнет ли пупочек. Бабушка же оставалась для исполнения послеродовых процедур [Арсланова 2010: 39].

Показательно, что представители официальной медицины в изучаемых поселениях не противились подобному распределению ролей. Запрещено было только использование услуг повитухи без врача во время родов. В результате женщины, рожавшие при помощи бабки, скрывали этот факт:

И принимала она (бабка. — *Н. Д.*) роды. Она у меня очень большая родилась. А тогда уже запрещали бабушкам ходить. Хотели, чтобы звали... врачей, а... акушерку. А у нас еще не было роддома. А потом, как, ну, брусовой дом был, сделали одну комнатку, и потом когда там уже стали, ну и пришли когда уже ко мне, две эти — как акушерка и еще одна. Посмотрели да говорит: «Неправда, что ты ее...». Я сказала, что я сама рожала, не было бабушки. А она говорит: «Неправда, не могла ты ее сама родить. Такая она тяжелая, больше, — она говорит, — четырех килограмм весит. Ты не могла сама ее родить» [ПМА: САЕ].

Опираясь на исследования Д. Рансэла, Л. Олсон и С. Адоньева писали о том, что «советская кампания по борьбе с деревенскими повитухами началась в двадцатые-тридцатые годы и продолжалась вплоть до смерти Сталина в 1953 году; после этого преследование повитух прекратилось» [Олсон, Адоньева 2016: 233]. В исследуемом регионе было официально запрещено обращаться к повитухам значительно дольше, вплоть до конца 1970-х годов. К тому времени роды вне больниц были уже менее распространенными.

Интересно, что в некоторых интервью местные жительницы не только сравнивали бабку с доктором («платили ей как доктору», «бабка, была как это... акушерка», «все как одни доктора были»), но и называли акушерку бабкой, например:

[А хранили кусочек пуповины или нет?] Не знаю, нее. Ну, я, например, их всех в роддоме родила. Ну, там бабки прибирают, все прибирают. Акушерки те. Все выкидывают [ПМА: ШАИ].

Уподобление врача повивальной бабке выражается в переносе ряда практик с института повитух на официальную медицину, чему способствовало в том числе и то, что некоторые сельские повитухи с появлением больниц / родильных домов работали в них в качестве медсестер или санитарок. В селе Кунича (Республика Молдова) одна из повитух рассказывала о родах своей дочери — в больницу не успели, поэтому мать (повитуха) приняла роды дома, а потом отвезла роженицу в больницу:

CЕO: Я приехала с ней в четыре часа утра, привезла ее уже. Они говорят: «А кто принимал роды?» Я говорю: «Я!» Они пришли, разговаривают. Я говорю: «Девочки, быстрее, место не вышло, ничто...» — «А как?» А я говорю: «Вот так просто. Наверное, вот так просто перевязанная, перевязанная за плечо, вот тут перевязанная, — говорю, — быстренько давайте». «А кто, — еще раз вернулись, — кто роды принимал?» Я говорю: «Я». — «А вы кто?» — «Мама». — «Дееевочки!» Это врач спрашивает: «Девочки, быстрее давайте носилки». Понесли ее, а я еще дома приготовила сумку им. Что надо, все, все, все. Я, когда иду, иду прям в роддом — *я же врач*. МЕА: Ну правильно, а что ж? Я принимала, я ответ буду держать перед Богом (смеются). CЕO: И они: «Куда вы?» Я говорю: «На-те вам сумочку, позавтракаете там. Вы делайте все, потом, — говорю, — позавтракайте». А она, медсестра, говорит: «Вы что, еще сумку даже могли приготовить?» МЕА: Надо было сказать, что я сорок лет так отпахала санитаркой в роддоме, спасала, как могла, всех. CЕO: Говорю: «Знаю, — я говорю, — я это. Я была, работала у нас в больнице». Потом стала с ими разговаривать. «Ну, — говорит, — это уже вообще! Мама приняла и привезла еще, — говорит, — нам завтрак» [ПМА: CЕO, МЕА].

Из приведенного фрагмента биографического нарратива видно, что женщина, которая была сельской повитухой, а с 1960-х годов начала работать в роддоме санитаркой, сама себя считает врачом, то есть вписывает себя в систему официальной медицины. С 1980-х годов запрета на повитушество уже не существовало, поэтому домашние роды перестали скрывать. Кроме того, в последнем интервью обращает на себя внимание форма благодарности медицинского персонала: как и деревенской повитухе, в качестве благодарности медсестрам были предложены продукты питания, угощение. Нередко на эту аналогию указывали и мои собеседники.

Сравним рассмотренный сюжет с воспоминаниями местных жительниц о том, как встречали и провожали бабку после принятия родов:

> Бабка была, когда придет, ее уже дожидается самовар, и с чаем, гретое вино, и это бабке было, угощение было бабке, да. И она, когда поздно чи ночь, чи холод, чи дождь, она домой не ходила, оставалась. А этих 8 ден, хотя ходила домой, она каждый день приходила. Вот сказали: «Нынче в три часа будем топить баню». Она уже знает, она уже в два часа идет [ПМА: РЕЯ].

> [Когда это происходило, когда бабку благодарили?] ШАИ: Уже когда... ПСВ: Сразу же, да? ШАИ: Сразу после родов. Бабка вымылась, руки, уже младенчика положили, роженицу посадили. Тут стол родня накрывали, угощали, и бабке там плотют, дают подарок, что купили там. Как и сейчас в роддоме: все равно ж дают этим, акушеркам, гостинцы. Кто что мает, по силе...[ПМА: ШАИ, ПСВ].

Здесь следует отметить, что важным отличием традиционных практик родовспоможения, ушедшим в прошлое с развитием официальной медицины, являлась связь между бабкой-повитухой и принятыми ею детьми. С одной стороны, для разрыва этой связи, а с другой — для ритуального очищения от нечистоты совершался обряд размывания. Воспоминания об этой практике были зафиксированы в селе Сарикей (Румыния):

Когда тая бабка баню топит... но бабка не топит баню, топит хозяин. Да. И бабку тую тогда берут в баню, и бабка трет женщину, родиху. [Когда уже родила?] Да, да, да. И детеночка помоет, и потрет его как она там его. И три бани надо делать. И бабке тогда дают мыло, кусок мыла дают, и рушник ей дают. Рушник и мыло дают. И деньги, денжаток. <...> [Это как подарок ей дают?] Да. Это когда она кончит это... Когда бабке дают на руки воды, и она руки вытрет, помоет, и вытрет тем рушником, что ты ей дала, а мыло тая, что ты ей дала мыло [ПМА: СПИ].

Подарки при исполнении данного обряда «нужны не только для того, чтобы "руки отвязать", "отвязать ее от креста", но и чтобы выкупить у нее ребенка, поскольку, пока она не вознаграждена сполна, ребенок принадлежит ей» [Кабакова 2009: 84]. Между врачом, принявшим ребенка в роддоме, и новорожденным подобной связи нет изначально.

Таким образом, знание местных ритуальных специалистов, которое изначально выступало как более авторитетное по отношению к официальной медицине, со временем вступило с ней в диалог. Это привело к такой форме сосуществования двух легитимных систем знания, в которой, на первый взгляд, каждой из них отводится определенная роль. При более детальном рассмотрении становится видно, что никакой четкой границы между двумя системами и институтами провести невозможно (так, сельские повитухи работают в больнице, вместе с врачами принимают роды). Осколки института повитух не только проявляются в биографических нарративах о родах до появления больниц, длительном параллельном использовании официальной медицины и услуг ритуальных специалистов, но и отражаются на современных практиках деторождения в старообрядческих сообществах (от переноса моделей взаимодействия с повитухой на общение с медицинским работником, которым может оказаться бывшая повивальная бабка, до лечения матери и новорожденного от сглаза у сельской бабки).

Информанты

БАТ — ж., 1940 г. р., с. Старая Добруджа, Республика Молдова
ИЕР — ж., 1926 г. р., с. Старая Добруджа, Республика Молдова
ДВВ — м., 1948 г. р., с. Сарикей, Румыния
ДОЕ — ж., 1961 г. р., с. Кунича, Республика Молдова
МЕА — ж., 1951 г. р., с. Кунича, Республика Молдова
МУН — ж., 1942 г. р., с. Сарикей, Румыния
МХ — ж., 1942 г. р., с. Сарикей, Румыния
ПСВ — м., 1951 г. р., с. Кунича, Республика Молдова
РЕЯ — ж., 1953 г. р., с. Журиловка, Румыния
САЕ — ж., 1931 г. р., с. Кунича, Республика Молдова
СЕО — ж., 1940 г. р., с. Кунича, Республика Молдова
СПИ — ж., 1953 г. р., с. Сарикей, Румыния
ХТА — ж., 1950 г. р., с. Старая Добруджа, Республика Молдова
ШАИ — ж., 1947 г. р., с. Кунича, Республика Молдова

Литература

Арсланова 2010 — *Арсланова Е. В.* Обряды жизненного цикла старообрядцев-липован Астраханской области (родильно-крестильные и похоронно-поминальные). Астрахань, 2010. 348 с.

Кабакова 2001 — *Кабакова Г. И.* Отец и повитуха в родильной обрядности Полесья // Родины, дети, повитухи в традициях народной культуры / Сост. Е. А. Белоусова. М., 2001. С. 107–129.

Кабакова 2009а — *Кабакова Г. И.* Повитуха // Славянские древности. Этнолингвистический словарь / Ред. Н. И. Толстой. М., 2009. Т. 4. С. 82–84.

Кабакова 2009б — *Кабакова Г. И.* Послед // Славянские древности. Этнолингвистический словарь / Ред. Н. И. Толстой. М., 2009. Т. 4. С. 200–202.

Листова 1997 — *Листова Т. А.* Обряды и обычаи, связанные с рождением детей. Первый год жизни // Русские / Отв. ред. В. А. Александров, И. В. Власова, Н. С. Полищук. М., 1997. С. 499–516.

Олсон, Адоньева 2016 — *Олсон Л., Адоньева С.* Традиция, трансгрессия, компромисс: миры русской деревенской женщины. М., 2016. 440 с.

Jordan 1997 — *Jordan B.* Authoritative knowledge and its construction // Childbirth and authoritative knowledge: cross-cultural perspectives. Ed. by R. E. Davis-Floyd, C. F. Sargent. Berkeley, Los Angeles, London, 1997. P. 55–79.

"The Grandmother Was Sleeping There, and the Doctor Was in This Cell": Fragments of the Institute of Midwives in the Memory of Modern Old Believers

Natalia Dushakova
Russian Presidential Academy of National Economy and Public Administration
Moscow, Russia

ORCID: 0000–0003–4486–5367
Scopus Author ID: 55925533400
Ph.D., senior research fellow
School for Advanced Studies in the Humanities
Russian Presidential Academy of National Economy and Public Administration
Vernadsky av. 82, Moscow, 119571, Russia
Tel: +7 (499) 956–96–47
E-mail: dushakova@list.ru

DOI: 10.31168/2658–3356.2022.12

Abstract. This article discusses Moldovian Old Believers' memories about childbirth practices that were aided by rural ritual specialists, that is, midwives. Based on field data obtained in 2008–2018, I trace the transformation of the institution of midwifery that was caused by interaction with official medicine, as well as the roles of midwives who were still in demand among local women even after the establishment of maternity hospitals.

Keywords: Old Believers, childbirth practices, ritual specialist, midwife, memory, Republic of Moldova, Romania

References

Arslanova, E. V., 2010, *Obriady zhiznennogo tsikla staroobriadtsev-lipovan Astrakhanskoi oblasti (rodil'no-krestil'nye i pokhoronno-pominal'nye)* [Rites of the Life Cycle of Old Believers-Lipovans of Astrakhan Oblast' (Birth-Christening and Funeral)]. Astrakhan, Izdatel'stvo Sorokin R. V., 348.

Jordan, B., 1997, Authoritative Knowledge and Its Construction. *Childbirth and Authoritative Knowledge: Cross-cultural Perspectives*, eds. Robbie E. Davis-Floyd & Carolyn F. Sargent, 55–79. Berkeley & Los Angeles & London, University of California Press, 505.

Kabakova, G., 2001, Otets i povitukha v rodil'noi obriadnosti Poles'ia [Father and Midwife in the Birth Rites of the Polesie Region]. *Rodiny, deti, povitukhi v traditsiiakh narodnoi kul'tury* [Childbirth, children, midwives in the traditions of folk culture], eds. E. Belousova and S. Nekliudov, 107–129. Moscow, Rossiiskii gosudarstvennyi gumanitarnyi universitet.

Listova, T., 1997, Obriady i obychai, sviazannye s rozhdeniem detei: Pervyi god zhizni [Customs and Rituals Associated with the Birth of Children: The First Year of Life]. *Russkie*, eds. Vadim Aleksandrov, Irina Vlasova, and Ninel' Polishchuk, 499–516. Moscow, Nauka, 828.

Olson, L., and S. Adonieva, 2016, *Traditsiia, transgressiia, kompromiss: miry russkoi derevenskoi zhenshchiny* [Tradition, Transgression, Compromise: Worlds of a Russian Village Woman]. Moscow, Novoe literaturnoe obozrenie, 440.

УДК 398.3

Оригиналы и маргиналы в городском тексте Тулы и в семейных меморатах

Ольга Владиславовна Белова
Институт славяноведения РАН,
Москва, Россия

ORCID: 0000–0001–5221–9424
Доктор филологических наук, главный научный сотрудник
Отдел этнолингвистики и фольклора
Института славяноведения РАН
119334, г. Москва, Ленинский пр., 32-А
Тел.: +7(495) 938–17–80, Fax: +7(495) 938–00–96
E-mail: olgabelova.inslav@gmail.com

DOI: 10.31168/2658–3356.2022.13

Аннотация. В публикации анализируется сюжет о неприступности города Тулы для врагов, ставший общим местом городского текста и локальной устной истории. Материалом для исследования послужили записи семейных рассказов жителей Тулы, а также публикации, касающиеся личностей, с которыми городские легенды связывают пророчество о том, что «немец в Тулу не войдет». Основной фигурой, с которой связано пророчество о неприступности Тулы, является блаженная матушка Дуняша (Евдокия Ивановна Кудрявцева, 1883–1979). Культ ее сосредоточен в основном в прихрамовой среде (Спасский храм и Спасское кладбище в Туле, погост в д. Кочаки), а информация распространяется благодаря православным ресурсам. В результате аберрации памяти пророчество о Туле могут приписывать городскому оригиналу Юре Стрекопытову (1936–1981), но в целом же фигура Юры Стрекопытова окружена иными сюжетами, связанными с городским бытом 1960–1970-х годов. Еще один герой локального текста — старец Сергий (Сергей Фёдорович Борисов, 1853–1946), причастный, как и матушка Дуняша, к духовному подвигу защиты города, еще ждет своего «фольклорного биографа». С личностями тульских городских оригиналов связаны также универсальные фольклорные сюжеты о предсказаниях судьбы, о посмертных чудесах и т. п.

Ключевые слова: городской фольклор, городской текст, историческая память, устная история, мемораты, Тула

Поводом к этой публикации явились размышления над общим местом тульского городского текста — за всю историю «Тулу никто и никогда из врагов не брал», — а также городские легенды и семейные мемораты о личностях, которые, согласно молве, были причастны к этому утверждению.

В нашей семье эта максима передавалась от поколения к поколению: от жителей тульского района Заречье, моих прабабки и прадеда — Елизаветы Николаевны и Ильи Алексеевича Ивановых, моей бабушке Людмиле Ильиничне Ковалёвой (Ивановой), а от нее — моей маме, Татьяне Николаевне Беловой (Ковалёвой). Именно благодаря уверенности в неприступности Тулы в октябре 1941 года, вопреки, казалось бы, всякой логике, моя бабушка вместе с трехлетней дочкой устремилась из Москвы не в дальнюю эвакуацию, а навстречу фронту, в Тулу к родителям.

По-разному в устных нарративах объясняется эта тульская уверенность в неприступности города для врагов. Сегодня нас прежде всего будет интересовать сюжет, связанный с духовной защитницей Тулы — матушкой Дуняшей (Евдокией Ивановной Кудрявцевой, 1883–1979). Ее жизнь прошла в тульском районе

Заречье, а последний приют она обрела на кладбище в д. Кочаки Щёкинского района Тульской области.

Личность матушки Дуняши очень популярна в православных кругах, связанных с церковью Николая Чудотворца в Кочаках и со Спасским храмом (Спас-на-горе) в Туле. Основные источники сведений о ней — это листовки, брошюры, а также интернет-сайты и группы в социальных сетях, где публикуются рассказы и свидетельства людей, в жизни и судьбе которых матушка Дуняша сыграла важную роль. Целью всех этих ресурсов является прославление духовного подвига тульской подвижницы, на протяжении десятилетий (несмотря на гонения властей, заключение в психиатрическую лечебницу и т. п.) своими словами и советами поддерживавшей в людях веру и надежду. Большинство источников тиражируют стандартный текст жизнеописания и чудес матушки Дуняши, составленный к 30-летию ее кончины и пущенный в оборот по благословению протоиерея Виктора Тишкина, настоятеля Спасского храма в Туле[1].

В Туле с именем матушки Дуняши связаны церковь Двенадцати апостолов и Всехсвятская церковь: именно здесь, согласно письменным и устным свидетельствам, она подвизалась до и во время Великой Отечественной войны. Рассказы о послевоенном времени связывают судьбу матушки Дуняши со Спасским храмом[2] и Спасским кладбищем в Заречье, где не так давно устроена «могила» ее матери Агафьи[3], а также со Всехсвятской церко-

---

[1] См., например, URL: http://drevo-info.ru/forum/1155.html (дата обращения: 16.08.2022); http://www.optina-pustin.ru/2112-blazhennaya-dunyasha.html (дата обращения: 16.08.2022); https://vera-eskom.ru/2019/06/nemec-ne-voydyot (дата обращения: 16.08.2022); https://vk.com/club94424535 (дата обращения: 16.08.2022).

[2] В Туле матушка Дуняша жила в Заречье, на улице Галкина. Зареченский Спасский храм (построен в 1807 году, закрыт в 1939 году) был возвращен верующим в 1948 году. В 1941 году по Спасскому кладбищу проходила северная линия обороны города от немецко-фашистских войск.

[3] Историки и краеведы скептически относятся к могиле Агафьи, матери Дуняши, на Спасском кладбище (объект представляет собой новодел, а памятник — кенотаф, произвольно поставленный на территории некрополя); часть жителей Заречья также не поддерживают этот местный «культ» (крест с «могилы матери Дуняши Агафьи» похищался).

вью. Рассказы о посмертных чудесах локализуются в основном вокруг церкви Николая Чудотворца в Кочаках и могилы матушки Дуняши, где активно формируется и поддерживается ее культ.

Наше непосредственное соприкосновение с культом Дуняши произошло в апреле 2014 года, когда участники ежегодных Толстовских чтений по традиции посещали некрополь в Кочаках в память нашего учителя Никиты Ильича Толстого. На могиле Дуняши мы смогли поговорить с Иваном Степановичем Светиковым (1934 г. р.), который на тот момент был негласным хранителем могилы и много рассказал нам о матушке Дуняше, а также о том, что происходит на ее могиле на протяжении года и особенно в день ее памяти — 28 мая[4].

---

[4] Запись сделана 21.04.2014. В беседе принимали участие О. В. Белова, М. М. Валенцова, О. В. Трефилова, Е. С. Узенёва. Иван Степанович рассказывал: «К ней столько приходят сейчас молиться, просить исцеления онкологических больных, это вообще несчётное количество. Помощница великая! Во всём — и детям, и так... Приносят сюда и подарки, и полотенчики, и в цветах утопает — это ещё сегодня мало. А вот в другие дни мы тут столько ваз ставим, что... <...> Всё — и водичку приносят, и вещи можете положить. Помощница в приобретении жилья. И стольким она помогла иметь жилище, вот молитесь, прикладывайтесь, помощница великая. Столько приходят с благодарностью за то, что получали [помощь]». Паломники берут с могилы землю, которую привозят сюда из Дивеева и из Иерусалима, но небрежное отношение к святыне влечет за собой наказание: «[А так не бывает, что тащат отсюда землю?] Беспрерывно! Тут вот земля — во-первых, из Дивеева, из Канавки, где Богородица ходила, из Иерусалима мне очень земли много привозили, я тут вот рассыпал, тут сама земля целебная. И отсюда берут землю. Но предупреждаю, что очень надо аккуратно относиться к ней. Просто я вам один пример приведу даже вот из этого... брошюры. Одна женщина взяла, принесла домой к себе. Зашла в подъезд, и что-то ей в голову стукнуло: да ну, ещё землю таскать с собой домой! И взяла в подъезде просто выбросила её. И сразу её парализовало. Так она потом, её сюда доставляли, приходила, просила, чтобы на исцеление. Потому что тут всё святое. Тут церковь малая — и крест, и Богородица, и матушка Евдокия. Она такая, как Матрона Московская, Николай Угодник». Мы имеем возможность регулярно наблюдать, как развивается народное почитание Дуняши в Кочаках. Так, 23.04.2018 на мраморной могильной плите и у памятника с портретом Дуняши были во множестве разложены конфеты. На могиле были посетители — три женщины и мужчина (возраст — молодая женщина лет 25-ти и ее спутники лет 50–55-ти). Они зажгли и поставили свечки, положи-

На основании доступных источников можно обобщить сферу деятельности блаженной Евдокии — матушки Дуняши. Она обладала даром предвидения, предсказывала события и судьбу людей (чаще всего иносказательно или символически — через передаваемые предметы); молитвы, обращенные к ней, помогают людям достичь желаемого; на могиле Дуняши происходят исцеления.

> Прихожане и служащие Храма[5] рассказывали о ней... Одна женщина вспоминает, что когда она была девочкой, Дуняша ей подарила пелёночки: розовую и голубую. Много лет спустя стал ясен смысл подарка, она поняла, что ей предрекла Евдокия Ивановна. Женщина родила двойню: девочку и мальчика[6].

> Однажды венчалась пара. И тут в Храм зашла нарядно одетая Матушка Дуняша и встала рядом с невестой. Та замерла и начала горячо про себя молиться. Напрасно опасалась невеста — ей предстояло долгое и счастливое замужество[7].

ли конфетки, поставили к памятнику цветы. Одна из женщин (тех, кто постарше), прочитав молитву (текст висит в распечатанном виде рядом с могилой), молча постояла, потом наклонилась, дотронулась пальцами до земли на могиле. Мужчина, помолившись, поцеловал портрет Дуняши. 21.08.2021 мы увидели, что на участке обустроена новая сень с украшениями в виде виноградных гроздьев с листьями и бабочек, установлены новые надгробия на могилах Дуняши, ее родственников и близких, расширился ассортимент приношений — кроме конфет это выпечка и деньги (монеты). В особой емкости перед входом в сень лежат конфеты для всех посетителей — они освящены в церкви и на могиле у портрета (об этой практике в 2014 году рассказывал И. С. Светиков: «А вот там к храмовому кресту, потом к кресту — к фотографии, как раньше все говорили: "Матушка Евдокия, освяти, чтоб это было на исцеление души и тела всем тем, кто будет, значит, пользоваться"»).

5   Имеется в виду Спасский храм (Спас-на горе).
6   URL: http://www.optina-pustin.ru/2112-blazhennaya-dunyasha.html (дата обращения: 15.04.2022). Здесь и далее при цитировании интернет-источников сохраняется орфография оригинала.
7   URL: http://www.optina-pustin.ru/2112-blazhennaya-dunyasha.html (дата обращения: 15.04.2022).

Широко известны предсказания матушки Дуняши о грядущей войне и судьбе воюющих.

> Матушке было открыто, что начнется война, она, как говорят очевидцы, одела яркое платье ходила по улицам и говорила: пожар, пожар! Хотя тогда еще никто не думал о том, что будет война[8].

> Как-то моя мать пошла по делам, а навстречу ей идет Дуняша. <...> «Тебе не по делам надо идти, а дома сидеть, пироги печь. Гости у тебя сегодня будут», — говорит она моей матери. Мать не придала этому значения, а ночью в окно постучали. Это оказался призванный на войну отец — их часть разместилась неподалеку, и он отпросился у командира на побывку. Другой раз мать полоскала белье на речке, а идущая мимо Дуняша неожиданно прыгнула в воду и переплыла реку. Вскоре семья получила похоронку, сообщающую о гибели брата во время форсирования Днепра [Романов 2017].

В Заречье, где Дуняша жила на улице Галкина, одна мать давным-давно не получала писем от сына-танкиста. «А ты протяни руку к иконочке», — посоветовала прозорливица. За иконкой была спрятана чернильница. Мать написала письмо на фронт и получила вскоре ответ от командира части, который писал, что её сын жив, но ранен и лежит в госпитале[9].

Бывало, что Евдокия на глазах у всех рвала «похоронку». Затем приходила весточка от этого человека, либо он сам возвращался домой[10].

---

8   URL: http://www.optina-pustin.ru/2112-blazhennaya-dunyasha.html (дата обращения: 15.04.2022).

9   См. URL: URL: https://vera-eskom.ru/2019/06/nemec-ne-voydyot (дата обращения: 16.08.2022); http://www.optina-pustin.ru/2112-blazhennaya-dunyasha.html (дата обращения: 15.04.2022).

10 См. URL: https://vera-eskom.ru/2019/06/nemec-ne-voydyot (дата обращения: 16.08.2022); http://www.optina-pustin.ru/2112-blazhennaya-dunyasha.html (дата обращения: 15.04.2022).

Но когда маленький был, она из Тулы приезжала. Я жил на Косой горе, мы жили на Косой горе. И вот она когда приходила, приезжала, то совсюду, около заводоуправления мы жили, — все бежали к ней. Она иносказательно всё говорила. Придёт и потом скажет она, что сын или родственник жив, радостно — все уже знали, понимали. Или скажет там — панихидку или что-то, слёзы или что — никогда не ошибалась. Никогда![11]

Особое место в рассказах о матушке Дуняше занимают события, связанные с обороной Тулы. Известна история о том, что Евдокия Ивановна заверила руководство Тулы: «Немец не войдет, я ключи спрятала». Действительно, немцы не смогли прорвать оборону Тулы[12]. Матушка молилась на мосту, который пролегает через реку Упу, чтобы фашисты не вошли в Тулу[13].

И. С. Светиков тоже рассказывал о том, как матушка Дуняша спасла Тулу и что в память об этом на Осиновой горе установлен поклонный крест с прославлением ее духовного подвига:

Она немцев остановила! Немец Тулу не взял, не прошёл! Благодаря неё мы живы остались. Немец с юга не за... вошёл в Москву. Все там говорят по-всякому... Когда немцев брали в плен, говорят — сами не знаем, технику только отремонтируем, всё, и становимся такие глупые какие-то, говорит, дураки все. <...> Поставили на Осиновой горе крест такой молитвенный четырёхметровый. Это как в Новомосковск ехать, местечко такое — Осиновая гора.
[А что вы знаете о том, как она остановила немцев?] Она всегда уходила туда, на Осиновую гору, и молилась. И она говорила: «Вот ключи от Тулы... [показывает сжатую в горсть руку] Тулу немец не возьмёт, в Тулу немец не войдёт». И она всегда молилась на том месте. Вот я говорю,

---

[11] И. С. Светиков, 1934 г. р. Запись от 21.04.2014.

[12] См. URL: https://vera-eskom.ru/2019/06/nemec-ne-voydyot (дата обращения: 16.08.2022).

[13] См. URL: http://www.optina-pustin.ru/2112-blazhennaya-dunyasha.html (дата обращения: 15.04.2022).

там поклонный крест установили. И немец не взял. <...> Мы даже поклонный крест на Осиновой горе установили — и то написали: Сей крест установлен на месте молитвенного подвига Евдокии Ивановны Кудрявцевой — в скобках — Дуняши. Чтоб все знали[14].

Согласно этому рассказу, в результате молитв матушки Дуняши на Осиновой горе на немцев якобы находил морок и они не могли двигаться дальше. Этот мотив чудесного лишения врагов силы встречается и в других фольклорных нарративах о войне, некоторые из которых связаны с историческими личностями. Так, по легенде, записанной в Столинском районе Брестской области, во время битвы под Москвой

...Сталін попросіў патрыярха — і пошоў патрыярх повярху окопоў. А Сталін окопамі. І... пошлі, да поверху ўдарілі, так немец шэйсят кілотетраў уцякаў, да ўжэ бояўсо іці. <...> А зіма — наслаў мышэй. Попоядалі мышы ў немецкіх танках все провода. Сталі заводзіць — не работае. <...> А Жукоў, маршал, скрозь носіў ікону Богородзіцы [ТМКБ 4/2: 452–453].

Согласно другой легенде (Ветковский район Гомельской области), когда немцы подходили к Москве, Сталину был голос из подземелья, повелевший освободить из тюрем и ссылки монахов и священников; так их и доставили на фронт — в черных одеждах, и они, взяв кресты и хоругви, пошли на врага, а над ними летела Богоматерь:

...Узялі ўсі хрясты і пратасэ́і і пашлі. А Мацерь Божжая ляцела ў воздуху, которыя достойные людзі — бачылі... <...> А калі ў немцаў заглохлі танкі, і рудія <...> а іх жа Маць Боска вядзе — бачылі [ТМКБ 6/2: 621].

Итак, важные для нас мотивы в нарративах о Дуняше следующие: она молилась на мосту через Упу, ей приписываются фразы: «Немец не войдёт, я ключи спрятала», «Тулу немец не возьмёт, в Тулу немец не войдёт», «Немец в Тулу не войдёт, я ключи от города в узел завязала и в карман спрятала».

В апреле 2014 года, после первого посещения могилы Дуняши в Кочаках, я расспросила мою маму — не помнит ли она из своего тульского детства что-либо о том, как объясняли — почему немец в Тулу не войдёт. Вот ее рассказ.

> [Дуняшу не знали и не слышали, хоть она в Заречье была?] Нет, про какую-то женщину говорили, ходила тоже с ключами якобы... Уговаривала, в смысле, она: «Не разъезжайтесь, не бросайте свои дома, немец в Тулу не придёт». Но вот эта вот приговорка, что у Ильи Пророка ключи от Тулы потеряны. Такая была приговорка ещё. <...>
>
> [А где дядечка в шинели ходил, который про Илью Пророка говорил?] Просто рассказывали, что где-то в районе там есть в самом городе с металлическими такими фермами мост через Упу. В центр ведущий. Сейчас не знаю, какой там мост — тот ли остался или другой какой построили. Вот якобы он бегал по этому по мосту и забегал туда, в районе этих Володарских[15], в общем, по району по всякому, его видели. И говорил, что не уходите никуда, не уезжайте, развязывайте узлы! «У Ильи Пророка ключи от Тулы потеряны». Утеряны — и всё! А она [Дуняша] говорит — у неё [ключи]? Что она спрятала? Но вот видишь, два лица перекликаются[16].

Итак, помимо некоей женщины, уговаривавшей жителей не бросать свои дома («Не разъезжайтесь, не бросайте свои дома, немец в Тулу не придёт»), в рассказе фигурирует мужчина на мосту, который также изрекает похожее прорицание («...не уходите никуда, не уезжайте, развязывайте узлы!», «У Ильи Пророка ключи от Тулы потеряны»).

Расспросы по этому сюжету удалось продолжить в 2018 году, когда сотрудник тульского краеведческого музея Сергей Ивано-

---

[15] Район ул. Володарского; ныне улице возвращено историческое название — Демидовская.

[16] Т. Н. Белова, 1938 г. р. Запись от 25.04.2014. Здесь и далее — записи автора, если не указано иначе.

вич Демидов подтвердил, что знает о предсказании Дуняши относительно судьбы города:

> У нас местные жители рассказывают так. В дни обороны Тулы — это октябрь-ноябрь сорок первого года — Дуняша у нас подвизалась в районах храмов Всехсвятского, Двенадцати апостолов; она предсказывала, что немцы будут разбиты, что Тулу немцы не возьмут. Вот такая фраза. [А почему Тулу немцы не возьмут?] Не говорят, просто такой патриотический момент. Район интересный, где она локализуется. Это Всехсвятское кладбище, и вот есть у нас Двенадцати апостолов, это начала XX века храм, русский модерн такой. [А с матерью её ничего не связано?] Про мать ничего не могу сказать[17].

Разыскания продолжились в 2021 году во время школы-экспедиции по еврейской этнографии и эпиграфике в Туле[18] в беседах с коренными туляками:

> Бабушка Раиса мне говорила, что была какая-то блаженная матушка Дуняша в Туле, ничего про неё не знаю, то есть я её судьбой не занималась. <...> Сейчас про неё не говорят, про неё говорили конец 60-х — начало 70-х годов.
> Я это слышала в детстве и не только от бабушки, а там и соседки обсуждали, именно старушки, они обсуждали её прорицание. Они обсуждали, что надо сходить к ней и решить какие-то свои проблемы. Вот надо к Дуняше пойти, какая-то такая формулировка была. Известная история, что в начале войны она предсказала, что немец Тулу не возьмёт[19].

В беседе с С. И. Демидовым я попыталась прояснить вопрос об упомянутом моей мамой странном человеке на мосту. Ответ был получен и названо имя — Юра Стрекопытов, городской убогий, как и Дуняша — житель Заречья. Мой собеседник уве-

---

[17] Запись от 04.03.2018.

[18] Школа-экспедиция, организованная Центром научных работников и преподавателей иудаики в вузах «Сэфер», проходила с 16 по 24 августа.

[19] Наталия Николаевна Кириленко, 1965 г. р., журналист. Запись от 23.08.2021.

ренно приурочил эту личность к военному времени, рассказав о том, что Стрекопытов мог предсказывать будущее, и, казалось бы, деталь, упомянутая моей мамой (мужчина на мосту), прояснилась.

> Есть у нас по Заречью такой очень, фигура известная — Юра Стрекопытов. [Именно в это время?] Да-да. [А что о нём известно?] Он всю войну продержался и после войны ещё был. Ну, такое поведение неадекватное было. И вот, собственно, предсказания такие. [Предсказывал он что?] Ну, там глобально он не предсказывал, он конкретным людям предсказывал, что с ними произойдёт. [К нему ходили, обращались?] Нет, никто... он мог просто встретить. Он считался ненормальным, к нему специально никто не ходил. На улице он сам приставал, так скажем. <...>
> А это по Заречью, Стрекопытов. Именно Заречье, дальше он не ходил. [Он был пожилого возраста?] Нет, тогда был ещё совсем молодой, где-то до начала 50-х годов просуществовал. Всю войну практически и после войны даже. <...> Проверить нигде невозможно, это всё чисто устно. Разные версии, разные редакции[20].

Но всё изменилось во время экспедиции 2021 года, когда я начала специально расспрашивать туляков о городских оригиналах. Для собеседников 1970-х годов рождения имя Юры Стрекопытова было уже нарицательным и употреблялось в значении «дурачок».

> [Юра Стрекопытов?] Нет, почему-то в голове есть, но что это... именно, не знаю... [Колоритный городской сумасшедший?..] Да, что-то такое было... [Это уже 70-е годы.] Вы знаете, у меня сейчас вот что-то такое по детству вспоминается, это было как... вот в моей семье — как нарицательное, то есть дурачок.
> [Так и говорили?] Да! «Вот — Юра Стрекопытов!» Вот поэтому у меня, наверно, откуда-то в голове это вот и засело. Вот на этом уровне всплыло — а вот кто он?.. Он реаль-

---

[20] Запись от 04.03.2018.

но был? Да, потому что вот не может быть такого, чтобы... потому что знакомое словосочетание «Юра Стрекопытов». И именно в таком, знаете, немножечко снисходительном контексте. И вот да, я помню, у меня мама: «Юрка Стрекопытов!» [произносит с укоризненной интонацией]. [Не пугали им?] Нет, говорили, когда ребёнок чудит что-то: «Тоже мне, Юра Стрекопытов!» Вот в таком плане [смеется]. То есть «дурачок»![21]

Исчерпывающую справку о личности Юры Стрекопытова дал нам Михаил Владимирович Майоров (1967 г. р.), литературовед, краевед, уроженец района Заречье. Стало очевидно, что «деятельность» Юры Стрекопытова никак не связана с событиями военного времени.

Юрий Алексеевич Стрекопытов, 1936–1981. Похоронен недалеко от моей прабабки. Завзятый театрал. [На каком кладбище?] На Мыльной [горе]. <...> Завзятый театрал. Многокнигочей. Но слишком большой оригинал. Например, книги он читал... Он жил [в доме] бывшего Земского собрания, где работал князь Львов. И там доску когда вешали, буквы разбили, чтоб не было «князь». Совсем недавно. Я на это эпиграмму написал. Он там жил. Там мои знакомые, которые там с ним жили, рассказывали, что книги он читал главным образом в общественном туалете, который был один на всех.

Запрётся, сядет и часами читает, изводя и издеваясь над всеми. Но ходил в белом, большей частью, значит... [Это какие годы были?] В разгар семидесятых. Значит, [Заречье] самая такая глубинка... заходил к нам на первый этаж — мы жили — стучался в окно, не в окно, а в дверь. А у нас дверь была всегда открыта, ну, замок не закрывался, потому что нечего было воровать. У нас и цыгане вламывались, мы жили на первом этаже. А отцу на работу было, пока он не взбесился, не заорал там — что голову оторву... Он был в шинели, в офицерской шинели без погон и представлялся всем директором цирка! И мы видели, как он вышел по асфальту и почапал по улице Руднева. Он ничего не делал

---

21 Ольга Алексеевна Чугункина, 1970 г. р., филолог. Запись от 19.08.2021.

совершенно, он просто ходил — пугал. У него была «зон-деркоманда» — бабушка рассказывала — в самом начале его деятельности, которая — пацаны, такие шкеты́. Он их, значит, нанимал, чтобы они заходили в такие простые сталинские двухэтажные дома, где попроще, где народу меньше, и где-то в три часа ночи орали голосом Тарзана. В подъезде! Это было — такой фонтан, там бабки с инфарктом, то есть [смеется] ну как — спишь-спишь, а тут вот это: «Ы-ы-ы-ы!!!» В три часа ночи[22].

М. В. Майоров отмечает такие черты городского оригинала, как увлеченность театром и книгами, одновременно подчеркивая, что тот постоянно фраппирует окружающих — чего стоили одни его хулиганские выходки с помощью районной шпаны (крик Тарзана). Характерная деталь — одежда Юры Стрекопытова: то он носит белое, как франт, то появляется в военной шинели без погон[23].

Продолжая свой рассказ, М. В. Майоров характеризует Юру Стрекопытова как неудачника в личной жизни, намекает на его нетрадиционную ориентацию, отмечает постоянную игру на публику (мнимый разговор в телефонной будке). Но, согласно рассказам Майорова, Юра Стрекопытов отнюдь не был нищим, как его могут представлять сейчас люди, лично не знавшие его. Ничего не говорит М. В. Майоров о предсказательских способностях Юры Стрекопытова.

> Ну, он был, насколько я знаю, одинок, но он был симпатичный. Он очень хорошо разбирался в театре, настолько, что в драмтеатре его пускали бесплатно. Директор распорядился выдать ему контрамарку, и он сидел всегда в первом ряду. И есть одна фотография, где якобы он сидит на выступлении

---

[22] Запись от 19.08.2021.

[23] Ср. еще одно свидетельство: «Про Юру Стрекопытова слышала, но сама его не видела, его считали городским сумасшедшим, говорили, что он в театр любил ходить. Он не безумец, на стены не прыгал и на людей не кидался, его никто не боялся. Говорили, что он по улице ходил в шинели и летом и зимой, а в театр одевался хорошо. <...> Юра Стрекопытов был в 60-е годы» (Н. Н. Кириленко, запись от 23.08.2021). Подробнее о городских историях, героем которых является Юра Стрекопытов, см. [Гусев 2017a].

Леонида Енгибарова в цирке. Но есть разночтения, разногласия — он ли? Но я считаю, что не он, потому что не похож. Я помню на портрете — там более тонкие черты лица. <...>

...Я знаю, что Стрекопытов тоже относился к таким, типа [людям нетрадиционной ориентации], потому что он был большой неудачник в личной жизни, а кому, какой бабе нужен нищий сумасшедший, да ещё которого все узнают на улицах. А он заходит, значит, в телефонную будку, на Гоголевской, напротив Филармонии, и эту, дверь, камешком [припирает], чтоб она... чтоб слышно было, о чём он там, значит, приказывает. И отдаёт приказ в телефонную будку, естественно, ни с кем он там не разговаривает, просто впустую начинает на всю улицу [имитирует вычурное «интеллигентское» произношение]: «Э-э-э-э, сегодня мне привезли белый рояль?» И, значит, все останавливаются, слушают, а он ещё и голос менял, ещё белый костюм, бабочка. Естественно, что всё это привлекало внимание. [Артист такой.] Да, но этот артист не сделал ничего, ни хорошего, ни плохого. И почему-то такие люди остаются в истории. Умер в июне 81-го года. <...>

А я тогда же и задал вопрос: «А чего он сделал-то?» Искал-искал — ну ничего не сделал! Ну просто ничего — ходил прикалывался. А потом началось. Меня совсем недавно, в июне этого года, спросили: «А правда, что он ел из помойки?» Из урн. Вы знаете, предположить и наплести можно всё что угодно, но тогда не было таких урн. Что он там из них мог есть? Этикетки от мороженого? Сигаретные коробки? Что он мог есть? Даже батоны хлеба — кто бы мог тогда выкинуть батон хлеба в урну? Не те времена[24].

Приведем еще два рассказа очевидцев, запомнивших Юру Стрекопытова как молодого человека со странностями (о «прорицаниях» его рассказчики не упоминают).

[А не слышали такое имя — Юра Стрекопытов?] Юра Стрекопытов... Я даже не могу представить, откуда вы его можете слышать. Почему — потому что это было очень-очень давно. Это было очень-очень давно. Но! Юра Стрекопытов, как мы всегда считали — он был «чуть-чуть».

---

[24] Запись от 19.08.2021.

А в смысле гулять ходили люди, они не как сейчас — кто по ресторанам, кто по кафе, кто что — а гулять мы всегда ходили — вот сейчас проспект Ленина, а была улица Коммунаров. И вот всегда гуляли как: вот ты, подружка, две — и вот мы идём к Первомайской [то есть снизу наверх], поворачивали на Первомайской и шли опять вниз. Опять доходили до Советской, опять. Ну, короче, сколько хочешь. Но почему я вспомнила эту улицу Коммунаров, то что люди все шли разговаривали, ну, конечно, с подружками, знакомыми, но общение-то было. Но этот Юра... даже сейчас я его на лицо вспомню и узнаю. Он всегда бежал по этой улице, в смысле шёл быстро, и всегда что-то рассказывал. Но в то время были наши молодые, в смысле — молодые годы — и его все поднимали на смех. Его не считали за какого-то провидца. Его считали больным. [Это в какие годы было?] Вот смотрите, если я с [19]40-го, это были 60-е. И его за провидца, почему я удивилась, что вы его вспомнили, его за провидца не принимали. Может быть, он... Вообще-то он был молодой, ему было... ну, вот если сейчас я могу сказать, он был... ну не больше ему было тридцати лет. Он был совсем молодой. И поэтому, когда человек бежит по улице «бу-бу-бу-бу-бу-бу», то кто его будет слушать, понимаете? И над ним только смеялись. И поэтому я вам отвечаю на этот вопрос, что его за юродивого не признавали. [Говорят, он как-то необычно одевался?] Одевался он как обычно. Ну, ребята молодые. Ну, что он там — ну рубаху, штаны...

Ну что, обращали мы внимание, когда сами ходили в одном и том же платье. Он в основном по центру ходил. И даже мы, честно говоря, в то время, конечно, не думали об этом, надо было, конечно, поинтересоваться, как он живёт. С родными там, без родных? В троллейбусе вот он... троллейбусов ещё не было, в трамвай он зайдёт — обязательно «бо-бо-бо-бо-бо-бо». А мы посмеёмся: «Вон Юра опять вошёл!» Поэтому я сейчас удивилась, как вы могли те годы услышать... [Говорят, к нему ходили женщины, и он им гадал]. По молодости-то я не могу вспомнить, потому что не увлекались мы этим. Ну, бегает малый — и бегает. «Бу-бу-бу-бу-бу...» Какой-то бубукает — и всё. А то, что к нему кто-то ходил, я не слышала[25].

---

[25] Галина Александровна Ходенёва, 1940 г. р., пенсионерка. Запись от 20.08.2021 (О. В. Белова, Е. Матвеева).

[Помните такую личность — Юра Стрекопытов?] Конечно, помню. Ну, он больной человек был. Юрка Стрекопытов. Мы жили рядом. [В каком районе?] Он жил угол Льва Толстого и... Тургеневской.

А я жил на [углу] Первомайской и проспекта Ленина. Он жил в коммунальной квартире, а в этой квартире жила моя девушка, одна из моих девушек. [Он был не буйный, не вредный?] Нет, если кто не знал [о его странностях], он мог втереть, он эрудированный был товарищ. Просто больной психически-нервный. [И одинокий человек?] У него был отец, мать, нормальные люди, ну... больной человек. Потом их не стало, он один жил. Потом их расселили весь дом, сейчас дом отремонтировали, капитальный ремонт, продали.

[В чем проявлялась его оригинальность?] Он бредил театром, что он актёр, ну как обычно. Кто чем болеет. Ну и мог рассказывать. Идёт или, например, стоит и: «Иван Иваныч! Иван Иваныч...» <...> Он одет был прилично, для того времени — интеллигент. Есть анекдот хамский, могу рассказать — вот это Юра просто! Идёт интеллигент по пляжу в Сочи. Переступает, много народу, он так переступает, в парусиновых ботиночках, в длинных брючках, в рубашечке. И так — пенсне [показывает на переносицу]. Это вот Юра Стрекопытов. Переступает через людей — смотрит, голая женщина лежит. Остановился и смотрит. Женщина подымает очки и говорит: «Я холодна, как белуга». — «Да, но эту белужку хорошо с хренком» [жест, символизирующий фаллос]. Вот это Юра Стрекопытов. Он знал всё о театре, не только тульском. [Не говорили, что к нему гадать ходили?] Первый раз слышу. [Причём именно женщины.] Нет. Это выдумывают. Потому что мне б моя знакомая рассказывала бы. [Она встречалась с ним?] Ну как встречалась — они жили в одной квартире. Четыре комнаты: в одной комнате одна, в другой комнате Юра, там ещё кто-то[26].

Свидетельство о том, что к Юре Стрекопытову обращались за предсказаниями, встретилось нам в одном из источников:

[26] Ян Семёнович Рудницкий, 1947 г. р., предприниматель. Запись 22.08.2021 (О. В. Белова, М. М. Каспина, А. Юдкина).

Также рассказывают, что к Стрекопытову женщины ходили гадать. Но при этом надо было соблюдать некие правила общения. Нельзя было говорить, что пришла гадать, он сразу же отказывал. Следовало сказать: «Посоветоваться пришла, голубчик». Вот тогда он относился к просящей благосклонно и много чего мог сообщить. Причем, как правило, все сбывалось. Как-то пришла к нему девица, у которой было два жениха: один деповский, бедный, другой из зажиточных. Спрашивает, кого ей выбрать. Он посоветовал деповского. Девка не ослушалась, замуж вышла по совету. С деповским они жила душа в душу, а второй, как и сказал Стрекопытов, спился.

Есть и еще одна история на эту тему. Младенца окрестили и спросили у Стрекопытова, как сложится жизнь малыша. Он говорит: смерть ему в детстве колодец принесет. А в семье на дворе в частном доме был колодец. Они его быстренько закопали. Когда мальчику было лет пять, он сел на то место, где был колодец, и стал пить воду из кружки. Неудачно глотнул и той водой захлебнулся [Гусев 2017а][27].

Напомню, что моя мама в своем рассказе упомянула «с металлическими такими фермами мост через Упу» (имеется в виду старый Зареченский мост) и мужчину в шинели, который именно там говорил о неприступности Тулы. В беседах с туляками я попыталась связать «шинель Юры Стрекопытова» с мотивом пророчества. Один из наших собеседников вспомнил следующее:

[Не было тут такого странного старика, который в шинели ходил? Страшный, дети его боялись]. Вы знаете, ходил. Не знаю — он не он, ходил в шинели высокий худой мужчина, и оказался он еврей. У него была очень крупная коллекция старых автомобилей. Он их сам соби... реставрировал.

---

[27] Эта городская легенда отражает широко бытующий фольклорный сюжет «Смерть на колодце»: странник предрекает новорожденному смерть от утопления в определенном возрасте или в день свадьбы, и несмотря на все принятые меры безопасности предсказание сбывается (обреченный захлебывается водой при питье, умирает на крышке закрытого колодца и т. п.). См., например, варианты, записанные в Брянской области: Былички и бывальщины, 285–286 (№ 494), 288–289 (№ 499).

> И я не знал, что он еврей. Лишь потом узнал. И многие фильмы снимались, у него брали эти машины для съёмок. [А какие это годы?] Ну вот как раз [19]60-е годы. Он жил на Ленина улице, как раз где одна из... один из центров [имеет в виду синагогу][28].

Так в городском тексте появляется еще один оригинал в экстравагантной одежде (коллекционер автомобилей), но рассказ о нем не связан ни с военным временем, ни с Юрой Стрекопытовым, ни с предсказанием о судьбе Тулы.

Всё же кого могла видеть в детстве на мосту через Упу моя мама и кому приписываются слова о том, что «у Ильи Пророка ключи от Тулы потеряны»?

В непосредственной близости от Зареченского моста находится храм Илии Пророка (ул. Коминтерна, 6) — кафедральный собор Тулы с 1924 по 1943 год. Тут подвизался старец Сергий (Сергей Фёдорович Борисов, 1853–1946), уроженец села Павшино. Он был арестован в 1930-е годы и некоторый срок провел в заключении. После лагерей старец жил в Туле у своих благодетелей и друзей [Коломиец 2011]. Старец Сергий был духовным отцом матушки Дуняши, он обладал даром лечить людей, даром прозорливости, даром исцеления бесноватых и порченных. Согласно молве, «старец Сергий и блаженная старица Евдокия молились за Тулу в грозную годину Великой Отечественной войны — немцы так и не вошли в наш город» [Романов 2017]. Запомнился старец Сергий горожанам своими дарами, благодаря которым люди благополучно возвращались с войны:

> Среди семейных реликвий у нас хранится купюра достоинством в три червонца, выпущенная до Великой Отечественной войны[29]. Ее дал моему деду старец Сергий — Сергей Федорович Борисов, покоящийся ныне на Всехсвятском

---

28 Я. С. Рудницкий. Запись 22.08.2021 (О. В. Белова, М. М. Каспина, А. Юдкина).

29 Речь идет о купюре достоинством в 30 рублей с портретом В. И. Ленина, выпущенной в 1937 году к 20-летию Великой Октябрьской социалистической революции.

кладбище города Тулы. Это было перед отправкой деда на фронт. Долго молился старец и, передавая деду купюру, сказал:

— Будешь тяжело ранен, но домой вернешься [Романов 2017].

С личностью Сергия Борисова связаны также рассказы о том, как благодаря его молитвам спасались во время войны жители Тулы:

Мы жили на улице Коммунаров (ныне Проспект Ленина). У нас во дворе стояла зенитка. И однажды фашисты её вычислили. Только мы вышли со двора — бах! — сарай наш в щепки. А мы целы остались. Это по молитвам старца Сергия Борисова [Горчакова 2016: 11–12].

А подтверждением лаконичного упоминания моей мамой предсказателя на мосту стали воспоминания Софии Алексеевны Руденко, дочери Алексея Григорьевича Смирнова, участника Великой Отечественной войны, защитника Тулы:

Мой отец очень дружил со старцем Сергием. В 1941-м году старец жил в Мясново[30], и отец туда к нему ездил. Когда фашисты взяли Орёл и начали к нам подходить, мы стали паковать вещи, чтобы бежать. Но Сергий Фёдорович сказал: «Не возьмут немцы Тулу. Никуда не уезжайте». Так мы вещи и распаковали [Горчакова 2016: 12].

Теперь я почти уверена, что в семейном меморате, переданном мне моей мамой, фигурирует именно старец Сергий Борисов, значимая для Тулы личность, достойная специального исследования в связи с сюжетами городского фольклора.

Рассказы о местных оригиналах, блаженных, юродивых, сумасшедших, чудаках — это неотъемлемая часть любого городского текста — столичного или провинциального [Белова 2013: 67–68; Белова 2018: 188–189; Мороз 2014: 291–292; Мороз 2015: 46–47,

---

[30] Район в западной части Тулы, с. Мясново вошло в черту города в 1930 году.

48–49; Филичева 2006]. Тула знаменита своими героями, вошедшими в городской фольклор [Гусев 2017а; Гусев 2017б; Романов 2017]. Наше небольшое исследование дополняет фонд тульских городских рассказов, открывает перспективы дальнейших изысканий в контексте многочисленных публикаций о городских маргиналах / юродивых / сумасшедших / почитаемых старцах, а также позволяет сделать некоторые выводы относительно связи исторического персонажа и фольклорного сюжета.

Основной фигурой, с которой связано пророчество о неприступности Тулы, является, безусловно, блаженная матушка Дуняша. Культ ее сосредоточен в основном в прихрамовой среде (Спасский храм и Спасское кладбище в Туле, погост в Кочаках), а информация распространяется благодаря православным ресурсам; современные светские жители Тулы знают о Дуняше мало, в основном благодаря рассказам представителей старших поколений их семей. В результате аберрации памяти пророчество о Туле могут приписывать городскому оригиналу Юре Стрекопытову, зафиксированы единичные рассказы о том, что к нему обращались за гаданиями и советами — в целом же фигура Юры Стрекопытова окружена совсем иными сюжетами, связанными с городским бытом 1960–1970-х годов. Еще ждет своего «фольклорного биографа» колоритная фигура старца Сергия, причастного, как и матушка Дуняша, к духовному подвигу защиты города в лихую военную годину.

Литература и источники

Белова 2013 — *Белова О. В.* Портрет этнического соседа: евреи глазами славян (по фольклорно-этнографическим материалам с Гродненщины) // Желудóк: Память о еврейском местечке / Отв. ред. И. Копчёнова. М.: Центр научных работников и преподавателей иудаики в вузах «Сэфер», Институт славяноведения РАН, 2013. С. 63–81.

Белова 2018 — *Белова О. В.* Человек в системе этнокультурных стереотипов // Образ человека в языке и культуре / Отв. ред. С. М. Толстая. М.: Индрик, 2018. С. 160–213.

Былички и бывальщины — Былички и бывальщины: Суеверные рассказы Брянского края / Сост., вступ. ст., подгот. текстов и прилож. В. Д. Глебова. Орёл; Брянск: Изд-во ОГУ, 2011. 405 с.

Горчакова 2016 — *Горчакова М.* Колокольня и её сиренщик // Вестник Тульской духовной семинарии. 2016. № 11–12. С. 11–12. URL: https://tulds.ru/wp-content/uploads/2019/07/VESTNIK-11-12-2016.pdf (дата обращения 18.04.2022).

Гусев 2017a — *Гусев С.* Городской сумасшедший Юра Стрекопытов // Тульские легенды. URL: https://myslo.ru/city/tula/legend/gorodskoj-sumasshedshij-yura-strekopytov (дата обращения 18.04.2022).

Гусев 2017б — *Гусев С.* «Вова, танки!», или Городские сумасшедшие-2 // Туляки в истории. URL: https://myslo.ru/city/tula/tulyaki/vova-tanki-ili-gorodskie-sumasshedshie-2 (дата обращения 18.04.2022).

Коломиец 2011 — *Коломиец И.* Тульский старец Сергий Федорович Борисов (1853–1946) // Проза.ру. URL: https://proza.ru/2011/08/19/1557 (дата обращения 15.04.2022).

Мороз 2014 — *Мороз А.* «Еврейский текст» города Велижа // Круг жизни в славянской и еврейской культурной традиции / Отв. ред. О. В. Белова. М.: Центр научных работников и преподавателей иудаики в вузах «Сэфер»; Институт славяноведения РАН, 2014. С. 285–295.

Мороз 2015 — *Мороз А.* Еврейский Лепель глазами сельских жителей // Лепель: Память о еврейском местечке / Отв. ред. С. Амосова. М.: Центр научных работников и преподавателей иудаики в вузах «Сэфер»; Институт славяноведения РАН, 2015. С. 35–52.

Романов 2017 — *Романов Н. Р.* Тульские праведники. URL: http://xn--80aaaabhgr4cps3ajao.xn--p1ai/-public_page_33582 (дата обращения 15.04.2022).

ТМКБ 4/2 — Традыцыйная мастацкая культура беларусаў. Т. 4. Кн. 2. Брэсцкае Палессе / Ідэя і агульнае рэдагаванне: Т. Б. Варфаламеева. Мінск: Вышэйшая школа, 2009. 863 с.

ТМКБ 6/2 — Традыцыйная мастацкая культура беларусаў. Т. 6. Кн. 2. Гомельскае Палессе і Падняпроўе / Ідэя і агульнае рэдагаванне: Т. Б. Варфаламеева. Мінск: Вышэйшая школа, 2013. 1231 с.

Филичева 2006 — *Филичева О. Н.* Записки для Ксении Блаженной: позиция церковнослужителей и народный обычай // Сны Богородицы: Исследования по антропологии религии / Под ред. Ж. В. Корминой, А. А. Панченко, С. А. Штыркова. СПб.: Изд-во Европейского университета в Санкт-Петербурге, 2006. С. 171–183.

Originals and Marginals in the Tula City Text and in Family Memories

Olga Belova
Institute of Slavic Studies, Russian Academy of Sciences
Moscow, Russia

ORCID: 0000-0001-5221-9424
DSc., leading Research Fellow
Department of Ethnolinguistics and Folklore
Institute of Slavic Studies, Russian Academy of Sciences
119334, Moscow, Leninsky Av., 32-A
Tel.: +7(495)938-17-80, Fax: +7(495)938-00-96
E-mail: olgabelova.inslav@gmail.com

DOI: 10.31168/2658-3356.2022.13

Abstract. This article explores the idea that Tula is impregnable to attack — a commonplace in the city text and local oral history. It draws upon recordings of Tula residents' family stories and publications concerning the people associated with the "prophecy" that "a German will not enter Tula." The main figure linked with the prophecy is Blessed Mother Dunyasha (Evdokia Ivanovna Kudryavtseva, 1883–1979). From Orthodox sources, we know that her cult belongs primarily to a religious context — the Spassky Temple and Spassky cemetery in Tula and the churchyard in the village of Kochaki. While the prophecy can also be attributed to Yura Strekopytov (1936–1981), her frequent mention in 1960s and 1970s urban folklore makes confirmation impossible. Another potential origin of the prophecy is the elder Sergius (Sergei Fyodorovich Borisov, 1853–1946), who was involved, like Mother Dunyasha, in spiritually protecting the town, and who remains in need of further study. Widely known folktales about fortune-telling, posthumous miracles, and so on are also connected with the abovementioned individuals.

Keywords: urban folklore, urban text, historical memory, oral history, memories, Tula

References

Belova, O. V., 2013, Portret etnicheskogo soseda: evrei glazami slavian (po fol'klorno-etnograficheskim materialam s Grodnenshchiny) [Portrait of an ethnic neighbor: Jews through the eyes of Slavs according to folklore and ethnographic materials of the Grodno region]. *Zheludók: Pamiat' o evreiskom mestechke* [The Shtetl of Zheludok in contemporary cultural memory], ed. I. Kopchenova, 63–81. Moscow, Sefer Center for University Teaching of Jewish Civilization, Institute of Slavic Studies, Russian Academy of Sciences, 328.

Belova, O. V., 2018, Chelovek v sisteme etnokul'turnykh stereotipov [A man in the system of ethnic and cultural stereotypes]. *Obraz cheloveka v iazyke i kul'ture* [A Man through the language and cultural glass], eds. S. M. Tolstaya, A. V. Gura, O. V. Trefilova, and M. V. Yasinskaya, 160–213. Moscow, Indrik Publ., 328.

Filicheva, O. N., 2006, Zapiski dlia Ksenii Blazhennoi: pozitsiia tserkovno-sluzhitelei i narodnyi obychai [Notes for Xenia the Blessed: the position of the clergy and folk custom]. *Sny Bogoroditsy: Issledovaniia po antropologii religii* [Dreams of the Virgin: Studies in the anthropology of religion], eds. Zh. V. Kormina, A. A. Panchenko, and S. A. Shtyrkov, 171–183. St. Petersburg, European University at St. Petersburg Publ., 304.

Gusev, S., 2017, Gorodskoi sumasshedshii Iura Strekopytov [Urban madman Yura Strekopytov]. Tul'skie legendy [Tula legends]. https://myslo.ru/city/tula/legend/gorodskoj-sumasshedshij-yura-strekopytov (date of application 18.04.2022).

Moroz, A., 2014, «Evreiskii tekst» goroda Velizha [«Jewish text» of the town of Velizh]. *Krug zhizni v slavianskoi i evreiskoi kul'turnoi traditsii* [Circle of life in Slavic and Jewish cultural tradition], eds. O. V. Belova, I. V. Kopchenova, V. V. Mochalova, and V. Ya. Petrukhin, 285–295. Moscow, Sefer Center for University Teaching of Jewish Civilization, Institute of Slavic Studies, Russian Academy of Sciences, 356.

Moroz, A., 2015, Evreiskii Lepel' glazami sel'skikh zhitelei [Jewish Lepel through the eyes of local residents]. Lepel': Pamiat' o evreiskom mestechke [The Shtetl of Lepel in contemporary cultural memory], ed. S. Amosova, 35–52. Moscow, Sefer Center for University Teaching of Jewish Civilization, Institute of Slavic Studies, Russian Academy of Sciences, 496.

Материалы предыдущих конференций, осуществленных в рамках данного проекта

- От Бытия к Исходу. Отражение библейских сюжетов в славянской и еврейской народной культуре (М., 1998).
- Концепт греха в славянской и еврейской культурной традиции (М., 2000).
- Концепт чуда в славянской и еврейской культурной традиции (М., 2001).
- Между двумя мирами: представления о демоническом и потустороннем в славянской и еврейской культурной традиции (М., 2002).
- Свой или чужой? Евреи и славяне глазами друг друга (М., 2003).
- Праздник — обряд — ритуал в славянской и еврейской культурной традиции (М., 2004).
- Пир — трапеза — застолье в славянской и еврейской культурной традиции (М., 2005).
- Сны и видения в славянской и еврейской культурной традиции (М., 2006).
- Народная медицина и магия в славянской и еврейской культурной традиции (М., 2007).
- Сакральная география в славянской и еврейской культурной традиции (М., 2008).
- История — миф — фольклор в еврейской и славянской культурной традиции (М., 2009).
- Диалог поколений в славянской и еврейской культурной традиции (М., 2010).

Научное издание

ПРОФЕССИОНАЛЫ И МАРГИНАЛЫ В СЛАВЯНСКОЙ И ЕВРЕЙСКОЙ КУЛЬТУРНОЙ ТРАДИЦИИ

Директор издательства *И. В. Немировский*
Куратор серии *В. Кучерявенко*
Заведующая редакцией *О. Петрова*
Выпускающий редактор *И. Белецкий*
Дизайн *И. Граве*
Редактор *Р. Рудницкий*
Корректор *А. Филимонова*
Верстка *Е. Падалки*

Подписано в печать 04.11.2022.
Формат издания 60 × 90 $^1/_{16}$. Усл. печ. л. 21,0.
Тираж 300 экз.

Культура славян и культура евреев: диалог, сходства, различия
https://slavsjewsculture.org

Academic Studies Press
1577 Beacon Street, Brookline, MA 02446 USA
https://www.academicstudiespress.com

ООО «Библиороссика».
190005, Санкт-Петербург, 7-я Красноармейская ул., д. 25а

Эксклюзивные дистрибьюторы:
ООО «Караван»
ООО «КНИЖНЫЙ КЛУБ 36.6»
http://www.club366.ru
Тел./факс: 8(495)9264544
e-mail: club366@club366.ru

Книги издательства можно купить
в интернет-магазине: www.bibliorossicapress.com
e-mail: sales@bibliorossicapress.ru

(12+)

- Мудрость — праведность — святость в славянской и еврейской культурной традиции (М., 2011).
- «Старое» и «новое» в славянской и еврейской культурной традиции (М., 2012).
- Устное и книжное в славянской и еврейской культурной традиции (М., 2013).
- Круг жизни в славянской и еврейской культурной традиции (М., 2014).
- Число — счет — нумерология в славянской и еврейской культурной традиции (М., 2015).
- Норма и аномалия в славянской и еврейской культурной традиции (М., 2016).
- Контакты и конфликты в славянской и еврейской культурной традиции (М., 2017).
- Запреты и предписания в славянской и еврейской культурной традиции (М., 2018).
- Вещь — символ — знак в славянской и еврейской культурной традиции (М., 2019).
- Семья и семейные ценности в славянской и еврейской культурной традиции (М., 2020).
- Смех и юмор в славянской и еврейской культурной традиции (М., 2021).